Christian Thies
Geschichte

Grundthemen Philosophie

Herausgegeben von
Dieter Birnbacher
Pirmin Stekeler-Weithofer
Holm Tetens

Christian Thies
Geschichte

DE GRUYTER

ISBN 978-3-11-071760-0
e-ISBN (PDF) 978-3-11-071768-6
e-ISBN (EPUB) 978-3-11-071775-4
ISSN 1862-1244

Library of Congress Control Number: 2020947132

Bibliografische Information der Deutschen Nationalbibliothek
Die Deutsche Nationalbibliothek verzeichnet diese Publikation in der Deutschen Nationalbibliografie; detaillierte bibliografische Daten sind im Internet über http://dnb.dnb.de abrufbar.

© 2021 Walter de Gruyter GmbH, Berlin/Boston
Coverabbildung: Martin Zech
Druck und Bindung: CPI books GmbH, Leck

www.degruyter.com

Inhalt

1	Einleitung —— 1	
2	**Von der Wissenschaft zur Philosophie —— 5**	
2.1	Die Doppeldeutigkeit von „Geschichte" —— 5	
2.2	Von der Geschichte zur Geschichtsphilosophie —— 7	
2.3	Die doppelte Totalisierung —— 11	
2.4	Die doppelte Dezentrierung —— 16	
3	**Reflexive historische Selbstvergewisserung —— 18**	
3.1	Positivismus und Empirie —— 19	
3.2	Monumentalismus und öffentliche Historie —— 21	
3.3	Herkunftssicherung und ihre Pluralisierung —— 23	
3.4	Alternative und kontrafaktische Historie —— 26	
3.5	Kritik und subversive Genealogie —— 28	
3.6	Das geschichtsphilosophische Dreieck —— 32	
3.6.1	Gegenwart —— 32	
3.6.2	Zukunft —— 34	
3.6.3	Vergangenheit —— 37	
3.7	Metatheoretische Implikationen —— 39	
4	**Geschichtsphilosophie als philosophische Disziplin —— 42**	
4.1	Analytische Geschichtsphilosophie – Wie ist Geschichte zu erkennen? —— 43	
4.2	Normative Geschichtsphilosophie – Wie ist Geschichte zu bewerten? —— 48	
4.3	Metaphysische Geschichtsphilosophie – Welchen Sinn hat die Geschichte? —— 54	
4.4	Substantialistische Geschichtsphilosophie – Was ist das Wesen der Geschichte? —— 59	
4.5	Reflexiv-praxisorientierte Geschichtsphilosophie – Was dürfen wir innerweltlich hoffen? —— 65	
5	**Modelle des geschichtlichen Verlaufs —— 71**	
5.1	Stillstand —— 72	
5.2	Kreis —— 78	
5.3	Verfall —— 86	
5.4	Aufstieg —— 94	

| 5.5 | Fazit: die Komplexität des geschichtlichen Verlaufs —— 103 |

6	**Das Rätsel Europa** —— **105**
6.1	Europas Rolle in der Weltgeschichte —— 105
6.2	Theorien über den Aufstieg Europas —— 113
6.3	Zur Situation Europas im 21. Jahrhundert —— 118

7	**Reflexionen zum Fortschritt** —— **122**
7.1	„Fortschritt" als Wort und Begriff —— 123
7.2	Das utilitaristische Fortschrittsmodell —— 127
7.3	Das deontologische Fortschrittsmodell —— 134
7.4	Weitere Einwände —— 140
7.4.1	Externalisierungen —— 140
7.4.2	Ambivalenzen —— 147
7.4.3	Diskontinuitäten —— 149
7.5	Bilanz —— 154

| 8 | **Furcht und Hoffnung** —— **157** |
| | Das Recht gegen die Geschichte —— 160 |

Literaturverzeichnis —— **162**

Personenregister —— **177**

Begriffsregister —— **183**

1 Einleitung

Geschichte war in der Schule mein Lieblingsfach. Schon früh wollte ich auch Geschichte an der Universität belegen. Aber bereits nach kurzer Zeit war ich vom Studium enttäuscht. In der Fülle der Daten und Details hatte ich die Orientierung verloren, vor allem schienen mir die Zugänge unüberlegt zu sein. Vieles war interessant – was jedoch relevant? Außerdem wurde aus meiner Sicht zu wenig darüber nachgedacht, wie man und was man aus der Geschichte lernen könne. Denn trotz meines Interesses an der Vergangenheit waren mir Gegenwart und Zukunft wichtiger. Intuitiv neigte ich zu der Auffassung, dass man, um Geschichte zu verstehen, mehr Theorie bräuchte, ja sogar die Philosophie. Ohnehin kämen doch inhaltliche Vorannahmen in der historischen Forschung hinterrücks zur Geltung. Am besten sei also eine Geschichtsphilosophie.

Von dieser Disziplin war wiederum in der Philosophie fast nie die Rede, bestenfalls verächtlich: bloß keine Geschichtsphilosophie. Deren Zeiten seien unwiederbringlich vorbei. Überhaupt gab es zwischen der Philosophie und den Geschichtswissenschaften nur wenige Schnittmengen, eher bildeten sie Gegensätze: abstrakt und konkret, theoretisch und empirisch, a priori und a posteriori. Meine Interessen führten mich dann ohnehin in andere Bereiche. Immer wieder aber habe ich erwogen, mich erneut intensiv mit Geschichtsphilosophie zu beschäftigen. Nach meiner Habilitationsschrift *Der Sinn der Sinnfrage* (2008) wollte ich eigentlich eine Monographie zum Sinn der Geschichte vorlegen. Deshalb behandelte ich auch schon in meiner ersten Vorlesung an der Universität Passau im Wintersemester 2009/10 die Geschichtsphilosophie. Aber bald wurde ich wieder in andere Themen- und Aufgabenkreise abgetrieben, nicht zuletzt durch die Pflichten der akademischen Lehre und der universitären Selbstverwaltung. Erst nach mehreren Jahren kehrte ich zu meinem Projekt zurück, konnte dann aber das Manuskript relativ zügig abschließen, auch bedingt durch das häusliche Dasein während der Corona-Krise im Frühjahr 2020.

Weiterhin bin ich fest davon überzeugt, dass die Geschichtsphilosophie unverzichtbar ist (so auch Rohbeck 2020). Dabei sei hier unter Geschichtsphilosophie vorläufig das systematische Nachdenken über die Menschheitsgeschichte verstanden. Die *Revitalisierung* dieser Disziplin innerhalb der akademischen Philosophie ist mein erstes Anliegen. Denn kein Bereich unseres Faches wurde so stark an den Rand gedrängt. Zwar gibt es viele sehr gute Monographien zur Geschichte der Geschichtsphilosophie, zu den gängigen Positionen und zu einzelnen Aspekten (Lemon 2003, Rohbeck/Nagl-Docekal 2003, Schloßberger 2013). Aber es mangelt an systematischen Erörterungen, die sich grundlegenden Fragen widmen: Was ist Geschichte? Wozu Geschichte? Mit welchen Maßstäben sollen wir geschichtliche Ereignisse und Verläufe bewerten? Was bleibt von der Fortschrittsidee?

Um diese Fragen zu beantworten, sind zunächst einmal die argumentativen Schätze, die die Geschichtsphilosophie im Laufe der Zeit angehäuft hat, zu bergen und zu ordnen. Sodann muss man über den Tellerrand blicken. Denn in den letzten Jahrzehnten führte, so meine ich, insbesondere die Historische Soziologie die Geschichtsphilosophie mit anderen Mitteln fort. Aber auch fruchtbare Beiträge anderer Wissenschaften sind heranzuziehen. Daraus folgt, dass für mich unter den Begriff der Geschichtsphilosophie vieles fällt, was dies als Selbstbezeichnung strikt ablehnt. Schließlich ist die eben erwähnte diskursive Kluft zwischen Philosophie und Geschichtswissenschaften zu verringern. Als Philosoph möchte ich einige Schritte auf die Zunft der Historiker und Historikerinnen zugehen; meine Ausführungen sollen für diese zumindest nachvollziehbar sein. Geschichtsphilosophie ist eigentlich nur als *interdisziplinäres Projekt* interessant. Angesichts der Spezialisierung aller Wissenschaften bleibt aber nach meiner Auffassung weiterhin die Philosophie der beste institutionelle Ort für solche Vorhaben. Die Voraussetzung dafür ist allerdings, dass man die Philosophie nicht primär analytisch, sondern eher synthetisch betreibt.

Nicht nur wissenschaftlich, auch lebensweltlich ist die Geschichtsphilosophie relevant. Denn ohne das systematische Nachdenken über Geschichte würden wir uns selbst, die anderen und die gesamte soziale Wirklichkeit schlechter verstehen. Kant postulierte bekanntlich, dass sich alle philosophischen Fragen zu einer zusammenführen lassen: „Was ist der Mensch?" In reflexiver Wendung lautet die Frage: „Wer sind wir als Menschen?" Um aber etwas zu verstehen, ist es hilfreich, dessen Geschichte zu kennen. Gewiss erfolgt unsere reflexive *Selbstvergewisserung* auch auf andere Weise und in anderen Dimensionen, aber die historische Komponente darf man nicht vergessen. Die Geschichtsphilosophie sollte solche Reflexionsprozesse anregen, orientieren und kritisieren. Es geht dabei nicht um unser individuelles Selbstbild oder um eine nationale Geschichtspolitik, sondern um uns als Menschheit. Die Geschichtsphilosophie ist, um es emphatisch zu sagen, ein *universal-humanistisches Projekt*. Das bestimmte auch ihre disziplinären Anfänge in der Epoche der Aufklärung. Mein zweites Anliegen ist es also, diesem Diskurs eine winzige Kleinigkeit hinzuzufügen. Zu diesem Zweck gilt es, wichtige Argumente herauszuarbeiten, die auch in öffentlichen Debatten verwendet werden könnten. Vielleicht erreiche ich aber auch nicht mehr, als mir über meine eigenen Fragen und Gedanken klar zu werden. Zu definitiven Antworten gelangt man in der Philosophie ohnehin nie.

Dennoch sollte man Position beziehen. Inhaltlich vertrete ich das Konzept einer *dialektischen Geschichtsphilosophie*, das in seinen Grundzügen plausibel gemacht werden soll. Die wörtliche oder historische Bedeutung des Ausdrucks

„dialektisch" ist nebensächlich; systematische Überlegungen sollen im Vordergrund stehen. Dennoch sei gesagt, dass zwei Denker für mich besonders wichtig waren: Immanuel Kant und Karl Marx. Von Kant stammt die Idee, die Geschichtsphilosophie als Anhang zur praktischen Philosophie zu konzipieren. Jene soll diese mit der empirischen Wirklichkeit vermitteln und unsere moralische Motivation stärken. Marx verstehe ich als Ahnherrn der Historischen Soziologie, somit auch als Wegbereiter für Max Weber und viele andere Theoretiker zwischen Philosophie und Sozialwissenschaften. Ein marxistisch zugespitzter Kantianismus scheint mir ein für die Geschichtsphilosophie fruchtbares Denk- und Forschungsprogramm zu sein, das weiterentwickelt werden müsste.

Im *zweiten Kapitel* werde ich darstellen, wie sich die Geschichtsphilosophie generell von der Geschichtswissenschaft unterscheidet, nämlich zunächst durch eine doppelte Totalisierung. Sowohl in der zeitlichen als auch in der räumlichen Dimension ist das Ganze der Menschheitsgeschichte in den Blick zu nehmen. Im *dritten Kapitel* geht es um die Art und Weise, wie die Geschichtsphilosophie zu unserer reflexiven Selbstvergewisserung beitragen könnte. Entscheidend ist aus meiner Sicht, dass die Perspektiven auf Gegenwart, Zukunft und Vergangenheit in ein Gleichgewicht gebracht werden, was ich als das geschichtsphilosophische Dreieck bezeichne. Das *vierte Kapitel* erörtert mehrere Typen der Geschichtsphilosophie, die sich an den verschiedenen philosophischen Kerndisziplinen ausrichten. Ich favorisiere einen von Kant hergeleiteten reflexiv-praxisorientierten Ansatz (vgl. Thies 2011). Das *fünfte Kapitel*, das mir die meiste Mühe bereitet hat, systematisiert die unterschiedlichen geschichtsphilosophischen Modelle, die seit der Antike entwickelt wurden: Stillstand, Kreislauf, Abstieg, Aufstieg. Die wichtigsten Argumente für die jeweiligen Ansätze werden herausgearbeitet. Ich plädiere für ein multidimensionales Modell, das Forschung und Darstellung zu orientieren vermag. Das *sechste Kapitel*, das weitgehend aus einer früheren Publikation übernommen wurde (Thies 2013b), soll den Eurozentrismus, dem fast alle klassischen Geschichtsphilosophen anhingen, geschichtsphilosophisch kritisieren: Europa war nur kurze Zeit das Zentrum der Menschheitsgeschichte. Das *siebte Kapitel* behandelt die Idee des Fortschritts, die seit dem 18. Jahrhundert das geschichtsphilosophische Denken bestimmt. Es werden zwei Fortschrittsmodelle unterschieden, das utilitaristische und das deontologische, sowie mehrere grundlegende Einwände präsentiert. Im Ergebnis werde ich vorschlagen, Fortschritt als politisches Projekt aufzufassen. Das abschließende *achte Kapitel* erörtert in aller Kürze unsere subjektiven Einstellungen zur Geschichte.

Um den Lesefluss nicht zu stören, habe ich auf Fußnoten ganz verzichtet. Zudem ist die Anzahl der Zitate, Belege und Literaturhinweise bewusst gering gehalten; dennoch sind es leider ziemlich viele geworden. Bekannte philosophische, historische und literarische Werke, auf die ich nur allgemein verweise, sind nicht aufgelistet. Die Lektüre wird wohl auch nicht einfach sein, weil mein Text keine Transkription mündlicher Rede ist, sondern über längere Zeit entstanden ist und mehrfach durchgearbeitet wurde. Dennoch hoffe ich, dass die Übersicht nicht verloren geht, sondern im Gegenteil sogar erst möglich wird.

Für hilfreiche Hinweise danke ich vor allem Beatrix Gotthold-Thies, Cornelia Koller, Ilka Düsterhöft und Elmar Holenstein (Kap. 6). Dieter Birnbacher bin ich zu Dank verpflichtet, weil er mir großzügig meine verspätete Abgabe des Manuskripts nachsah. Gewidmet sei dieses Buch posthum meinem Vater, der ein Zeuge des 20. Jahrhunderts war, sich auf seine Weise für Geschichte interessierte und mein historisches Interesse weckte.

2 Von der Wissenschaft zur Philosophie

> Die Geschichte ist eine viel zu wichtige Sache,
> um sie allein den Historikern zu überlassen.
> ... die Geschichte ist – erst recht – eine viel zu wichtige Sache,
> um sie allein den Philosophen zu überlassen.
>
> (Odo Marquard 1986: 54 u. 74)

Beginnen müssen wir mit einigen elementaren Vorklärungen begrifflicher und disziplinärer Art. Was ist überhaupt Geschichte? In welchem Verhältnis stehen das alltägliche, das fachwissenschaftliche und das philosophische Verständnis von Geschichte? Worin insbesondere unterscheidet sich die Geschichtsphilosophie von der Geschichtswissenschaft? Der wichtigste Unterschied, die doppelte Totalisierung, erfordert geschichtsphilosophisch eine doppelte Dezentrierung. Das alles ist zu erläutern.

2.1 Die Doppeldeutigkeit von „Geschichte"

Das deutsche Wort „Geschichte" hat zwei Bedeutungen. Es bezeichnet zum einen die Gesamtheit der geschichtlichen Ereignisse, zum anderen die Fachwissenschaft, die sich mit diesen beschäftigt. Um das zu verstehen, sei etwas weiter ausgeholt.

Erstaunlicherweise hat sich ein Wort, das dem deutschen Ausdruck „Geschichte" entspricht, in anderen indoeuropäischen Sprachen nicht herausgebildet. Etymologisch verweist „Geschichte" auf das Geschehene. Ursprünglich waren damit wohl Prozesse gemeint, die sich schnell und/oder plötzlich ereignen. So besteht eine tiefe wortgeschichtliche Verwandtschaft zwischen „Geschichte" und „Sprung".

Im Laufe der Jahrhunderte kommt es aber in der deutschen Sprache diesbezüglich zu zwei wichtigen Bedeutungsveränderungen. Erstens meint nämlich „Geschichte" seit dem 15. Jahrhundert nicht mehr nur die Geschehnisse, sondern auch deren sprachliche Darstellung, vor allem in Form eines Berichts oder einer Erzählung. Zweitens standen bis in die Mitte des 18. Jahrhunderts „das Geschichte" oder „die Geschicht" für den Singular, hingegen „die Geschichte" für den Plural (Koselleck 1979: 50 ff., 130 ff., 263 u. ö.). Erst in den folgenden Jahrzehnten, die Reinhart Koselleck die Sattelzeit nennt, bürgerte sich im Deutschen der Kollektivsingular „die Geschichte" ein, der vom Plural „die Geschichten" zu unterscheiden ist. Die Differenz von Singular und Plural kann jetzt mindestens zwei Bedeutungen haben: Zum einen ist *die* Geschichte tendenziell immer die ganze Geschichte, die alle anderen Geschichten umfasst, wobei offenbleibt, wie groß das Ganze ist. Geschichtsphilosophisch, so wurde schon angedeutet, geht es seit der Aufklärung immer um die Geschichte der Menschheit, die die Geschichten aller Völker, Kulturen und Individuen einschließt. Zum anderen bezieht sich *die* Geschichte auf das reale Geschehen, von dem man viele Geschichten erzählen kann. So lässt sich die Menschheitsgeschichte auf sehr unterschiedliche Weise darstellen, aus verschiedenen Perspektiven und mit entgegengesetzten Schwerpunkten.

Hinzu kommt aber ein zweites Wortfeld, das fast bedeutungsidentisch ist, sich jedoch ableitet vom griechischen Ausdruck *historia*, den die Römer in die lateinische Sprache übernahmen. Im alten Griechisch liegt dem ein Verb zugrunde, das sich zunächst mit „erkunden" übersetzen lässt, darauf aufbauend aber auch die sprachliche Darstellung des Erkundeten meint. Diese muss keineswegs narrativ erfolgen; eine zeitliche Ordnung der Dinge ist nicht erforderlich. Beispielsweise wäre der lateinische Ausdruck *historia naturalis* mit „Naturgeschichte" schlecht übersetzt. Gemeint ist eher die „Naturkunde", also die protowissenschaftliche Darstellung dessen, was man über die Natur weiß. Noch im 18. Jahrhundert wurde so das gesammelte empirische Wissen von der Natur bezeichnet (vgl. Lepenies 1982). Aus philosophischer Sicht ist mit dem Wort *historia* ein Wissenstyp gemeint, der nicht so gewiss ist wie die *episteme*, also das im engeren Sinne begründete Wissen, aber doch zuverlässig, weil man Zeugen befragt hat und Gewährsleute nennen kann.

Erstaunlicherweise war das eingebürgerte Fremdwort „Historie" im Deutschen eher gebräuchlich als das einheimische Wort „Geschichte", nämlich bereits in der frühen Neuzeit. In diesen Jahrhunderten setzte sich der Ausdruck auch in anderen europäischen Sprachen durch („history", ‚l'histoire" u.a.). Die Entwicklung im deutschen Sprachraum verlief dann umgekehrt wie beim Wort „Geschichte": Während „Geschichte" erst das Geschehene, dann auch dessen Darstellung meint, war „Historie" ursprünglich nur die Wiedergabe eines Geschehens, wurde dann aber auf dieses selbst übertragen. Nur in der deutschen Alltagssprache hat jedoch, wie bereits erwähnt, seit dem 18. Jahrhundert das Wort „Geschichte" das Wort „Historie" ersetzt. Das Adjektiv „historisch" blieb gebräuchlich, so dass „historische Wissenschaften" und „Geschichtswissenschaften" synonym sind.

Im Ergebnis kommt es also im Deutschen (und wohl nur im Deutschen) zu einer zweifachen Doppeldeutigkeit von „Geschichte" und „Historie": Ausdrücke aus beiden Wortfeldern können sich sowohl auf das Geschehene als auch auf dessen sprachliche Darstellung beziehen. Um Missverständnisse zu vermeiden, werde ich im Folgenden, basierend auf der Etymologie, durchgängig das Wort „Geschichte" für das Geschehene und das Wort „Historie" für dessen sprachliche

Darstellung verwenden. Die zweite Bedeutung bezieht sich auf die erste; hätte die erste kein Bezugsobjekt, bliebe die zweite gegenstandslos. Insofern handelt es sich um aufeinander aufbauende Ebenen: Objekt-Ebene (Geschichte) und Meta-Ebene (Historie). Allerdings würde man über Geschichte ohne die Historie auch nicht vernünftig sprechen können. Ohne Historie hätte die Geschichte gar keinen irgendwie gearteten Sinn, sondern wäre nur rohe Faktizität.

2.2 Von der Geschichte zur Geschichtsphilosophie

Diese verschränkte Doppeldeutigkeit möchte ich jetzt zu einer sechsgliedrigen Kette weiterentwickeln. Das gibt mir auch die Gelegenheit für weitere Begriffsklärungen.

Das *erste Glied* ist, wie eben schon angedeutet, die *Geschichte selbst*. Ontologisch liegt der Geschichte aber noch die Zeit zugrunde. Ohne Zeit keine Geschichte. Geschichte ist die Zeit, in der etwas geschieht. Das wird meistens nur auf die Vergangenheit bezogen. Geschichte ist dann also die Zeit, in der etwas geschehen ist. Ihre Elemente sind die geschichtlichen Gegenstände, ob nun Ereignisse, Prozesse oder Strukturen. Nicht alles ist zeitlich; Beispiele für Entitäten, die sich nicht in der Zeit befinden, sind die mathematischen Formen (Zahlen, geometrische Figuren, Formeln usw.). Deshalb gibt es im strengen Sinne auch keine Geschichte der Zahlen, sondern nur eine der menschlichen Beschäftigung mit ihnen. Hingegen ist die materielle Welt, die wir sinnlich wahrnehmen und empirisch erforschen können, in Raum und Zeit. Die für uns Menschen bedeutsame räumliche Dimension behandelt die Geografie, die zeitliche die Geschichte.

Das Wort „Geschichte" kann sich auch auf Naturvorgänge beziehen; wir sprechen von der Geschichte einer Tiergattung, der Geschichte der Sterne oder sogar der Geschichte eines Elementarteilchens. Die umfassendste Geschichte ist die des Universums beziehungsweise des gesamten Kosmos. Allerdings heißt der unserem Wort „Geschichte" entsprechende lateinische Ausdruck *res gestae*, wörtlich: die ausgeführten Dinge. Hier ist also ein Subjektbezug enthalten: Irgendjemand muss etwas getan haben. Wenn wir nur den Menschen als Subjekt zulassen, gäbe es im supra- und sub-humanen Bereich keine Geschichte, obwohl wir auch zeitliche Phänomene entdecken: Ereignisse, Veränderungen und Entwicklungen. Tatsächlich werde ich im Folgenden das Wort „Geschichte" auf die menschliche Welt beschränken; die Gesamtheit der Geschichte ist somit die Menschheitsgeschichte. Für andere Prozesse in der Zeit wird ein Kompositum wie „Naturgeschichte" oder „Erdgeschichte" verwendet.

Das *zweite Glied* der Sechserkette ist das, was von der Geschichte gegenwärtig ist. Denn eigentlich existiert, wie schon Augustinus erkannte (Bekenntnisse XI), *nur die Gegenwart.* Vergangenheit ist nicht, sondern war; Zukunft ist nicht, sondern wird sein. In Anlehnung an Kant ließe sich sagen: Die Vergangenheit ist das „Ding an sich", zu dem wir keinen unmittelbaren Zugang besitzen. Was wir haben, sind allein die „Erscheinungen" der vergangenen Zeit. Diese liegen in vielerlei Gestalt vor. Zunächst einmal finden wir physische Überreste der Vergangenheit, etwa Grabstätten, Ruinen und Schlachtfelder. Sodann gibt es die sprachlichen Hinterlassenschaften jeder Art, die berühmten „Quellen", die den Hauptgegenstand der historischen Forschung bilden. Schließlich existieren die subjektiven Erinnerungen jedes Menschen an die Vergangenheit, die nicht weit zurückreichen, aber doch von der zeithistorischen Forschung für eine „oral history" genutzt werden können.

Das *dritte Glied*, weiter in Kantischer Terminologie, sind unsere „Vorstellungen" von der Geschichte, also deren mentale Repräsentationen. Deren Gesamtheit ist das historische Gedächtnis, *memoria rerum gestarum*. Das bezeichnen wir als *Geschichtsbewusstsein*. Hochentwickelte Tiere haben gewiss auch Erinnerungen, aber kaum ein Geschichtsbewusstsein. Hingegen hat jeder Mensch eine intuitive Auffassung von seinem Standort im zeitlichen Strom der Ereignisse. Dabei bezieht man sich nicht nur auf die Gegenwart, sondern auch auf die anderen beiden Zeitdimensionen. Weil die Gegenwart nur den schmalen Grat des Übergangs darstellt, dominieren sogar Vergangenheit und Zukunft. Diese haben einen unterschiedlichen Existenzmodus, so dass unsere Einstellung zu ihnen divergiert: Wir haben Erfahrungen – und wir hegen Erwartungen (Koselleck 1979: 349 ff.). Allerdings handelt es sich hier nach meiner Einordnung noch um prä-diskursive Auffassungen.

Metaphorisch, aber durchaus sachhaltig kann man auch von einem *kollektiven Gedächtnis* sprechen, in dem miteinander geteilte Erinnerungen gesammelt sind (vgl. Halbwachs 1991). Sowohl das individuelle als auch das kollektive Geschichtsbewusstsein enthält aber kaum mehr als „Bilder", also mentale Gebilde präreflexiver Art. Diese sind Teil eines umfassenden Weltbildes, zu dem auch Selbst- und Menschenbilder, meistens noch Natur- und Gottesbilder gehören. Über die Gedächtnisinhalte können wir kommunizieren; Denkmäler und Riten sind erste Stufen, die Erinnerungen über längere Zeiträume zu bewahren. Traditionen sind deren verfestigte Form.

Das *vierte Glied* ist dann die *historia rerum gestarum*. Erst auf dieser Ebene werden die Bilder von der Geschichte zum Wissen von der Geschichte. Dessen Elemente sind die *historischen* Tatsachen, die sich zusammenschließen zu einer symbolisch vermittelten Rekonstruktion der Vergangenheit. Damit wird das Geschichtsbewusstsein auf eine sprachliche Ebene gehoben und irgendwann auch zur *Geschichtsschreibung*. Die historischen Tatsachen werden meist *narrativ* organisiert und nach Relevanzkriterien sortiert. Das reicht von der mündlichen

Erzählung über Chroniken bis zur schriftlichen Ausformulierung. Da es keine Privatsprache geben kann, sind diese Formen des historischen Wissens immer intersubjektiv, prinzipiell sogar öffentlich. Auf dieser Ebene sind auch Metaphern und literarische Formen angesiedelt, mit denen die geschichtlichen Ereignisse dargestellt werden. Im fünften vorchristlichen Jahrhundert gibt es die ersten herausragenden Vertreter dieser Stufe, nämlich Herodot, bei dem allerdings das historische Wissen noch nicht von der Ethnographie getrennt ist, und Thukydides, dem eigentlichen Vater der Geschichtsschreibung, entgegen Ciceros Zuweisung an Herodot.

Hier wird das kollektive zum *kulturellen Gedächtnis* (vgl. Assmann 1999). Zwar mag es mündliche Vorformen geben; aber diese werden stabil, sichtbar und kohärent erst durch die schriftliche Darstellung. Die nächste wichtige Zäsur ist im 12. Jahrhundert in China die Erfindung des Buchdrucks. In den letzten zwei Jahrhunderten sind weitere Medien hinzugekommen: Fotografie, Film, Fernsehen usw., schließlich die multimedialen Netze des globalisierten digitalen Zeitalters. Neue Gestalten des historischen Wissens und des kulturellen Gedächtnisses werden möglich. Aber es werden auch Traditionen konstruiert und politisch missbraucht.

Das *fünfte Glied* bildet die *Geschichtswissenschaft*. Die symbolischen Rekonstruktionen werden bearbeitet, geprüft und systematisiert. Man könnte auch sagen, die Historiographie (die Geschichtsschreibung) wird zur Historiologie (zur Geschichtswissenschaft), analog dem Übergang von der Ethnographie zur Ethnologie, also von der Beschreibung fremder, meist schriftloser Kulturen zu deren theoretisch angeleiteter Analyse. In allen Gesellschaften gibt es Geschichtserzählungen, aber erst seit dem 19. Jahrhundert gibt es eine institutionalisierte Erforschung der Geschichte, nämlich die Geschichtswissenschaft. Ein erstes überzeugendes Beispiel ist die *Römische Geschichte* (2 Bde., 1811/12) von Barthold Georg Niebuhr. Entscheidend ist aber, dass die geschichtswissenschaftlichen Aussagen einen Wahrheitsanspruch erheben, der prinzipiell öffentlich nachprüfbar ist.

Als *sechstes Glied* schließlich fungiert die *Geschichtsphilosophie*, um die sich dieses Buch bemüht. Hier sei nur erwähnt, dass das Wort „Philosophie der Geschichte" wohl von Voltaire durchgesetzt wurde, und zwar 1765 mit seiner Schrift *La philosophie de l'histoire*. Wenige Jahre später ist es bereits in die deutsche Bildungssprache eingedrungen (vgl. Koselleck 1979: 56). In diesen Jahrzehnten verdichtet sich auch der entsprechende fachliche Diskurs. Keine andere philosophische Disziplin ist in demselben Maße ein Produkt der Aufklärung wie die Geschichtsphilosophie, die doch später so oft unter dem Verdacht stand, ideologisch und damit anti-aufklärerisch zu sein. Allerdings neigt die frühe Geschichtsphilosophie zu hypothetischen und apriorischen Konstruktionen, wie die

Zweite Abhandlung von Rousseau (1755) oder Fichtes Vorträge über *Die Grundzüge des gegenwärtigen Zeitalters* (1806) belegen. Ein kontrollierter Austausch zwischen Philosophie und Geschichtswissenschaften ergab sich erst, nachdem sich diese als empirische Disziplin konstituiert und jene von ihren spekulativen Grundlagen befreit hatte. Noch Hegel hat die empirische Geschichtswissenschaft nicht ernst genommen, wie seine Bemerkungen zu Niebuhr und Ranke belegen (XII: 242, 367 f., 553). Frühe Beispiele für eine sinnvolle Verbindung sind die historischen Passagen in den Schriften von Karl Marx und die philosophischen Reflexionen von Jacob Burckhardt, obwohl beide gar keine Geschichtsphilosophie entwickeln wollten (MEW 3: 218, Burckhardt 1978: 4).

Ist das sechste Glied möglicherweise entbehrlich? Kann es Geschichtswissenschaften nicht ohne philosophische Reflexionen geben? Faktisch ist dies sicher möglich, aber zwei wissenschaftstheoretische Argumente sprechen dafür, auf diese nicht zu verzichten, zuerst die Theoriebeladenheit der Wahrnehmungen und darüber hinaus die Paradigmenabhängigkeit der Theorien.

Schon lange weiß man, dass wir mit unseren Sinnen die Welt nicht unmittelbar erfassen, sondern dass bereits die Wahrnehmung durch Begriffe, ja Theorien vorstrukturiert wird, zumindest im Normalbetrieb der Wissenschaften (vgl. Chalmers 2007: 5–18). Es gibt kein unschuldiges Auge. Der Wahrnehmung in der Naturwissenschaft entspricht in den Geisteswissenschaften, speziell in der Historie, das Verstehen. Schriftliche Dokumente müssen gedeutet werden. Die Theorie des Verstehens ist die Hermeneutik. Eine grundlegende hermeneutische These lautet, dass wir ohne eigene Begriffe, die wir uns allerdings bewusst machen müssen, gar nichts zureichend verstehen würden (vgl. Scholz 2001, Teil II). Die Sprache der Quellen können wir nur mit unserem Vokabular interpretieren. Begriffe stehen nie für sich, sondern sie verweisen aufeinander und sind vernetzt, ob implizit oder explizit. Es gibt fast immer Gegenbegriffe, alternative oder konkurrierende Begriffe, Ober- und Unterbegriffe. Ein erstes Beispiel für einen solchen Begriff und seine theoretische Einbettung ist – der Begriff „Geschichte", um den sich die Historiker wenig sorgen, sehr wohl aber die Geschichtsphilosophen. Vor allem aber werden Begriffe regelhaft kombiniert zu Aussagen, in den Wissenschaften insbesondere zu Behauptungen und anderen Sprechakten. Der systematische Zusammenhang von Aussagen ist eine Theorie, die bewusst für die wissenschaftliche Arbeit eingesetzt werden kann. Wahrnehmungen, Verstehensakte und Interpretationen sind nicht nur immer begrifflich vorstrukturiert, sondern sogar theoriebeladen. Wenn das für die Physik zutrifft, gilt es erst recht für die Geschichtswissenschaften.

Damit ist jedoch noch nicht Schluss. Theorien sind wiederum abhängig von *Paradigmen*. In diesen sah Thomas S. Kuhn erfolgreiche Synthesen von begrifflichen, methodischen und inhaltlichen Grundannahmen. Nach Kuhns Auffassung bilden diese die „disziplinäre Matrix", an der sich ein ganzes Fach orientiert (Kuhn 1976: 194, vgl. Chalmers 2007: 87–106). Öfter existieren aber in einem Fach verschiedene Paradigmen, etwa in der Soziologie handlungs- und systemtheoretische Ansätze sowie verschiedene Vermittlungsversuche. Wie sieht es in den Geschichtswissenschaften aus? Hinsichtlich der Methodologie konkurrieren die bereits erwähnten hermeneutischen Ansätze mit denen, die stärker auf funktionale oder strukturale Erklärungen zielen. Auf der inhaltlichen Ebene sollte man nicht von Paradigmen sprechen, sondern von Modellen, denen oft prägnante Ideen zugrunde liegen: Statik und Dynamik, Aufstieg und Abstieg. Im fünften Kapitel stelle ich verschiedene Modelle vor, die in der Geschichte der Geschichtsphilosophie entwickelt wurden; im siebten Kapitel konzentriere ich mich auf die in der Moderne dominierende Fortschrittsidee.

Ein berühmtes Diktum Kants lautet: „Gedanken ohne Inhalt sind leer, Anschauungen ohne Begriffe sind blind." (KrV A 51/B 75). Das ist oft variiert worden; eine neue Version lautet: Geschichtsphilosophie ohne Geschichtswissenschaft ist leer, Geschichtswissenschaft ohne Geschichtsphilosophie ist blind. Aber stimmt das? Der erste Satzteil ist richtig, denn die Geschichtsphilosophie darf empirisches Wissen nicht ignorieren. Aber der zweite Satzteil ist zu scharf formuliert, denn die Geschichtswissenschaften sind ohne philosophische Reflexionen sehr wohl einsichtsfähig. Aber sie dringen vielleicht nicht in die Tiefe oder verlieren den Überblick. Die Geschichtsphilosophie baut also einerseits auf den Geschichtswissenschaften auf, andererseits können diese auch durch jene inspiriert und geleitet werden. Wir können festhalten: Die Kette muss nicht sechs Glieder haben, aber die Ergänzung durch die Geschichtsphilosophie wird auch das fünfte Glied, also die Historie, stärken.

2.3 Die doppelte Totalisierung

Sowohl die Historie als auch die Geschichtsphilosophie sind wissenschaftliche Disziplinen, jene ein großes Fach, diese ein vernachlässigter kleiner philosophischer Teilbereich. Ein weiterer wichtiger Unterschied ist der *Holismus* der Geschichtsphilosophie.

Die Geschichtswissenschaften sind hochgradig spezialisiert; schon die Verwendung des Plurals deutet an, wie disparat die Gegenstandsbereiche des Faches sind, und zwar vor allem hinsichtlich der Zeiträume und der geografischen Regionen. Man denke nur an die Spezialisten für den Nationalsozialismus, die sich oft noch einmal auf kurze Phasen konzentrieren, und an die vielen Lokalhistoriker, die die Geschichte einer kleinen Region erforschen. Das hat alles seine Berechtigung und wird durch die wissenschaftliche Professionalisierung noch verstärkt. Dagegen ignoriert die Geschichtsphilosophie bewusst die übliche Kleinteiligkeit historischer Forschung. Es werden sogar *zwei Totalisierungen* vorgenommen, eine räumliche (geografische) und eine zeitliche (geschichtliche).

Die *räumliche Totalisierung* richtet sich gegen die Verengung historischer Betrachtungen auf eine Region, eine Nation oder einen Erdteil. Die Geschichte aller Kulturkreise ist prinzipiell gleichberechtigt, obwohl in bestimmten Epochen einer von diesen in Führung geht und andere zurückbleiben. Neben der klassischen Geschichtswissenschaft werden deshalb auch raumbezogene Disziplinen (area studies) wie Sinologie, Indologie und Altamerikanistik zu interessanten Gesprächspartnern der Geschichtsphilosophie. Diese erste Totalisierung ist das Pendant zur Universalisierung in der Ethik. So wie unsere moralischen Verpflichtungen nicht an der Grenze des alten Nationalstaats haltmachen, wird dieser auch von der Geschichtsphilosophie transzendiert. Mit ihr ist also ein humanistischer Impuls verbunden, der sich in der Überwindung von Nationalismus und Ethnozentrismus ausdrückt.

Aus der *zeitlichen Totalisierung* folgt, dass die Geschichtsphilosophie die gesamte Entwicklung des Menschengeschlechts betrachtet. Die üblichen Epochengrenzen wie die Trias Antike-Mittelalter-Neuzeit, sogar die disziplinäre Beschränkung der Fachwissenschaft auf die geschriebene Geschichte werden übersprungen. Es mag jedoch sinnvoll sein, die langen Perioden auszugrenzen, in denen sich unsere Art noch nicht gegenüber verwandten Arten, in Europa vor allem dem Neandertaler, durchgesetzt hatte. Man kann sich insofern auf die letzten 25.000 Jahre beschränken. Dennoch sind damit lange Zeiten eingeschlossen, zu denen keine schriftlichen Überlieferungen vorliegen. Neben den Geschichtswissenschaften sind deshalb auch die Vor- und Frühgeschichte sowie die Ethnologie zu berücksichtigen. Da jedoch für unsere reflexive Selbstvergewisserung die Epochen, die der Gegenwart naheliegen, wichtiger sind, werden bestimmte Zeiträume mehr und andere weniger Aufmerksamkeit erfahren.

Die Geschichte, die Gegenstand der Geschichtsphilosophie sein soll, ist also die Kombination von zwei Ganzheiten, der synchronen Totalität der gegenwärtigen Menschheit und der diachronen Totalität der Weltgeschichte. Verbindet sich mit dem Holismus der dialektischen Geschichtsphilosophie aber nicht ein vermessener Anspruch, eine verkappte Form des Größenwahnsinns? Ist es nicht sinnvoller, die Weltgeschichte in einem postmodernen Roman darzustellen, wie es Julian Barnes in *A History of the World in 10½ Chapters* (1989) tut? Aus meiner Sicht ist das nicht der Fall.

Erstens darf man nicht „das Ganze" und „alles" verwechseln. Das *Ganze*, so lautet der bekannte Spruch, ist mehr als die Summe seiner Teile. Auf die Unterschiede wies schon Aristoteles hin (Met. V 26, 1023b 26 bis 1024a 11). Eine Summe besteht aus Teilen, die einfach addiert werden können; alle Teile sind prinzipiell gleichberechtigt, nur größer und kleiner. Hingegen setzt sich ein Ganzes aus Elementen zusammen, die unterschiedliche Positionen und Funktionen haben; das Paradebeispiel ist ein lebendiger Organismus. Vor allem aber gibt es im Ganzen, so wie es hier verstanden wird, Strukturen, die nicht auf die einzelnen Elemente zurückführbar sind. Zum Vergleich: Die Gesetze der Relativitätstheorie gelten im ganzen Kosmos, ohne dass man damit alles im Kosmos erklären könne. Die geschichtlichen Strukturen sind Veränderungsformen in der Zeit (zyklisch, linear u. a.), von denen eine Fülle geschichtlicher Tatsachen unberührt bleibt.

Zweitens geht es in der Geschichtsphilosophie zwar um die Menschheitsgeschichte, aber die Menschheit ist nicht das Handlungs-, sondern das *Referenzsubjekt* der Geschichte (Lübbe 1977: 16, 76 ff. u. ö.). Es wird die Geschichte der Menschheit erzählt, beschrieben, dargestellt – aber die Geschichte ist nicht das intendierte Resultat menschlicher Handlungen. Auch wenn es um die Geschichte von Städten, Regionen oder Nationen geht, sind diese nur das Referenzsubjekt. Keine Stadt hat ihre Geschichte intentional bewirkt. Tatsächlich war es einer der Fehler der klassischen Geschichtsphilosophie, der zu ihrem Untergang beitrug, dass man ein Supersubjekt annahm, das anstelle Gottes die Geschicke der Menschheit steuere oder steuern könne. Handlungssubjekte sind vielmehr immer nur die einzelnen Menschen, die Individuen. Allerdings ist es sinnvoll, auch höherstufige Subjekte zu betrachten. Diese sind entweder formal oder informell organisiert. Für den ersten Fall stehen Vereine, Organisationen und Institutionen, die in der Rechtswissenschaft als juristische Personen behandelt werden; wir sprechen hier von korporativem Handeln. Der zweite Fall ist das kollektive Handeln einer Gruppe von Menschen, die nicht in derselben Weise aufeinander abgestimmt sind, denen trotzdem eine gemeinsame Intentionalität zugeschrieben werden kann. Ein Beispiel wäre eine Menschenmenge, die in ein Stadion strömt, um dort ein Fußballspiel zu sehen. Aber ob individuelles, korporatives oder kollektives Handeln – immer findet dieses unter Rahmenbedingungen und in Situationen statt, die allesamt das Handeln in seinen Intentionen, Abläufen und Wirkungen stark beeinflussen. Referenzsubjekte handeln jedoch gar nicht; trotzdem haben sie eine Geschichte, die erforscht und dargestellt werden kann. Voraussetzung ist, dass die Identität dieses Referenzsubjekts feststellbar ist, beispielsweise der Stadt Passau, des deutschen Volkes oder der Menschheit. Nur der letzte Fall ist für die Geschichtsphilosophie interessant.

Drittens ist der *epistemische Status* der Geschichtsphilosophie zu beachten. Sie ist keine Superhumanwissenschaft, ja überhaupt keine empirische Wissenschaft. Ziel ist keine übergreifende Theorie des geschichtlichen Verlaufs, die sich gegebenenfalls verifizieren ließe. Es werden keine Geschichtsgesetze formuliert, die mit Naturgesetzen auf einer Ebene stehen oder auch nur vergleichbar wären. Genau das wäre der von Popper zu Recht kritisierte Historizismus. Bestenfalls lassen sich Tendenzen konstatieren, die man beeinflussen oder beenden kann (vgl. Popper 2003, Kap. 27). Die Modelle des geschichtlichen Verlaufs sind nicht essentialistisch zu verstehen (allerdings schließen sie auch einen Nominalismus aus), sehr wohl aber als kühne Entwürfe, als gewagte Konstruktionen, die für Forschung und Darstellung nützlich sind. Was die Zukunftsdimension der Geschichtsphilosophie betrifft, so implizieren die entsprechenden Aussagen keine Vorhersagen, erst recht keine Prophezeiungen von „falschen Propheten" (Popper 1992, Bd. II). Möglich sind nur bedingte Prognosen, wobei (wie auch bei Naturgesetzen) immer die Rahmenbedingungen zu berücksichtigen sind und zusätzlich die aktiven Eingriffe der Handlungssubjekte.

Wir können alles auch auf die klassische Erklären-Verstehen-Debatte beziehen. Wie die Historie etwas erklärt, wie also etwa der Idealtyp narrativen Erklärens gemeint ist, bleibe dahingestellt. Aus meiner Sicht will aber die Geschichtsphilosophie überhaupt nichts erklären, sondern etwas verstehen, nämlich uns selbst. Bestenfalls trägt die Geschichtsphilosophie dazu bei, die Erklärungen der Historie transparenter zu gestalten und zu verbessern. Aber primär dient die Geschichtsphilosophie zur kritischen Prüfung der Selbstverständigungsprozesse hinsichtlich unserer historischen Identität. Sie beantwortet nicht Fragen wie „Was ist geschehen?" oder „Wie kann man das Geschehene erklären?", sondern richtet sich, wie bereits angesprochen, auf die geschichtliche Dimension der vierten Frage Kants in ihrer reflexiven Wendung: Wer sind wir Menschen als geschichtliche Wesen? In jedem Fall liegt die Geschichtsphilosophie, wie eigentlich alle philosophischen Disziplinen, nicht auf derselben Ebene wie die empirischen Wissenschaften, sondern muss als Meta- oder Reflexionstheorie verstanden werden.

Viertens macht die doppelte Totalisierung nur den *Vorgriff auf das Ganze* bewusst, den wir immer schon tätigen. Das Ganze ist eine regulative Idee, die unser Denken durchgängig prägt. Die Geschichtsbilder, die wir haben und die im kollektiven Gedächtnis vorliegen, beziehen sich immer auf das Ganze, zumindest insofern als sie der eigenen Kultur eine Stelle im Ganzen zuweisen, in der Regel nämlich als dessen Zentrum. Tatsächlich sind Vergleiche zwischen uns und anderen nur möglich, wenn es einen ganzheitlichen Rahmen gibt, in dem wir beide Pole verorten können. Wir können nämlich positive Vorbilder, abschreckende Beispiele oder spannende Übergangszeiten nur als solche erkennen, wenn wir sie in Beziehung zu anderen Gliedern des Ganzen stellen. Vor allem ist die doppelte Totalisierung notwendig, um fundierte Vergleiche zwischen Gesellschaften und Epochen vorzunehmen. Wie würde man sonst behaupten können, dass die Französische Revolution für die Weltgeschichte wichtig war oder dass Europa lange Zeit in dieser gar keine Rolle spielte? Ein gutes Beispiel für eine Konzeption, die eine doppelte Totalisierung voraussetzt, ist die These, es habe in verschiedenen Kulturkreisen zur selben Zeit einen epochalen Umbruch gegeben, den man Achsenzeit nennen könne (Jaspers 1949, 1. Teil).

Fünftens schließlich kommen *neuere Entwicklungen in den Geschichtswissenschaften* dem präsentierten Konzept entgegen. Zwar begann auch diese in der französischen Aufklärung mit universalhistorischen Werken; man denke außerdem an Schillers Antrittsvorlesung. Noch Ranke beschäftigte sich keineswegs nur mit deutscher Geschichte, sondern mit derjenigen vieler europäischer Völker. Aber seit der Mitte des 19. Jahrhunderts orientierte sich der Hauptstrom der Historie am Nationalstaat. Selbst vergleichende Ansätze mussten angemahnt werden, wie von Marc Bloch in einem berühmten Vortrag auf dem Internationalen Historikerkongress 1927 in Oslo (in: Stern/Osterhammel 2011: 339–347). Fernand Braudel hatte Mitte des 20. Jahrhunderts immerhin schon den gesamten Mittelmeerraum im Blick (dt. 1990). Seit wenigen Jahrzehnten, parallel zur Globalisierung, wird aber wieder zur Gesamtheit der Menschheitsgeschichte geforscht. Eine bescheidene Variante ist die Globalgeschichte, die vor allem Parallelen und Wechselwirkungen zwischen den Gesellschaften untersucht (Bayly 2008, Osterhammel 2009, dazu Conrad 2013). Anspruchsvoller ist das Konzept der Weltgeschichte, das zurückgeht auf den aus Kanada stammenden William H. McNeill (1963). In manchen Varianten werden auch Prognosen abgeleitet; ein populärer Vertreter einer solchen Art von Universalgeschichte ist der israelische Historiker Yuvel Noah Harari (2012, 2017). Schließlich gibt es noch die „Große Geschichte" (Big History), die die Menschheitsgeschichte in die Geschichte des Lebens, der Erde und des Kosmos einordnet; ein hervorragender Vertreter ist der Australier David Christian (2018).

Aber nicht nur in den Geschichtswissenschaften, auch aus anderen empirischen Wissenschaften kommen der Geschichtsphilosophie inzwischen universalistische Ansätze entgegen. Ich möchte ein Fach besonders hervorheben, nämlich die *Soziologie*. Auch sie war, wie die Historie, in der Zeit ihrer Entstehung universalhistorisch angelegt, zumindest vergleichend. Es begann, wie bereits erwähnt, mit Karl Marx. Ein herausragendes Beispiel sind auch Max Webers Studien zur Religionssoziologie. Aber seit den 1920er Jahren wurde die zeitliche Perspektive auf die Epoche der Moderne oder sogar die Gegenwart verengt. Zudem bezog sich der zentrale Begriff der makrosoziologischen Ansätze, „Gesellschaft", auf soziale Systeme, die in einem nationalstaatlichen Rahmen gedacht wurden: die deutsche Gesellschaft, die französische Gesellschaft usw. Inzwischen gibt es aber wieder eine blühende *Historische Soziologie*, die komparative oder sogar globale Studien vorlegt. Im engeren Sinne wird damit eine angloamerikanische Schule bezeichnet, zu deren wichtigsten Vertretern Charles Tilly (1993) und Michael Mann (1994) gehören (vgl. Spohn 2005). In einem weiteren Sinne zählen sehr viel mehr Autoren und Autorinnen dazu, vor allem Shmuel Eisenstadt (1987,

2006) und Immanuel Wallerstein (1986, 2019) (vgl. Thies 2016: 80–83). Gerade solche Konzeptionen sind in besonderer Weise geeignet, zwischen konkreten historischen Forschungen und abstrakten philosophischen Modellen zu vermitteln.

2.4 Die doppelte Dezentrierung

Wie schon aus den bisherigen Ausführungen deutlich geworden sein könnte, berufe ich mich bei meinem Versuch der Revitalisierung der Geschichtsphilosophie vor allem auf alte Bekannte: auf die europäische Aufklärung sowie auf die großen deutschen Geschichtsphilosophen Kant und Marx. Aus dem 20. Jahrhundert sind viele interessante Fortsetzungen zu erwähnen, außer der Historischen Soziologie vor allem die Frankfurter Schule mit ihren verschiedenen Generationen. Eine solche Ahnengalerie provoziert zwei starke Einwände: Eurozentrismus und Fortschrittsglaube. Tatsächlich meinten die meisten Vertreter der aufklärerischen Geschichtsphilosophie, dass wir hier (in Europa) und jetzt (in der Gegenwart) in der besten aller möglichen Welten leben, die sogar in Zukunft immer noch besser werde. Im 20. Jahrhundert wurde bestenfalls Europa durch die USA ersetzt. Schon auf der begrifflichen Ebene kann man die Idee des Fortschritts mehr oder weniger aus der Idee der Aufklärung ableiten: Wer Licht ins Dunkle bringen und damit alle Verhältnisse auf vernünftige Grundlagen stellen möchte, wie die Aufklärer forderten, will nichts Anderes als Fortschritt. Entsprechende Hintergrundannahmen prägen, trotz aller Kritik an den bestehenden Verhältnissen, selbst den Marxismus und werden auch in der Frankfurter Schule erst in jüngster Zeit intensiv diskutiert (McCarthy 2015, Allen 2019; vgl. Dübgen 2017).

Auf der metatheoretischen Ebene ist es unvermeidlich, dass das Hier und Jetzt den Ausgangspunkt geschichtsphilosophischer Betrachtungen bildet. Aber wir können beides reflektieren, sowohl den räumlichen als auch den zeitlichen Ort. Zum einen muss unser Standpunkt an diesem Ort und in der Gegenwart nicht auf die eigene Lebenswelt oder die eigene Nation eingeengt werden. Die weltweite Kommunikation ermöglicht die Ausweitung auf die Erfahrungen und Erwartungen der ganzen Menschheit. Zum anderen ist der epistemische Standort zu unterscheiden vom thematischen Schwerpunkt und dem normativen Fundament. Der antike Satz, dass nur Gleiches Gleiches erkenne, ist falsch; Chemiker wissen auch nicht deshalb etwas über die chemischen Elemente, weil sie selbst aus diesen bestehen. Obwohl wir bestimmte Elemente unseres Vorverständnisses nicht abstreifen können (siehe Kap. 4, Abschnitt 1), ist es uns sehr wohl möglich, das Fremde zu erkennen und uns selbst kritisch zu beurteilen. Gerade eine universalistische Geschichtsphilosophie wird sich für andere Zeiten und andere

Räume öffnen. Korrespondierend zur doppelten Totalisierung ist sogar eine *doppelte Dezentrierung* erforderlich.

Die räumliche Dezentrierung verlangt, dass nicht mehr mit großer Selbstverständlichkeit das kleine Europa zum Mittelpunkt der Weltgeschichte gemacht wird. Deshalb ist der Eurozentrismus der großen geschichtsphilosophischen Entwürfe seit der Aufklärung eine besondere Herausforderung. Einige kritische Reflexionen zur Rolle Europas in der Menschheitsgeschichte finden sich in Kapitel 6.

Die zeitliche Dezentrierung verlangt, dass nicht mehr mit großer Selbstverständlichkeit die Gegenwart zum notwendigen Resultat der Vergangenheit und zum normativen Maßstab aller Dinge gemacht wird. Die Jetztzeit ist nicht unbedingt die beste aller bisherigen Epochen. Darauf wird im Kapitel 7 einzugehen sein, das sich mit dem zentralen Begriff der Moderne, nämlich Fortschritt, kritisch auseinandersetzt.

3 Reflexive historische Selbstvergewisserung

> Es gibt keine ‚Geschichtsschreibung im eigentlichen Sinne',
> die nicht gleichzeitig ‚Geschichtsphilosophie' ist.
>
> (Hayden White 1991: 12)

Warum interessieren wir Menschen uns überhaupt für Geschichte? Haben wir mit Gegenwart und Zukunft nicht genug zu tun? Wozu bedarf es auch noch einer eigenständigen Wissenschaft, der Historie? Sicher gibt es vielerlei Motive und Intentionen für die Beschäftigung mit der Geschichte, auch spielerische und verbrecherische. Die *klassische Antwort* jedoch, auf hellenistische Vorbilder zurückgreifend, gab Cicero: *historia magistra vitae* (vgl. Koselleck 1979: 38 ff.). Die Geschichte lehrt uns das Leben. Das war im Abendland über viele Jahrhunderte die gängige Auffassung. So meinte noch Machiavelli, aus der Römischen Geschichte alles ableiten zu können, was für seine Gegenwart wichtig sei (vgl. Lübbe 1977: 14, 244–248, 254). Aber seit der frühen Neuzeit verblasste der Topos. Wenn alles anders wird, ist das Alte nicht mehr lehrreich. Deshalb muss man begründen, warum Geschichte relevant sein soll. Insofern ist es kein Zufall, dass Friedrich Schiller am 26. Mai 1789 seine Antrittsvorlesung an der Universität Jena dieser Frage widmete: „Was heißt und zu welchem Ende studiert man Universalgeschichte?" Darauf richtet sich auch Friedrich Nietzsches *Zweite Unzeitgemäße Betrachtung* über den „Nutzen und Nachteil der Historie für das Leben" (1874).

In den beiden letztgenannten Texten deutet sich bereits die *moderne Antwort* an: Wir beschäftigen uns mit der Geschichte, um uns selbst und die anderen besser zu verstehen. Die Historie hilft uns bei unserer *reflexiven Selbstvergewisserung*. Dies kann aber auf verschiedene Weise geschehen. Nietzsche unterscheidet drei Arten der Historie, die nach seiner Auffassung in eine Balance gebracht werden sollen. In Anlehnung daran möchte ich im Folgenden fünf Herangehensweisen kritisch erörtern. Selbstverständlich handelt es sich um Idealtypen; es mag viele Kombinationen und weitere Varianten geben. Den fünf Typen kann man jeweils bedeutende Strömungen der Geschichtswissenschaften mit ihren Hauptvertretern zuordnen.

Dazu eine Vorüberlegung: Was brauchen wir, um uns als Menschen über uns in unserer Gesamtheit zu verständigen? Was kann man dafür aus der Geschichte lernen? Erstens benötigen wir für unsere reflexive Selbstvergewisserung zahlreiche *Fakten*, die wir durch die empirische Geschichtsschreibung erhalten. Es kann sicher nicht schaden, mehr darüber zu wissen, wie Menschen früher gelebt und gelitten haben, welche Strukturen und Prozesse es gab. Zweitens bedarf es angemessener *Vorbilder*, an denen wir uns orientieren können. Vielleicht noch wichtiger ist dies in negativer Ausrichtung: Was sollte sich nicht wiederholen? Dafür können negative Vorbilder, also Schreckensbilder, lehrreich sein. Drittens ist wohl jeder Mensch daran interessiert, seine *Herkunft* zu rekonstruieren. Das gilt auch für Gruppen und für die ganze Menschheit: Wie sind wir so geworden, wie wir sind? Viertens können aber auch *alternative* und sogar kontrafaktische Geschichten für unsere Selbstfindung nützlich sein: Was haben die Anderen anders gemacht? Wie hätte es anders kommen können? Fünftens schließlich müssen wir auch vieles aus unserer Vergangenheit abstoßen oder *kritisch* betrachten. Denn wir können die Zukunft selbst gestalten, wenn auch sicher nur in Grenzen. Dies alles zusammen wird uns helfen, uns unserer kollektiven Identität zu vergewissern. Diese fünf Beiträge der Geschichte zu unserer Selbstfindung werden im Folgenden dargestellt.

3.1 Positivismus und Empirie

Nach der ersten Auffassung dient die Historie einfach der Beschreibung der Vergangenheit. Dafür müssen geschichtswissenschaftliche Aussagen empirisch gestützt sein, in der Regel durch schriftliche Quellen. Dies solle, so eine gängige These, zweckfrei und neutral geschehen; auch die Bevorzugung bestimmter Themengebiete sei zu vermeiden. Insofern verfahre die Geschichtswissenschaft „positivistisch", allein auf die korrekte Wiedergabe des Gegebenen ausgerichtet.

Diesem Idealtyp entspricht, wenn auch mit großen Einschränkungen, der *Historismus*, wie er in Deutschland in der ersten Hälfte des 19. Jahrhunderts entstand, die universitäre Geschichtsschreibung dominierte und zu Weltgeltung gelangte (vgl. Jaeger/Rüsen 1992). Sein Hauptvertreter war Leopold (von) Ranke (1795–1886). Einige berühmte Zitate dürfen hier nicht fehlen. In der „Vorrede" zu seinem ersten Hauptwerk schreibt Ranke 1824: „Man hat der Historie das Amt, die Vergangenheit zu richten, die Mitwelt zum Nutzen zukünftiger Jahre zu belehren, beigemessen: so hoher Ämter unterwindet sich gegenwärtiger Versuch nicht: er will bloß zeigen, wie es eigentlich gewesen." (1957, Bd. 8: 4) Weiter heißt es bei ihm: „Ich wünschte mein Selbst gleichsam auszulöschen, und nur die Dinge reden, die mächtigen Kräfte erscheinen zu lassen" (1957, Bd. 5: 303). Indirekt knüpft er an berühmte Maximen früherer Geschichtsschreiber an, vor allem an Herodots „legein ta eonta" (I: 95) und an das „sine ira et studio" in den *Annalen* des Tacitus (I: 1). Rankes wohl bekanntestes Diktum stammt aus einem Vortrag, den er am 25.9.1854 in Berchtesgaden für den damaligen bayerischen König hielt: „Ich aber behaupte: jede Epoche ist unmittelbar zu Gott, und ihr Wert beruht gar nicht auf dem, was aus ihr hervorgeht, sondern in ihrer Existenz selbst, in ihrem eigenen Selbst." (1980: 7).

Mit diesem berühmten Ansatz gibt es mindestens zwei große philosophische Probleme. Das erste ist *wissenschaftstheoretischer* Art: Ein solch kruder Empirismus und ein so naiver Realismus sind nicht haltbar; die absolute epistemische Objektivität, die Ranke erstrebt, ist prinzipiell unerreichbar. Die Dinge reden nicht, auch wenn ein großer Teil der Geschichte selbst sprachlicher Art ist, dokumentiert in Schriftstücken. Sprache muss übersetzt und transformiert werden. Und nicht alles ist Text – man denke an Gewalt, Krieg und Tod. In keinem Fall kann man auf Begriffe verzichten, auch nicht auf Begriffe zweiter Ordnung, mit denen wir das Geschehen deuten, zusammenstellen und einordnen. Die normative Unparteilichkeit, die Ranke anmahnt, ist ebenfalls nicht durchzuhalten. Ohnehin wertet Ranke ununterbrochen, etwa negativ zum Kommunismus und positiv zur Institution des Staates, dem er metaphysische Vorrechte gegenüber den menschlichen Individuen zugestand (vgl. Iggers 1971: 110–113). Schon empirische Beschreibungen enthalten implizit evaluative Elemente. Nehmen wir das, was am Vormittag des 21. Januar 1793 auf dem Place de la Révolution in Paris geschah: Ein Mann von 38 Jahren wird getötet. Eine empirische Tatsache ist es, dass ein Fallbeil seinen Kopf vom Rumpf trennte. Aber mit welchen sprachlichen Ausdrücken wird das dargestellt? Nennen wir den Mann Louis Capet oder Ludwig XVI.? Wird er hingerichtet oder ermordet? Schon die Wortwahl enthält implizite Werturteile. Darüber hinaus wird man das Ereignis einordnen, deuten und bewerten wollen; das ist ohne zusätzliche theoretische Elemente gar nicht möglich (vgl. Koselleck 1979: 203). Insgesamt sind sich Ranke und viele andere Historiker des 19. Jahrhunderts dieser Problematik nicht genügend bewusst gewesen.

Dennoch bleibt die Konzeption einer gewissenhaften und an Objektivität orientierten Geschichtsschreibung auch für die folgenden Ansätze grundlegend. Denn wir dürfen den Anspruch auf empirische Wahrheit nicht fallenlassen. Ohne Fakten geht es nicht. In diesem Zusammenhang steht auch das berühmte „Vetorecht" der Quellen (Koselleck 1979: 206). Übertragen in die Terminologie des Kritischen Rationalismus von Popper: Die Quellen bilden die Basissätze, mit denen man historische Hypothesen falsifizieren kann. Aber auch Popper ist sich im Klaren, dass eine solche Basis nicht sakrosankt ist. Was als Basissatz gilt oder eventuell auch verworfen werden kann, muss die Gemeinschaft der Wissenschaftler festlegen (Popper 1994: 66–76). Nicht jeder neu entdeckte Brief, der einem bisher bekannten Dokument widerspricht, bringt eine anerkannte historische Erzählung zum Einsturz. Quellen müssen interpretiert werden; dort enthaltene Aussagen sind zu überprüfen. Ohnehin wird man sich nie auf das gesamte Archivmaterial beziehen können.

Das zweite Problem betrifft die erstrebte reflexive Selbstvergewisserung: Es besteht die Gefahr, dass eine solche Historie sich völlig *der Lebenswelt entfremdet* und uns nichts mehr zu sagen hat. Implizit zielt nämlich dieser Ansatz auf eine „flächendeckende" Wiedergabe der Geschichte, gleichsam deren Verdoppelung (vgl. Hentig 2003: 67 f.). Die Historie wäre perfekt, wenn sie alle Epochen, Kulturräume und Dimensionen des Geschehens „wahrheitsgetreu" darstellen könnte. Das führt zu einer orientierungslosen Stoffhuberei. Neben Wahrheit gibt es nämlich noch weitere Kriterien geschichtswissenschaftlichen Arbeitens, vor allem die Relevanz der betriebenen Forschung für wichtige Fragen der Gegenwart und Zukunft. Droysen hat deshalb nicht Unrecht, wenn er in seinen Vorlesungen ab 1857 die historistische Auslöschung des Selbst als eine „Art von eunuchischer Objektivität" kritisiert (Droysen 1977: 287, vgl. Kinzel 2019). Nietzsche schließt sich dem 1874 an: Ein durch übermäßige historische Bildung verdorbenes „Geschlecht von Eunuchen" sei zum Handeln, ja zum Leben unfähig (KSA I: 281 u. 284). Das ist der Ansatzpunkt für die folgenden Konzepte, die der Beschäftigung mit der Geschichte wieder die „Ämter," zumessen, die Ranke im oben zitierten Satz ablehnt.

3.2 Monumentalismus und öffentliche Historie

Die zweite Herangehensweise bezeichnet Nietzsche als „monumentalistisch". Einzelne Ereignisse, Personen und Prozesse „heben sich als Inseln heraus" aus dem gewaltigen Strom der Geschichte und bilden einen „Höhenzug der Menschheit durch Jahrtausende" (KSA I: 262 u. 259). Zentral ist der Gedanke, dass wir nicht nur etwas über die Geschichte lernen können (wie im Positivismus), sondern auch aus ihr. Denn die „Monumente" sind *Vorbilder*, denen wir in der Gegenwart nacheifern sollten. Bei den Römern waren solche Beispiel-Sammlungen besonders beliebt. Dafür stehen vor allem die *Facta et dicta memorabilia* des römischen Historikers Valerius Maximus (-20 bis +50), der in 9 Büchern mit insgesamt 91 Kapiteln alles aus der Geschichte auflistet, was der Erinnerung wert sein soll. Dieses Werk war bis ins 17. Jahrhundert in Europa eine der populärsten Schriften (Albrecht 2012: 908–916). Dann verliert die Antike insgesamt ihren Vorbildcharakter. Aber nach der Aufklärung kommt im 19. Jahrhundert der Nationalismus. Die Monumente werden zu den physischen und symbolischen Denkmälern, die die Nationalstaaten für ihre Helden und Gründer bauen. Die Historie sei vor allem deshalb wichtig, weil sie von den „großen Menschen in der Geschichte" erzähle (Hegel XII: 45). Ein halbes Jahrhundert später heißt es dann bei Heinrich von Treitschke (ohne das immer wieder zitierte „große"): „Männer machen die Geschichte." (Treitschke 1879: 28, vgl. ders. 1899: 6) Nicht nur die Konzentration auf Männer ist aus heutiger Sicht zweifelhaft, sondern überhaupt die personenzentrierte Sicht. Wir gedenken eher wichtiger geschichtlicher Ereignisse, an denen viele Menschen beteiligt waren; ein Beispiel wäre für Deutschland die Verkündung des Grundgesetzes am 23.5.1949. An die Stelle von Denkmälern treten, so heißt es nun, „Erinnerungsorte". Dieses zuerst für Frankreich entwickelte Konzept (Nora 1990) hat man inzwischen auf die Geschichte Europas ausgeweitet (Boer u. a. 2012).

Man kann den monumentalistischen Ansatz auch *ins Negative* drehen: Wir erinnern uns nicht nur an die großen Heldentaten der Vergangenheit, sondern ebenso an die furchtbaren Verbrechen. Aus der gesamten Geschichte lassen sich zahllose abschreckende Monumente heraussuchen. Seit dem Zweiten Weltkrieg wird diese Betrachtungsweise in der deutschen Öffentlichkeit dominant und führt zu vielfältigen symbolischen Handlungen der Erinnerungspolitik. In den Wissenschaften reflektiert die *öffentliche Historie* (public history) diese Art der Beschäftigung mit Geschichte.

Im 21. Jahrhundert bildet sich sogar langsam ein monumentalistisches Bewusstsein der gesamten Menschheit (vgl. Brumlik 2016). Schon seit 1978 werden von der UNESCO wertvolle natürliche und kulturelle Güter in eine Liste besonders schutzwürdiger Güter eingetragen. Dabei sind für unsere globale Selbstvergewisserung andere Ereignisse und Personen wichtiger als für einzelne Städte und Nationen. Auf die ganze Menschheit bezieht sich 1927 schon Stefan Zweig, der für besonders erinnerungswürdige Ereignisse einen schönen Ausdruck geprägt hat: „Sternstunden der Menschheit", die „leuchtend und unwandelbar wie Sterne die Nacht der Vergänglichkeit überglänzen" (Zweig 1964: 8, vgl. Demandt 2000). Für deren negatives Pendant kann man von den „Höllenstunden" der Menschheit sprechen.

Sowohl für positive als auch für negative Ereignisse passt Kants Begriff des *Geschichtszeichens* (XI: 357). Diese überschreiten Zeit und Raum. Denn obschon es sich um ein vergangenes Geschehen handelt, weckt es intensive Erinnerungen und starke Erwartungen. Geschichtszeichen transzendieren die jeweiligen Kulturkreise; Kant dachte an Frankreich und Deutschland, heute wären es die fünf Erdteile. Die symbolische Kraft der Geschichtszeichen affiziert uns Menschen rational und emotional; die Relevanz des Ereignisses ist vernünftig begründbar, aber auch unmittelbar durch unsere moralischen Affekte erfassbar. So wie das Schöne für Kant ein Symbol des Sittlichen ist (X: 294–299), sind Geschichtszeichen für ihn ein Zeichen des moralischen Fortschritts (vgl. Kittsteiner 1999).

Ich nenne *vier Ereignisse*, die sich als Geschichtszeichen zu Recht ins kollektive Gedächtnis der Menschheit eingebrannt haben. Alle stammen aus den 1940er Jahren. Das erste ist der 27.1.1945, an dem die Rote Armee das von den Nazis inzwischen verlassene Konzentrations- und Vernichtungslager Auschwitz erreichte. Symbolisch steht dieser Tag deshalb für das Ende der systematischen

Nazi-Morde, vor allem an jüdischen Menschen. In Deutschland ist dieses Datum seit 1996 offiziell der „Tag des Gedenkens an die Opfer des Nationalsozialismus", seit 2006 weltweit durch UN-Beschluss der „Internationale Tag des Gedenkens an die Opfer des Holocaust". Wichtig ist auch der 20.1.1942. An diesem Tag fand die Wannsee-Konferenz statt, die ein Beleg dafür ist, wie ein unrechtmäßiges Regime schrecklichste Verbrechen auf bürokratischem Wege organisieren kann. Ein anderes Datum, an das man sich inzwischen weltweit erinnert, ist der 6. August 1945 mit dem Abwurf der Atombombe über Hiroshima; dieser Tag steht symbolisch für die mögliche Selbstzerstörung der Menschheit durch nukleare Waffen. Hingegen erinnert das vierte Datum an ein positives Ereignis: Am 10. Dezember 1948 wurde in Paris die Allgemeine Erklärung der Menschenrechte verabschiedet. Zwar ist diese Deklaration nicht rechtsverbindlich, aber doch ein geschichtlicher Meilenstein für die Achtung der Menschenwürde.

Gegen solche Gedenktage und Erinnerungsorte ist nichts einzuwenden. Dennoch gibt es mit dem Monumentalismus mindestens *zwei Probleme*. Erstens stellt sich hier in besonderer Weise die Frage, ob wir überhaupt noch aus der Geschichte lernen können. Denn der alte Topos *historia magistra vitae* ist im 18. Jahrhundert nicht zu Unrecht verschwunden: Wenn die Bedingungen sich rasant und grundstürzend ändern, ist es schwer, sich am Vorbild früherer Generationen zu orientieren. Auch aus den schrecklichen Erfahrungen der Vergangenheit folgt nicht unmittelbar, wie man es in Zukunft besser machen könnte. Der eine lernt aus den Fehlern der Geschichte dies, der andere jenes. Beispielsweise wollten nach 1918 alle aus den vier Jahren des großen Krieges etwas lernen. Aber nur wenige drangen auf Völkerverständigung und Versöhnung; viele andere wollten einen Krieg, der noch totaler und noch brutaler sein sollte.

Zweitens besteht die Gefahr, dass einzelne „Geschichtszeichen" aus dem Zusammenhang gerissen und einseitig betrachtet werden. Man ignoriert die geschichtlichen Voraussetzungen und Umstände eines Ereignisses oder einer politischen Tat. Das geschieht etwa regelmäßig bei Gedenkfeiern und Jahrestagen. Damit wird die Historie zur legitimatorischen Erzählung; sie nähert sich, wie auch Nietzsche konstatierte (KSA I: 262), wieder den Mythen und Legenden mit ihren Helden und Bösewichtern. Besondere Ereignisse oder Personen werden gleichsam sakralisiert, aber die Erinnerung wird zum leeren Ritual; eine differenzierte oder gar kritische Betrachtung ist nicht zugelassen.

3.3 Herkunftssicherung und ihre Pluralisierung

Die im Monumentalismus ignorierten *Kontinuitäten* sind für den dritten Typ besonders wichtig. Die freigelegte und geprüfte Erinnerung an die Vergangenheit dient hier, sich der eigenen Herkunft zu versichern oder sich diese überhaupt erst anzueignen. Dieser Ansatz ist nicht mehr unparteilich (wie bei Ranke), sondern bewusst parteilich, gebunden an den eigenen Standort. Es ist wohl kein Zufall, dass die Geschichtsschreibung einsetzt in Griechenland mit dem Sieg über die Perser (Herodot). Dem entspricht bei Nietzsche der etwas unglücklich als „antiquarisch" bezeichnete Ansatz. Im 19. Jahrhundert haben alle großen europäischen Nationen eine entsprechende Geschichtsschreibung hervorgebracht. Als Namen seien nur genannt: Jules Michelet in Frankreich, Thomas Babington Macauley in Großbritannien und der Ranke-Schüler Heinrich von Sybel in Deutschland. Am Ende einer langen Tradition der deutschen Nationalgeschichtsschreibung stehen, trotz aller Unterschiede, die umfangreichen Werke von Hans-Ulrich Wehler (5 Bde., 1987–2008) und Heinrich August Winkler (2 Bde., 2000), wobei Winkler mit seiner *Geschichte des Westens* (4 Bde., 2009–2015) bereits den Übergang zu einer supra-nationalen Historie markiert. Aber auch kleinere Nationen, ja Dörfer und Landstriche haben ihre Historie. Schon Nietzsche schreibt, dass eine solche Geschichtsschreibung „auch die minder begünstigten Geschlechter und Bevölkerungen an ihre Heimat und Heimatsitte anknüpft (und) sesshaft macht" (KSA I: 266).

Diese Funktion der Historie tritt stärker in den Vordergrund, wenn die Traditionen schwach und die Selbstverständlichkeiten unsicher werden. Man fragt sich, warum etwas so ist, wie es ist und wie es sich entwickelt hat. Je moderner die Gesellschaft, desto unabdingbarer die Geisteswissenschaften (Marquard 1986: 98–116) – und die paradigmatische Geisteswissenschaft ist die Historie!

Dieser Ansatz ist anthropologisch tief verankert. Der Mensch ist ein Lebewesen, dass sich der Zeit bewusst ist und mehrere Ereignisse gedanklich in eine zeitliche Reihe bringen kann, insbesondere in Bezug auf sich selbst (synchrone Identität). Zudem sind wir sprachbegabte Wesen, die in der Lage sind, ihre innere Welt in symbolischen Darstellungen auszudrücken (*animal symbolicum*). Bei zeitlichen Reihen geschieht dies narrativ, weshalb man den Menschen zu Recht auch das Geschichten erzählende Tier nennt (MacIntyre 1995: 288). Unser Selbstverständnis ist narrativ strukturiert. Das wurde als die *Identitätspräsentationsfunktion* der Historie bezeichnet (Lübbe 1977: 168–185). Um uns unserer selbst gewiss zu werden, erzählen wir anderen und uns selbst die Geschichte, die die unsrige ist und unser Leben verständlich macht. Alle Menschen haben ihre jeweilige Geschichte; weil sich diese Geschichten überschneiden, sind wir alle in Geschichten verstrickt (Schapp 2012).

Das alles gilt nicht nur für uns als Individuen, sondern noch viel mehr für Kollektive. Denn Individuen haben neben ihrer symbolischen Identität auch eine materielle, nämlich ihren Organismus. Das ist bei Kollektiven nicht der Fall; selbst das Territorium, auf dem sie leben, ist bestenfalls ein Substrat, nicht die Substanz ihres Daseins. Bei Kollektiven hängt fast alles von der symbolischen Konstruktion ab. Alle Nationen besitzen Erzählungen ihrer Entstehung und Entwicklung, in der vor allem die eigenen Heldentaten vorkommen, womit sich die Herkunftssicherung mit dem Monumentalismus verbindet.

Das Problem dieses Ansatzes ist, dass jede Person *mehrere Identitäten* besitzt. Ich selbst bin beispielsweise nicht nur Deutscher, sondern auch Europäer und Mensch, Holsteiner mit Wohnsitz in Niederbayern, Mann und Vater, Hochschuldozent und Wissenschaftler, Sympathisant bestimmter politischer, religiöser und ästhetischer Richtungen usw. Um mich selbst zu verstehen, müsste ich mir also die Geschichte aller dieser Gruppen aneignen. Allerdings mögen manche Herkünfte weniger wichtig sein, auch weniger durch die Geschichte geprägt. Oft steht eine besondere Identität eindeutig im Vordergrund. Für die meisten Europäer war das im 19. und 20. Jahrhundert die eigene Nation, für die die meisten sogar bereit waren, ihr Leben zu opfern. Insofern ist es kein Zufall, dass die Geschichtsschreibung in diesem Zeitraum zwar nicht immer nationalistisch, aber überwiegend doch national war, nämlich ausgerichtet auf die Geschichte des eigenen Nationalstaats beziehungsweise der eigenen Gesellschaft. Wie wir aber inzwischen wissen, sind solche nationalen Identitäten zum größten Teil soziale Konstruktionen. Es gibt nicht die eine kollektive und möglicherweise sogar noch homogene Identität (vgl. Niethammer 2000). Neben die Nationalgeschichten traten dann auch bald die Geschichten der Arbeiter, der Frauen und der Minderheiten. Sich seiner Herkunft zu versichern, muss also keineswegs die soziale Kohäsion erhöhen, sondern kann sogar neue Konflikte auslösen. Dafür prägte Nietzsche den schönen Ausdruck „Begriffsbeben" (KSA I: 330).

Zudem ist für eine mit universalistischen Ansprüchen verbundene Geschichtsphilosophie immer die *Menschheit* der letzte Bezugspunkt. Aus heutiger Sicht sind deshalb kosmopolitische und globale Aspekte aus früheren Epochen und anderen Kulturkreisen besonders interessant. Eine Geschichtsschreibung, die an die alte, schon in der Aufklärung und auch noch von Ranke propagierte Universalhistorie anknüpft, könnte dabei helfen, ein Bewusstsein der Gemeinsamkeiten aller Menschen zu entwickeln. Auf entsprechende Tendenzen in den gegenwärtigen Geschichtswissenschaften wurde oben schon hingewiesen. Hier seien nur zwei Themengebiete genannt, die für uns im Zeitalter der Globalisierung besonders interessant sind. Da der Kapitalismus die stärkste Macht der Gegenwart ist, wäre zum einen an dessen Geschichte zu denken, deren wichtigste Phasen rekonstruiert werden müssten, beginnend mit dem Handelskapitalismus über den Industriekapitalismus und den Finanzkapitalismus bis zur digitalen Weltökonomie unserer Tage (vgl. Kocka 2013). Zum anderen brauchen wir für unsere kollektive Selbstverständigung eine Geschichte der globalen politischen Institutionen. Einzubeziehen sind dabei die ersten Ideen, die mindestens bis zu Kants

Schrift *Zum ewigen Frieden* (1795) zurückreichen, die vielen gescheiterten Projekte wie der Völkerbund und die bisherige Geschichte der Vereinten Nationen (vgl. Kennedy 2007, Mazower 2013).

3.4 Alternative und kontrafaktische Historie

Der vierte Typ, der bei Nietzsche fehlt, ist das Gegenstück zur identitätsstiftenden Geschichtsschreibung: Nicht das Eigene, sondern das Andere und das Fremde gilt es zu erforschen und darzustellen. Dadurch distanzieren wir uns bewusst von uns selbst und brechen mit unserer Herkunftsgeschichte. Wir verstehen uns nämlich besser, so wird hier zu Recht unterstellt, wenn wir Alternativen kennen und uns auf Andere beziehen. Wer nur sich selbst kennt, kennt auch sich selbst nicht. Eine solche alternative Historie kann es in verschiedenen Varianten geben.

Zunächst einmal gibt es die *Geschichte der Anderen*. Man beschäftigt sich gerade nicht mit monumentalen Vorbildern oder der eigenen Herkunft, sondern mit der Geschichte zeitlich und räumlich weit entfernter Gemeinschaften, Völker und Nationen. Wir lernen so fremde Perspektiven, untergegangene Welten und politische Alternativen kennen. Besonders interessant ist das „nächste Fremde" oder sogar das „ganz Andere", über das man einen Umweg zum Eigenen nimmt.

Was *das nächste Fremde* ist, hängt davon ab, wieweit wir uns mit unserer Vergangenheit identifizieren, was wiederum von Person zu Person verschieden sein kann. Für manche ist das Mittelalter der „ferne Spiegel" (Tuchman 1982), für andere sind schon die 1950er Jahre das „nächste Fremde". Der letztgenannte Ausdruck wurde für das Verhältnis der europäischen Gegenwart zur Antike geprägt: „Rom und Griechenland sind uns das *nächste Fremde*, und das vorzüglich Bildende an ihnen ist nicht sowohl ihre Klassizität und ‚Normalität', sondern daß uns das Eigene dort in einer anderen Möglichkeit, ja überhaupt im Stande der Möglichkeiten begegnet." (Hölscher 1965: 278) Aus dieser Blickwinkel ist die Antike nicht die Quelle, aus der das Wasser in unsere Gegenwart fließt, sondern ein entfernter Kontinent, der sich aber mit unserem vergleichen lässt. Dass fast jedes Jahr neue historische Darstellungen der Antike aufmerksam registriert werden, erklärt sich wahrscheinlich dadurch, dass beide Ansätze, die herkunftsversichernde wie die alternative, berechtigt und fruchtbar sind.

Ähnlich steht es mit dem *ganz Anderen:* Für die Dorfbevölkerung mag schon die große Metropole völlig unvertraut sein, für andere ist es ein fremdes Land und dessen Geschichte. Eine wichtige Alterität für Europa ist China. Denn China ist eine alte Hochkultur wie das Abendland, aber im Unterschied zu Indien, das man hier auch nennen könnte, gehören zum einen die in China gesprochenen Sprachen nicht zur indoeuropäischen Familie, zum anderen gibt es dort bis ins

19. Jahrhundert kaum bedeutende westliche Einflüsse (Jullien 2002). Andere Spezialisten für das Fremde sind die Ethnologen, die sich mit (schriftlosen) Gemeinschaften beschäftigen, die uns gerade deshalb faszinieren, weil in ihnen alles anders zu sein scheint. Man denke nur an die stetige Begeisterung für Indianer oder die Südsee.

Sodann gibt es als alternativen Ansatz die *Geschichte der Besiegten*, der zahllosen namenlosen Opfer der Geschichte, von denen keine Monumente überliefert sind und keine Linien zur Gegenwart führen. Das Ziel ist nicht nur eine Änderung der Themen (weg von den Siegern), sondern auch eine Verschiebung der Perspektive: Die Besiegten sollen nicht nur Gegenstand der Geschichtsschreibung werden, diese soll auch aus deren Blickwinkel erzählt werden. Das haben Bertolt Brecht und Walter Benjamin, unter dem Eindruck des Sieges des Nationalsozialismus und später des Hitler-Stalin-Paktes, propagiert. 1936 verfasste Bertolt Brecht das berühmte Gedicht „Fragen eines lesenden Arbeiters". Weniger bekannt sind folgende Zeilen, in einer ersten Fassung wohl 1939 geschrieben für sein Lukullus-Projekt: „Immer doch / Schrieb der Sieger die Geschichte des Besiegten./ Den Erschlagenen entstellt / Der Schläger die Züge. Aus der Welt / Geht der Schwächere, und zurückbleibt/ Die Lüge." (Werke VI: 159) Das Pendant zu diesen Zeilen findet sich in den berühmten geschichtsphilosophischen Thesen von Walter Benjamin. Die siebte These richtet sich direkt gegen den Historismus, der sich nur in die „Sieger" einfühle. Stattdessen müsse man es sich zur „Aufgabe" machen, „die Geschichte gegen den Strich zu bürsten" (I.2: 697). Eine solche *Geschichte von unten* hat in den letzten Jahrzehnten auch Einzug in die akademische Geschichtswissenschaft gehalten. Das klassische Werk ist *Die Entstehung der englischen Arbeiterklasse* von Edward P. Thompson (engl. 1963). Zu erwähnen ist aber auch Michel Foucault, der sich intensiv mit der Geschichte des Wahnsinns, der Klinik und der Gefängnisse beschäftigte, also den ehrlosen (infamen) Menschen, die aus der als normal angesehenen Gesellschaft herausgedrängt wurden. Inspiriert durch Foucault (und den italienischen Marxisten Antonio Gramsci) haben dann indische Historiker die Geschichte der Subalternen entdeckt, also derjenigen, die noch unterhalb der Arbeiterklasse und der hierarchisch geordneten Kasten leben (vgl. Guha 1982). Die Infamen und die Subalternen haben sich oft gar nicht äußern können, so dass keine Quellen existieren. Deshalb muss aus der „Lüge" der Sieger die „Wahrheit" der Besiegten rekonstruiert werden. Es sollen diejenigen eine Stimme bekommen, die nie eine hatten. Aufzuwerten sind auch die verbrannten Bücher und die verbotenen Redeweisen. Noch schwieriger wird es mit denen, die nicht nur besiegt, sondern bereits vor langer Zeit vernichtet wurden. Man denke beispielsweise an die altamerikanischen Kulturen, aber auch an Völker wie die Nabatäer oder die Goten.

Schließlich gibt es die *kontrafaktische Historie*, also die Spekulation über alternative Verläufe der Geschichte (Konjekturalhistorie, virtuelle Geschichte). Der deutsche Meister dieser Variante ist Alexander Demandt, der folgende Vorzüge dieses Ansatzes nennt: Er deckt die Vielzahl möglicher Welten auf, die im Unterschied zur Logik möglicher Welten höchst unterschiedliche Stufen von Wahrscheinlichkeit besitzen. Wir verstehen Entscheidungssituationen besser und können das, was wirklich geschah, angemessener einschätzen. „Die nicht eingetretenen Möglichkeiten haben selbst keinen Belang, liefern uns aber die notwendige Folie, vor der wir die Bedeutung des wirklich Geschehenen erst erkennen. Irrealität ist ebensowenig ein Argument für Irrelevanz wie Realität kein Argument für Relevanz ist." (Demandt 1986: 39) Was wäre beispielsweise passiert, wenn sich das britische Kabinett in der Krisensituation vom Ende Mai 1940 nicht zum bedingungslosen Weiterkämpfen gegen Hitler-Deutschland entschieden hätte?

Die Gefahr der alternativen Historie ist ein *romantischer Eskapismus*. Um sich nicht mit sich selbst und den gegenwärtigen Problemen zu beschäftigen, flüchtet man sich in ferne Zeiten und abgelegene Räume. Das gilt besonders für die kontrafaktische Historie: Da es oft zu wenige Anhaltspunkte gibt, bleiben nur ungesicherte, wenn auch spannende Spekulationen. Dieser Ansatz überschreitet dann die Grenze zur Belletristik. Für literarische Varianten der kontrafaktischen Geschichte gibt es interessante und auch lehrreiche Beispiele; erwähnt seien hier nur Philip K. Dicks *The Man in the High Castle* (1962) und Philip Roths *The Plot Against America* (2004). Aber solche belletristischen Werke unterliegen, wenn man sie bewerten möchte, ästhetischen Kriterien, nicht geschichtswissenschaftlichen oder philosophischen.

3.5 Kritik und subversive Genealogie

Der fünfte Ansatz ist die *kritische* Historie. Sie ist weniger an der Vergangenheit ausgerichtet wie die anderen, dafür stärker an der Zukunft. Es gibt zwei Varianten, eine radikale und eine gemäßigte. Beide finden sich bei Nietzsche.

In der *radikalen* Version möchte man sich bewusst von der Vergangenheit abwenden. Nietzsche schreibt, der Mensch müsse „die Kraft haben und von Zeit zu Zeit anwenden, eine Vergangenheit zu zerbrechen und aufzulösen, um leben zu können: dies erreicht er dadurch, dass er sie vor Gericht zieht, peinlich inquirirt und endlich verurtheilt; jede Vergangenheit aber ist werth verurtheilt zu werden" (KSA I: 269). Dies sei nötig, damit die Geschichte dem „Leben" diene könne. Was Nietzsche also will, ist die Befreiung von der Geschichte durch deren *Destruktion*. Die Vergangenheit hat nicht das letzte Wort, zählt sogar überhaupt nicht. Geschichte ist das, wovon man sich abstoßen muss; die Historie zeigt uns, was alles falsch gelaufen ist.

Ein Beispiel für diese Art der Beschäftigung ist Nietzsche selbst, keineswegs in allen seinen Schriften, aber doch in einigen der späten Phase. Er sieht sich als Philosoph mit dem Hammer oder sogar als Dynamit; alles soll zum Einsturz gebracht werden; was fällt, soll man auch noch stoßen. Selbst in der Philosophiegeschichte möchte Nietzsche kaum etwas gelten lassen, ebenso wenig in der politischen und kulturellen Entwicklung der letzten zweieinhalb Jahrtausende. (Heideggers Dekonstruktion der Metaphysikgeschichte setzt diese Idee fort.) Ja, für Nietzsche muss sogar der Mensch selbst überwunden werden, wie er mit der Vision des Übermenschen andeutet. Das ist sicher übertrieben. Aber Nietzsche hat recht, wenn er dem Menschen, als Individuum wie als Kollektiv, eine „plastische Kraft" zuschreibt, mit der es uns möglich ist, „Vergangenes und Fremdes umzubilden und einzuverleiben, Wunden auszuheilen, Verlorenes zu ersetzen, zerbrochene Formen aus sich nachzuformen" (KSA I: 251, vgl. ebd. 271) – also, kurz gesagt, die Zukunft zu gestalten.

Diese Einstellung zur Geschichte ist typisch modern. Wer etwas ganz Neues will, wird deshalb den Geschichtsunterricht abschaffen. So dekretierte es Gustav Landauer während der Münchener Räterepublik im April 1919; darauf liefen 1972 die Hessischen Rahmenrichtlinien für das neue Schulfach Gesellschaftslehre hinaus. Vor allem in der modernen Kunst findet diese Auffassung ihre Vertreter und Vertreterinnen. Besonders radikal sind um 1910 die Futuristen, die in den von Filippo Tommaso Marinetti geschriebenen Manifesten verkünden, dass man die Museen zerstören und die Vergangenheit verleugnen müsse (vgl. Heß 1956: 71–74). Viele innovative Strömungen der modernen Kunst im 20. Jahrhundert folgen diesem Ansatz, etwa die russischen Avantgardisten der 1920er Jahre. Damit wäre historische Forschung eigentlich überflüssig, Vorbilder aus der Vergangenheit oder interessante Alternativen gäbe es nicht, mit der eigenen Herkunft müsste man brechen. Daraus folgt beispielsweise, dass man altehrwürdige Gebäude einfach abreißen und alles ganz neu aufbauen dürfe.

Das mag für die Künste machbar sein, wenn auch mit hohen Kosten. Nicht sinnvoll ist sie aber für die politische Praxis. Man kann nicht alles auf einen Schlag neu machen, ohne Rücksicht auf Kontexte, Traditionen und Lebenswelten. Vor allem ökonomische Programme propagierten das, und zwar sowohl kapitalistische als auch sozialistische. Aber disruptive Wirtschaftsreformen dieser Art scheitern fast immer. Das gilt für den von Mao initiierten „Großen Sprung nach vorn" in China 1958 ebenso wie für die radikalliberalen Maßnahmen der „Chicago Boys" in Pinochets Chile von 1975 bis 1982. Russland musste beides erleben: So radikal wie die Bolschewisten unter Stalin seit Ende der 1920er Jahre den Kommunismus durchsetzen wollten, so schnell wollten die Wirtschaftsliberalen nach

1991 den Kapitalismus einführen. Immerhin sind die neoliberalen Reformen sehr viel glimpflicher gescheitert als die sozialistischen Experimente mit ihren Millionen von Opfern. Dennoch sollte man schließen, dass gewachsene Strukturen ernst zu nehmen sind. Der destruktive Umgang mit der Geschichte ignoriert nicht nur die Macht der Geschichte, sondern auch die geschichtliche Bedingtheit dieser Idee selbst, die nur unter bestimmten Bedingungen auftreten konnte, vor allem in einer fortschrittsgläubigen Moderne.

Die zweite, eher *gemäßigte* Variante stammt ebenfalls von Nietzsche. Sie findet sich noch nicht in der *Unzeitgemäßen Betrachtung* von 1874, sondern erst 1887 in seinem Spätwerk *Zur Genealogie der Moral*. Während die eben dargestellte Destruktion eine reale politische Praxis sein soll, geht es hier um eine neue Art der Geschichtsschreibung. Michel Foucault (1971) hat diese Konzeption wirkungsmächtig aufgegriffen. Inzwischen sind verschiedene Typen von Genealogie entwickelt worden, auch affirmative und pragmatische (vgl. Joas 2011: 147 ff.; Allen 2019: 65 f. u. 248–251; Habermas 2019, Bd. I: 70 ff.). Was aber Nietzsche und Foucault anstreben, wäre *subversive Genealogie* zu nennen. In dieser wird, ähnlich wie im Historischen Materialismus, ein Phänomen der Gegenwart, das wir normalerweise als selbstverständlich und wichtig ansehen, bis zu seinen dunklen Ursprüngen zurückverfolgt. Im doppelten Sinne „dunkel": Zum einen kann vieles nicht erhellt werden, manches bleibt trotz aller wissenschaftlichen Bemühungen unsicher, kontingente Umstände spielen offensichtlich eine große Rolle – zum anderen entdecken wir hässliche, ja abstoßende Faktoren, die wir gern ausblenden und vergessen würden, die aber gerade zum Aufstieg des Guten beigetragen haben. Die Kosten einer Erfolgsgeschichte werden deutlich. So beschrieb Marx die „ursprüngliche Akkumulation" des modernen Kapitalismus als Gewaltprozess (MEW 23, Kap. 24). Nietzsche möchte unsere Moral diskreditieren, indem er ihre Entwicklung aus einem Aufstand der Schwachen ableitet, die selbst aber nur nach Macht strebten (KSA V: 117, 268 u. ö.).

Hier sei noch ein anderes Beispiel ergänzt: die Demokratie, die wir alle schätzen. Der Positivismus scheffelt Fakten zu ihrer Geschichte; der Monumentalismus feiert einzelne große Heldentaten, beispielsweise die ersten freien Wahlen in einem Land; die Herkunftssicherung sichert die Linien, die zur Gegenwart führen; die alternative Historie schildert ungewöhnliche Formen wie das afrikanische Palaver oder die Ratsversammlungen der Irokesen. Eine subversive Genealogie würde aufdecken, dass die bekannten Zäsuren gar nicht so wichtig waren, dass es viele verborgene Handlungsstränge gab, dass alles mit Unmengen an Leid erkauft wurde und dass die Intentionen der Akteure keineswegs edel waren. Aber es gibt keine verbindliche Gegenerzählung (wie noch im klassischen Marxismus). Vielmehr problematisiert die subversive Genealogie alle Voraussetzungen unserer Identität, sogar die ganze Idee einer reflexiven Selbstvergewisserung.

Aber können wir darauf verzichten? Der nietzscheanische Poststrukturalismus, dem Foucault in dieser Hinsicht zuzurechnen ist, steht für eine Position, die an dem Konzept eines Selbst und vielen anderen klassischen philosophischen Grundbegriffen zweifelt. Sie werden dekonstruiert oder subversiv unterhöhlt. Aus meiner Sicht verwickeln sich diese Ansätze in performative Widersprüche: Die Instanz, die am Selbst zweifelt, ist selbst ein Selbst. Richtig ist aber die Kritik an homogenen und nur durch Macht gestützten Vorstellungen des Selbst. Ein weiteres Problem der subversiven Genealogie sind die *fehlenden normativen Maßstäbe*. Ausdrücklich lehnt Nietzsche die Orientierung an Gerechtigkeit ab und beschwört die tiefe Macht des Lebens (KSA I: 269). Das ist aus heutiger Sicht nicht überzeugend. Auch Marx und Foucault stehen in dieser Hinsicht nicht viel besser da, zumindest herrscht über ihre normativen Voraussetzungen keine Klarheit.

Aber nicht nur bei der subversiven Genealogie, auch bei den anderen Ansätzen stellt sich die Frage nach geeigneten und begründeten *Kriterien:* Die empirische Geschichtsforschung braucht, um nicht in einen Positivismus abzurutschen, eine Reflexion auf ihre Methoden und ihre Themenwahl. Die öffentliche Historie benötigt, um nicht zum Monumentalismus zu degenerieren, plausible Maßstäbe, um wahre von falschen Helden zu unterscheiden; nur dann kann das Vergangene sinnvoll in Feiertagen, Denkmälern und Erinnerungsorten bewahrt werden. Die herkunftssichernde Historie muss sich in einer globalisierten Welt ganz neu ausrichten; dafür bedarf es supranationaler und interkultureller Diskurse. Vor allem muss man sich immer auch zur eigenen Herkunft kritisch verhalten können. Die alternative Historie wird sich ins Beliebige verlaufen, wenn die realen geschichtlichen Verläufe im Dunkeln bleiben; welche Tendenzen gegen sie wirkten, wollen auch die Unterdrückten und Besiegten wissen.

Das alles spricht aus meiner Sicht für eine Geschichtsphilosophie, die die verschiedenen Richtungen der Geschichtswissenschaft oder generell der Beschäftigung mit der Geschichte kritisch reflektiert. Zwar können die dargestellten Ansätze für sich stehen; sowohl ihre lebensweltliche als auch ihre politische Rolle spielen sie ohnehin. Aber jeder von ihnen ist, davon bin ich fest überzeugt, auf philosophische Ergänzungen angewiesen. Diese ergeben sich aus den Kernkompetenzen der Philosophie, aus ihren epistemologischen, normativen, ontologischen, metaphysischen und reflexiv-praxisorientierten Reflexionen (siehe Kapitel 4).

3.6 Das geschichtsphilosophische Dreieck

Hier sei nur ein Punkt vertieft. Das Nebeneinander der fünf Herangehensweisen an die Geschichte beruht nämlich, so meine These, auch darauf, dass nicht geklärt ist, in welchem Verhältnis die drei Zeitdimensionen der Vergangenheit, Gegenwart und Zukunft bei unserer reflexiven Selbstvergewisserung zueinander stehen sollen.

Eine naheliegende Auffassung wäre, dass es doch in der Historie eigentlich nur um die Vergangenheit gehe, ob diese nun weit zurückliegt (wie bei der Vor- und Frühgeschichte) oder nicht (wie bei der Zeitgeschichte). Dagegen spricht ein Satz, den Marc Bloch von Henri Pirenne überliefert hat: Wer sich bloß für die Vergangenheit interessiere, solle Antiquitätenhändler werden, nicht Historiker; als solcher liebe man das Leben und interessiere sich für alles Menschliche (Bloch 2002: 50). Man kann es auch so formulieren: Als Mensch interessieren wir uns für andere Menschen. Um diese zu verstehen, beschäftigen wir uns mit ihrer Geschichte. Dadurch lernen wir auch uns selbst besser kennen. Genau das ist die Idee einer reflexiven historischen Selbstvergewisserung.

Für eine Klärung unseres Selbstverhältnisses sind wir als Wesen, die in der Zeit existieren, auf eine reflektierte Abstimmung der drei Dimensionen der Zeit und unserer Zugänge zu diesen angewiesen. In dieser Hinsicht sind die fünf dargestellten Ansätze unausgewogen. Pointiert kann man feststellen: Die positivistische Historie kennt nur die Vergangenheit und ignoriert die beiden anderen Zeitdimensionen. In der monumentalistischen und der herkunftssichernden Historie wird die Vergangenheit tendenziell für die Gegenwart instrumentalisiert. Die alternative Historie flüchtet in andere Vergangenheiten, während in der kritischen Historie die Zukunft dominiert. Eine Aufgabe der Geschichtsphilosophie könnte es nun sein, so denke ich, dass sie zum Zwecke unserer reflexiven Selbstvergewisserung die drei Zeitdimensionen in ein ausgewogenes Verhältnis zueinander bringt. Das nenne ich das *geschichtsphilosophische Dreieck*.

3.6.1 Gegenwart

Unhintergehbarer Ausgangspunkt ist die jeweilige Gegenwart, in der wir alle leben. Mit ihr ist die modallogische Kategorie der *Wirklichkeit* verbunden. Denn im Zeitpfeil ist phänomenologisch nur die Gegenwart da, allerdings mit ineinander verschachtelten Vergangenheitsresten und ebensolchen Zukunftserwartungen, die als Retentionen und Protentionen bezeichnet werden (Husserl 1986). Aber wie schmal auch die Jetzt-Zeit sein mag, sie bildet, hermeneutisch gesprochen, das *Vorverständnis*, das wir nicht abschütteln können, wenn wir an frühere Epochen herangehen oder an die Zukunft denken. Das gilt auch für die wissenschaftliche Beschäftigung mit der Geschichte (siehe Kap. 4, Abschnitt 1). Neben den formalen Elementen unseres Vorverständnisses, die reflektiert werden müssen, betrifft das auch thematische Entscheidungen und normative Urteile. Jeder Historiker muss aus der Unzahl geschichtlicher Ereignisse diejenigen auswählen, die ihm relevant zu sein scheinen. Das geschieht immer vor dem Hintergrund der eigenen Zeit; die Gegenwart ist das *historische Apriori*, das allem Verstehen und Erzählen vorausliegt. Deshalb ist die reflexive Bestimmung des eigenen Standortes in der Geschichte unbedingt erforderlich.

Dafür bedarf es einer *Zeitdiagnose*. Philosophen haben sich immer schon um solche Deutungen ihrer Gegenwart bemüht. Seit Fichtes *Grundzügen des gegenwärtigen Zeitalters* (1806) gehören gehaltvolle und pointierte Standortbestimmungen zum Repertoire vieler bedeutender Philosophen; oft sind diese Teil eines geschichtsphilosophischen Entwurfs, wie auch in der erwähnten Schrift Fichtes. Dabei wird die zeitdiagnostisch erfasste Gegenwart zum Ausgangspunkt gemacht. Bereits bei Schiller heißt es: „der Universalhistoriker rückt von der neuesten Weltlage aufwärts dem Ursprung der Dinge entgegen." (1789: 156) Marx schreibt dementsprechend, dass die „Anatomie des Menschen ... ein Schlüssel zur Anatomie des Affen" sei (MEW 42: 39). Karl Löwith (1953) hat seine Geschichte der Geschichtsphilosophie rückwärts erzählt, beginnend mit Burckhardt und endend mit der Bibel. Dass Hellmut Diwald seine *Geschichte der Deutschen* (1978/1999) mit der Gegenwart beginnt und dann Schritt für Schritt in die Vergangenheit zurückgeht, ist deshalb eine interessante Idee, was immer man sonst gegen dieses Buch einwenden mag.

Wie gelangen wir zu einer Zeitdiagnose? Zur Wirklichkeit der Gegenwart haben wir zwei Zugänge. Der erste ist der des Beobachters, der möglichst objektiv eine Bestandsaufnahme erstellt. Dafür sind die *empirischen* Wissenschaften die wichtigste Stütze, vor allem die Wirklichkeitswissenschaft der Soziologie. Diese muss aber den „methodologischen Nationalismus" überwinden (Beck 1998: 115) und zu einer „globalen Soziologie" werden (Cohen/Kennedy 2013). Dass wir wichtige Themen wie Ökonomie und Ökologie, Politik und soziale Ungleichheit, Technik und Wissenschaft, Demografie und Migration, Terrorismus und Kriminalität, Sport und Medizin nicht mehr nur national behandeln können, ist seit 1989 deutlicher denn je zuvor.

Wir sind aber nicht nur Beobachter, sondern auch Teilnehmer am Geschehen der Gegenwart. Dadurch kommt eine *phänomenologische* Komponente hinzu. Wir unterscheiden Wesentliches und Unwesentliches in unserer Lebenswelt. Zudem sind wir emotional involviert, im Positiven wie im Negativen: Wir freuen uns über bestimmte Ereignisse und erwarten gewisse Verbesserungen; aber wir spüren auch Leidensdruck und hegen Befürchtungen. Diese Gefühle müssen expliziert und analysiert werden. Darüber können wir uns mit anderen Zeitgenossen (m/w/d) verständigen. So entstehen Gegenwartsdiagnosen, die auch in sensiblen philosophischen Deutungen und in neuen Forschungsfragen ihren Niederschlag finden, manchmal sogar zu neuen Wissenschaften führen wie der Genderforschung oder den postkolonialen Studien.

Eine erste Frage, die deskriptiv-phänomenologisch zu beantworten wäre, lautet ganz einfach: Was ist denn überhaupt unsere Gegenwart? In welcher Epoche leben wir eigentlich? Bei den Antworten werden die inhaltliche Bestimmung und die zeitliche Abgrenzung eng miteinander verbunden sein. Auffällig ist, dass sich die Gegenwart früher über sehr viel mehr Jahre erstreckte. Wer etwas älter ist, verliert schnell seine Zeitgenossenschaft. Wir erleben nämlich eine zunehmende Beschleunigung und damit eine *Gegenwartsschrumpfung* (Lübbe 1992). Den Extremfall bilden die Tage, in denen dieses Manuskript vervollständigt wird, nämlich während der Corona-Krise im Frühjahr 2020. Was in Deutschland und Europa vor Mitte März passierte, scheint in tiefster Vergangenheit zu liegen. Frühere Ereignisse, die zum jeweiligen Zeitpunkt wichtige Zäsuren waren, sind jetzt schon fast vergessen: die Flüchtlingskrise 2015, die globale Finanzkrise 2008, die Terroranschläge vom 11.9.2001 usw. Aber gerade weil sich die jeweilige Gegenwart so stark verkleinert hat, sind geschichtsphilosophische Rückblicke auf die Vergangenheit und Ausblicke auf die Zukunft wichtig.

3.6.2 Zukunft

Vom Standpunkt der Gegenwart richtet sich unser Blick zuerst auf die Zukunft (vgl. Thies 2018). Das ist anthropologisch bedingt: Wir sind Wesen, deren Denken und Handeln sich auf einem Zeitstrahl bewegt, der in die Zukunft gerichtet ist. Der Raum ist isotrop, aber die (menschliche) Zeit anisotrop. Allerdings betrachtet die Geschichtsphilosophie, wie bereits herausgestellt, keine individuellen Biographien, sondern hat ihr Referenzsubjekt in der Menschheit.

Im Hinblick auf die Zukunft sind zunächst einmal die extremen Positionen des Skeptizismus und des Utopismus zurückzuweisen. Der Skeptizismus hält es generell für unmöglich, etwas über die Zukunft auszusagen; was geschehen wird, sei nicht nur ungewiss, sondern prinzipiell unbekannt. Der Utopismus hält in der Zukunft alles für möglich, so dass wir jede Festlegung vermeiden sollten; wir könnten alles so gestalten, wie wir wollen (vgl. Birnbacher 1988: 165 ff.). Tatsächlich lässt sich sehr wohl etwas über die Zukunft aussagen, nur haben diese Aussagen einen anderen Status als Aussagen über Gegenwart und Vergangenheit. Was wir über die Zukunft behaupten, ist nicht wirklich oder notwendig, sondern möglich. Der *Begriff der Möglichkeit* ist mehrdeutig (vgl. Bloch 1959: 258–288).

Hier geht es nicht um die logischen oder naturwissenschaftlichen Möglichkeiten, sondern die objektiven Möglichkeiten der historisch-kulturellen Welt. Deshalb bleiben weit entfernte Gefahren wie die nächste Eiszeit, die in einigen Jahrtausenden kommen mag, oder eine irgendwann mögliche Änderung der Erdachse, die enorme ökologische Folgen haben wird, außer Betracht. Ebenso geht es in der Geschichtsphilosophie nicht primär darum, was 490 v.Chr. oder 1866 objektiv möglich war (vgl. Weber 1988: 266–290). Entscheidend ist, was heute objektiv möglich ist. Daraus ergibt sich unser Gestaltungsspielraum. Sollen setzt Können voraus. Was objektiv möglich ist, wenn auch schwer zu verwirklichen, ist keine abstrakte Utopie oder bloß ein Gedankenexperiment. Es ist vielmehr eine konkrete oder eine realistische Utopie (Rawls 2002: 13f., 23, 161f. u. a.; ders. 2006: 23, 36, 293 u.a.).

Die objektiven Möglichkeiten haben eine theoretische und eine praktische Seite. Die objektiv-theoretischen Möglichkeiten der Zukunft erfassen wir in *Prognosen*. Man kann geschichtliche Verläufe, ob diese nun zyklisch oder linear sind, fortschreiben (siehe Kapitel 5). Viele Entwicklungen der Zukunft lassen sich vorhersagen, selbstverständlich umso genauer, je enger der Zeithorizont ist. Kurzfristig sind die meteorologischen Wetterberichte, langfristig hingegen die Prognosen der Klimaforschung. Die objektiven Möglichkeiten der Zukunft sind nach Wahrscheinlichkeiten gestaffelt. Zwar hat sich die schon vor einigen Jahrzehnten konzipierte Futurologie (Flechtheim 1970) nicht als Wissenschaft etablieren können, aber in vielen anerkannten Disziplinen werden immer bessere Prognosen gemacht. Ein Beispiel, das bereits Kant heranzog, ist die Demografie (XI: 33): Über mehrere Jahrzehnte hinweg lassen sich relativ genaue Angaben machen, wie die Weltbevölkerung wachsen wird. Ökonomische Prognosen aus der Extrapolation von zyklischen oder linearen Tendenzen sind möglich und inzwischen auch für die Politikberatung üblich.

Aber die Zukunft ist nicht determiniert. Sie ist nicht gegeben, sondern aufgegeben. Für unsere *Projekte* gibt es objektiv-praktische Möglichkeiten. Dass die Menschheit, wie Kant erwägt, ihre Vorhersagen in die Tat umsetzt, ist unrealistisch (Kant XI: 351 u. 356). Die überspannte Idee vom handelnden Kollektivsubjekt der vereinten Menschheit ist sogar einer der wichtigsten Gründe für den Niedergang der Geschichtsphilosophie. Die Alternativen sind aber nicht Attentismus, Quietismus und Fatalismus, also das Warten auf die Zukunft. Es gibt größere politische Projekte, die über eine nationale Legislaturperiode hinausgehen, auch über die Organisation eines Gipfeltreffens oder die Anpassung der Handelstarife: die Abwendung eines Atomkrieges, die Einigung Europas, die Bekämpfung der Armut, der Ausstieg aus den fossilen Energieträgern, die Verhinderung von Pandemien usw. Zwar fehlen klare Kriterien, wie weit diese praktische Dimension der Geschichtsphilosophie in die Zukunft hineinreichen soll. Die exemplarisch genannten Projekte lassen sich nur über einen Zeitraum von mehreren Jahrzehnten verwirklichen. Es geht also um Generationsprojekte, die jenseits der Lebensspanne der meisten Beteiligten liegen. Alle diese Projekte bedürfen einer *normativen Prüfung*. Ist ein Zusammenschluss aller europäischen Staaten wirklich erstrebenswert? Wie lassen sich die Lasten des Klimawandels gerecht verteilen? Welche individuellen Rechte sollen eingeschränkt werden, um künftige Pandemien besser zu verhindern? Alle diese Projekte haben keine direkten Vorbilder in der Vergangenheit. Die Geschichtsphilosophie besitzt keine eigenen Maßstäbe, sondern muss für solche Diskurse auf die praktische Philosophie zurückgreifen.

Aus der Synthese von Prognosen und Projekten ergeben sich verschiedene *Szenarien*. Wir haben für die Zukunft kein klares Ziel, sondern sehen in Fortschreibung bestehender Tendenzen und unter Berücksichtigung politischer Projekte eine Mehrzahl von objektiven Möglichkeiten. Es existiert eine Spannbreite, in der sich bestehende Tendenzen weiterentwickeln könnten und die wir durch unser Handeln zu beeinflussen vermögen. Diesen geschichtsphilosophischen Zugang zur Zukunft bezeichne ich als *normativ-praktisch*.

Das war in der klassischen Geschichtsphilosophie noch anders. Zwar mögen Kant, Hegel und Marx bei ihren Reflexionen zur Zukunft geschwankt oder ihre Ansicht im Laufe der Jahre geändert haben; aber es gab immer nur ein Ziel. Das ändert sich einschneidend erst im 20. Jahrhundert. Ein berühmtes Zweier-Schema stammt von Rosa Luxemburg. Unter Berufung auf eine nicht belegte Äußerung von Engels formulierte sie mitten im Ersten Weltkrieg unter dem Pseudonym Junius die Alternative „Sozialismus oder Barbarei". Castoriadis und Lefort adoptierten diesen Ausdruck für ihren 1949 gegründeten Kreis undogmatischer Marxisten (vgl. Castoriadis 1980). Wir ständen also, so ist dies zu verstehen, vor einer Verzweigung; das Ende des Kapitalismus galt aber als ausgemachte Sache. Nachdem sich dieser 1989 durchgesetzt hatte und jetzt der Sozialismus als Option wegfiel, schien es zunächst gar keine Alternativen mehr zu geben. Das hat Francis Fukuyama mit seiner Formel vom „Ende der Geschichte" auf den Punkt gebracht (1989 u. 1992). Das war aber voreilig. Wie wir heute sehen, müssen wir mit verschiedenen Möglichkeiten für die Zukunft rechnen.

Sehr eingängig ist beispielsweise die Unterscheidung der folgenden *drei Szenarien* für die kommenden Jahrzehnte (vgl. Raskin 2016). Der erste Weg ist der konventionelle, dessen Verfechter davon ausgehen, dass alles normal weiterlaufen kann. Mit ihm werden die ökonomischen, politischen, technischen, demografischen und ökologischen Tendenzen der letzten Jahrzehnte linear fortgeschrieben. Trotz kleinerer Krisen könnten Frieden, Wohlstand und Demokratie weiterhin gesichert oder sogar gestärkt werden. Der zweite Weg führt in eine größere Katastrophe: Am schlimmsten wäre ein nuklearer Krieg, der an verschiedenen Stellen der Welt möglich ist. Es drohen aber auch globale ökologische

Katastrophen, die zu Millionen von Toten, riesigen Wanderungsbewegungen und neuen diktatorischen Regimes führen werden. Aber auch die ökonomischen, politischen und sozialen Krisen könnten sich verschärfen. Nicht zuletzt sind weitere Pandemien möglich. Der dritte Weg ist der einer Großen Transformation, der genau diese Katastrophen vermeidet, vor allem bei den nuklearen, ökologischen und medizinischen Großrisiken. Das erfordert auf globaler Ebene ein politisches, ökonomisches, technisches und kulturelles Umsteuern, wie es sich nicht leicht ins Werk setzen lässt. Ganz falsch wäre sicher der Rückzug in nationale Festungen.

Als geschichtliche Analogie bietet sich die Situation der Sowjetunion um 1985 an, in der es drei Fraktionen gab. Die alte Elite wollte am staatsbürokratischen Sozialismus festhalten und propagierte ein konventionelles Weitermachen auf dem Weg der letzten Jahrzehnte; die Mehrheit im Osten folgte dem, die Mehrheit im Westen hielt ebenfalls nichts anderes für möglich. Wenigen einsichtigen Personen war hingegen schon länger klar, dass die ökonomische Schwäche, die ethnischen Konflikte und die außenpolitischen Konfrontationen nur zum Zusammenbruch führen konnten (vgl. Amalrik 1970). Die Reformer hingegen, mit Gorbatschow an der Spitze, erstrebten den Umbau des gesamten Systems, die Perestroika, wobei die Öffnung der politischen Debatte, der Glasnost, ein erster wichtiger Schritt sein sollte. Es ist aber bekannt, dass dieser Versuch scheiterte und letztlich die Pessimisten recht behielten.

3.6.3 Vergangenheit

Schließlich thematisiert die Geschichtsphilosophie die Vergangenheit, und zwar (gemäß der doppelten Totalisierung) die gesamte Vergangenheit der Menschheit. Für den Monumentalismus sind die großen Ereignisse der Vergangenheit wichtig, die herkunftssichernde Historie konstruiert die Entwicklung der eigenen (kollektiven) Identität, die alternative Historie beschäftigt sich mit anderen interessanten Vergangenheiten.

Davon unterscheidet sich der geschichtsphilosophische Zugang. Von den drei klassischen Modalkategorien bleibt für die Vergangenheit die *Notwendigkeit*. Auch hier geht es nicht um logische oder kausale Notwendigkeiten, sondern um einen geschichtsphilosophischen Begriff. Wirklich ist nur die Gegenwart, möglich die Zukunft. Was aber war, lässt sich nicht ändern und besitzt deshalb für uns den Status der Notwendigkeit. Jean-Paul Sartre hat dem widersprochen: Er behauptete, dass wir auch gegenüber unserer Vergangenheit absolut frei seien; wir seien durch nichts gebunden und könnten uns von allem losreißen (1993: 856–870). Das gilt aber bestenfalls für wenige individuelle Lebenswege, nicht für Kollektive und schon gar nicht für die Menschheit. Für einen historischen Realismus ist jedenfalls die Vergangenheit notwendig, weil wir die Tatsachen nicht verändern können – aber wir können, ja wir müssen sie interpretieren. Deshalb ist der methodische Zugang zur Vergangenheit *historisch-interpretativ*. Es existieren Deutungsspielräume. Historische Interpretationen können variieren, zwar nicht beliebig, aber doch nach zeitlichem Standort, Erkenntnisinteresse und normativen Prinzipien. Ausgangspunkt der Deutungen ist immer die Gegenwart, die sich auf einem Umweg über die Zukunft auf die Vergangenheit richtet. Aus der Sicht des Jahres 1945 stellt sich beispielsweise das Jahr 1917, vor allem mit Blick auf die Russische Revolution, anders dar als aus der Sicht des Jahres 1989 oder des Jahres 2020.

Geschichtsphilosophisch sind vor allem zwei weitere Aspekte der Vergangenheit von besonderer Bedeutung, Tendenzen und Zäsuren. Zum einen gibt es geschichtliche Verläufe, die in die Gegenwart münden und möglicherweise über diese hinaus in die Zukunft weisen, also Prognosen ermöglichen. Besondere wichtige *Tendenzen* werden auch als Megatrends bezeichnet. Diese sind nicht allein durch quantifizierende empirische Forschung oder historisches Quellenstudium aufzuweisen. Vielmehr bedarf es theoretischer Begriffe und aufwendiger Rekonstruktionen. Werden sie aber erst einmal erfasst, leuchten sie intuitiv ein und inspirieren weitere Forschungen. Für die letzten Jahrzehnte könnte man nennen: Globalisierung, Individualisierung, Digitalisierung usw. Manche sind stärker strittig: Gibt es etwa wirklich eine Rückkehr der Religion? Über einige dieser Tendenzen wird im siebten Kapitel zu sprechen sein.

Zum anderen gibt es dramatische *Zäsuren*. Wird in der Geschichtswissenschaft über solche Periodisierungsfragen diskutiert, kommen fast immer philosophische Argumente ins Spiel. Hier seien nur zwei welthistorische Einschnitte genannt, die in der Geschichtsphilosophie eine große Rolle spielen. Die erste Zäsur ist die von Jaspers so genannte *Achsenzeit*, in der sich in einem weit gespannten Zeitraum von mehreren Jahrhunderten (8. bis 3. Jahrhundert vor unserer Zeitrechnung) parallel in verschiedenen Kulturräumen bemerkenswerte kulturelle und geistige Veränderungen ereigneten (1949, 1. Teil). Möglicherweise ergeben sich daraus auch unterschiedliche Entwicklungspfade in die Moderne und innerhalb dieser; der westliche Weg ist vielleicht nur eine Variante von Modernität (Eisenstadt 2000). Die zweite menschheitsgeschichtlich bedeutsame Epoche bilden die Jahrzehnte um 1800, in denen sich mehrere Revolutionen fast gleichzeitig ereigneten. Das hat Friedrich Engels 1845 als erster auf den Punkt gebracht: „Die industrielle Revolution hat für England dieselbe Bedeutung wie die politische Revolution für Frankreich und die philosophische für Deutschland" (MEW 2: 250). Zu ergänzen wäre noch die Amerikanische Revolution, die mit der Boston Tea Party 1773 begann und mit dem Amtsantritt des ersten Präsidenten 1789 endete (vgl. Arendt 1963). Insgesamt wird man wohl mehrere Jahrzehnte zusammennehmen müssen, etwa von 1770 bis 1830. Ich verwende dafür den Terminus *Sattelzeit*, den Koselleck zwar nur für die Begriffsgeschichte prägte (2000: 302f.), der sich aber auch auf den gesamten Strukturwandel dieses Zeitraums anwenden lässt. Es könnte sein, dass sowohl die Achsen- als auch die Sattelzeit eine Epochenschwelle sind, die alle Gesellschaften durchlaufen müssen, dies aber zu einem unterschiedlichen Zeitpunkt tun. Das beste Beispiel ist die industrielle Revolution: England war der Vorreiter, aber bis zum heutigen Tage sind letztlich alle anderen Staaten der Welt gefolgt.

3.7 Metatheoretische Implikationen

Am Ende dieses Kapitels sei noch auf drei metatheoretische Konsequenzen dieser Überlegungen für die Geschichtsphilosophie hingewiesen.

Erstens zeigt sich erneut, dass die Geschichtsphilosophie keine selbstgenügsame Fachdisziplin sein kann. Sie ist, wie jetzt deutlich wird, nicht nur auf die Kooperation mit den Geschichtswissenschaften angewiesen, sondern auch mit anderen Wissenschaften und philosophischen Disziplinen. Zugespitzt formuliert: Der geschichtsphilosophische Diskurs ist *parasitär*. Für eine empirisch gehaltvolle Zeitdiagnose benötigt die Geschichtsphilosophie das interdisziplinäre Gespräch mit der Soziologie. Für die kritische Prüfung der großen kollektiven Zukunftsprojekte ist die Kooperation mit der politischen Philosophie erforderlich; nur so kann geklärt werden, was normativ-praktisch legitim ist und was nicht (dazu mehr am Ende des nächsten Kapitels).

Zweitens ist zu fragen, in welchem Verhältnis die drei Zeitdimensionen in den geschichtsphilosophischen Reflexionen zueinander stehen. Wie lassen sich die deskriptiv-phänomenologischen Aussagen zur Gegenwart, die normativ-praktischen Aussagen zur Zukunft und die historisch-interpretativen Aussagen zur Vergangenheit miteinander vermitteln? Aus meiner Sicht gebührt keiner der drei Dimensionen der absolute Vorrang; ihre wechselseitigen Beziehungen zueinander sind ständig neu zu tarieren. Weder vermeintlich sichere empirische Aussagen noch absolute normative Forderungen bilden das Fundament. Stattdessen, so scheint mir, ist für die Geschichtsphilosophie ein *Kohärentismus* angemessen, der die Konzepte für Gegenwart (Zeitdiagnose), Zukunft (Szenarien) und Vergangenheit (Tendenzen und Zäsuren) in ein Überlegungsgleichgewicht bringt. Die drei Elemente sind so lange gegeneinander abzugleichen, bis sich ein zusammenhängendes Ganzes ergibt. Daraus folgt, dass die Geschichtsphilosophie nie zu definitiven Resultaten gelangen wird. Obwohl sich die Vergangenheit nicht beeinflussen lässt, müssen wir sie immer neu darstellen. Je schneller sich die Gegenwart ändert, desto häufiger benötigen wir aktualisierte geschichtsphilosophische Reflexionen.

Das sei beispielhaft erläutert. Ausgangspunkt ist die Gegenwart. Wird in der Zeitdiagnose herausgestellt, dass die verselbständigte kapitalistische Weltwirtschaft unser aller Schicksal auf unglückliche Weise bestimmt, wird man im normativen Entwurf eine entsprechende Lösung anstreben und historische Tendenzen suchen, die schon auf dieses Ziel hinauslaufen. Zudem stellt sich dann die Frage, warum der Kapitalismus zuerst in einer bestimmten Weltregion aufkam. Das überbordende Material der Geschichte lässt sich aber auch unter anderen Gesichtspunkten selegieren und organisieren. Denn man könnte auch den durch die Globalisierung beförderten Zusammenprall unterschiedlicher Kulturkreise als wesentliches Merkmal der Gegenwart sehen. Dann rücken zwangsläufig andere Fragen in den Vordergrund. Wie wäre ein Zusammenleben von Angehörigen verschiedener Weltreligionen zu gestalten? Welche Tendenzen lassen sich erkennen, welche Zäsuren haben möglicherweise alle Kulturkreise gemeinsam erlebt? Zudem verschiebt sich der Ausgangspunkt aufgrund der Gegenwartsschrumpfung schneller als früher: Beispielsweise lenkt die Corona-Krise auch die geschichtsphilosophische Aufmerksamkeit auf neue Themen.

Drittens zeigt sich nun, so denke ich, ein wichtiger metatheoretischer Unterschied der Geschichtsphilosophie von verwandten philosophischen Teildisziplinen wie vor allem der *Anthropologie*. Auch die Anthropologie kann nicht nur apriorisch, begriffsexplikativ, reflexiv-rekonstruktiv oder phänomenologisch verfahren, sondern sie muss bewährtes empirisches Wissen verarbeiten (vgl. Thies 2013a). Das hat die deutsche Philosophische Anthropologie in der Mitte des 20. Jahrhunderts vorbildlich praktiziert. Sowohl die philosophische Anthropologie als auch die Geschichtsphilosophie sind also interdisziplinäre Projekte. Der entscheidende Unterschied zwischen Anthropologie und Geschichtsphilosophie ist nun nicht, dass die Letztere eine zeitliche Dimension besitzt. Auch die Philosophische Anthropologie berücksichtigte onto- und phylogenetische Veränderungen, also Entwicklungen im individuellen Lebenslauf und in der Menschheitsgeschichte. Der wichtigste philosophische Unterschied ist vielmehr, dass die anthropologischen Aussagen *deskriptiv* zu verstehen sind. Die Anthropologie will nicht wissen, wie der Mensch sein soll (diese Aufgabe verbleibt in der Ethik), sondern was der Mensch sei, welche anthropologischen Universalien und menschlichen Monopole es gibt. Normative Aussagen sind in der Anthropologie zu vermeiden. Anders in der Geschichtsphilosophie. Weil diese auch einen irreduziblen Zukunftsbezug enthält, der aber nicht nur Prognosen, sondern auch Projekte beinhaltet, ist die *normative* Dimension unverzichtbar (vgl. Rohbeck 2020). Diese wird jedoch aus der praktischen Philosophie importiert. Die Geschichtsphilosophie bildet somit eine Brücke zwischen normativen und deskriptiven Theorien.

4 Geschichtsphilosophie als philosophische Disziplin

Ich denke viel an die Zukunft,
weil das der Ort ist, wo ich den Rest meines Lebens verbringen werde.

(Woody Allen)

In der akademischen Philosophie wird die Geschichtsphilosophie weitgehend ignoriert. Es gibt nicht einmal ein klares Verständnis davon, was überhaupt Geschichtsphilosophie ist und welche Stellung sie innerhalb des Faches haben sollte. Deshalb werde ich in diesem Kapitel ganz verschiedene Typen von Geschichtsphilosophie vorstellen.

Ausgangspunkt ist die alte Unterscheidung zwischen einer formalen und einer materialen Variante, neuerdings übertragen in den Gegensatz von analytisch und substantialistisch (Danto 1980:11). Die analytische Geschichtsphilosophie ist die erkenntniskritische Reflexion der Geschichtswissenschaften, fragt insofern nach deren begrifflichen und methodologischen Voraussetzungen. Die substantialistische Geschichtsphilosophie hingegen betrachtet den geschichtlichen Verlauf und zieht Konsequenzen aus den empirischen Erkenntnissen. Nicht zeitlich, aber argumentationslogisch kommt, so könnte man sagen, die analytische Reflexion vor und die substantialistische Wertung nach der historischen Forschung. Diese idealtypische Dichotomie möchte ich weiterentwickeln; es kommen noch drei weitere Ansätze hinzu.

Dabei wird die Geschichtsphilosophie unterschiedlichen Teilbereichen unseres Faches zugeordnet. Die analytische Geschichtsphilosophie gehört eindeutig zur theoretischen Philosophie, genauer zur Wissenschaftstheorie. Als historische Ergänzung der praktischen Philosophie könnte man die normative Geschichtsphilosophie verstehen. Für den dritten Ansatz ist die Geschichtsphilosophie eine Weiterentwicklung der Metaphysik oder sogar der Fundamentaltheologie. Die oben erwähnte substantialistische Geschichtsphilosophie stellt hingegen eine Variante der klassischen Ontologie dar. Gemäß der fünften Konzeption vermittelt die Geschichtsphilosophie zwischen empirisch-theoretischen und normativ-praktischen Zugängen. Ich werde diskursgeschichtlich vorgehen, also jeweils wichtige historische Vertreter vorstellen, um daran interessante systematische Aspekte anzuschließen.

Alle Typen von Geschichtsphilosophie haben mehr oder weniger ihre Berechtigung. Am fruchtbarsten scheinen mir aber der vierte und fünfte Ansatz zu sein, für den auch die aus meiner Sicht bedeutendsten Geschichtsphilosophen aller Zeiten stehen: Karl Marx und Immanuel Kant. Selbstverständlich gehen die

Konzeptionen dieser berühmten Denker nicht in den jeweiligen Modellen auf. Zudem ist deren Modernisierung erforderlich. Insbesondere der marxistische Ansatz ist, so mein Vorschlag, aus seiner hegelianischen Fassung herauszulösen und in einen kantianischen Rahmen einzubauen.

4.1 Analytische Geschichtsphilosophie – Wie ist Geschichte zu erkennen?

Der erste Typ der Geschichtsphilosophie gehört zur theoretischen Philosophie und ist eine Subdisziplin der Wissenschaftstheorie. Diese hat sich meistens intensiver mit anderen Fachdisziplinen beschäftigt, vor allem der Physik, inzwischen auch der Biologie und der Soziologie. Dennoch haben metatheoretische und methodologische Reflexionen zur Geschichtswissenschaft eine lange Tradition.

Es begann mit einem Paukenschlag: Nach Auffassung des Aristoteles ist nämlich die Historie überhaupt keine Wissenschaft. Zum einen beschäftige sie sich nur mit dem Besonderen, nicht aber, wie für Wissenschaften erforderlich, mit dem Allgemeinen. Insofern stehe sogar die Dichtkunst, die allgemeine Möglichkeiten des Menschlichen ausleuchte, höher als die Geschichtsschreibung (Poetik IX, 1451b 1–8; vgl. ebd. XXIII, 1459a 22). Zum anderen liefere die Historie nur Erfahrungswissen (empeiria), aber kein Wissen von den Ursachen. „Die Erfahrenen wissen zwar das ‚Daß'; doch das ‚Warum' wissen sie nicht." (Met. I, 981a 28f.)

Auch der Begründer der neuzeitlichen Philosophie, René Descartes, übt scharfe Kritik an der Historie wie auch an der Ethnographie: „Verwendet man jedoch zu viel Zeit aufs Reisen, so wird man schließlich im eigenen Lande fremd, und interessiert man sich zu sehr für Dinge, die in vergangenen Jahrhunderten geschehen sind, so bleibt man für gewöhnlich sehr unwissend in der Gegenwart." (1637, I 8) Weder das historische noch das ethnographische Wissen ließen sich technisch-pragmatisch einsetzen, also nicht für das Wohlergehen der Menschheit nutzen. Letztlich sei die Historie gar keine Wissenschaft, weil sie als solche mathematisierbar sein müsse. Denn Vorbild für alle Wissenschaften sei allein die Physik.

Dagegen richtete sich vor allem Giambattista Vico (1668–1744), der deshalb auch eine „Neue Wissenschaft" begründen wollte (Scienza nuova, 1725, ²1730, ³1744). Vico kann insofern als der Ahnherr einer Epistemologie der Historie gelten. Sowohl die Rationalisten als auch die Empiristen hatten im 17. Jahrhundert die Parole ausgegeben, nur die Erkenntnis gelten zu lassen, die von absoluter Klarheit und Gewissheit sei. Vicos berühmte These ist nun, dass dies nur dort erreichbar sei, wo wir das, was wir erkennen wollen, selbst gemacht hätten (verum quia factum, 1990: 142f.). Dies sei überhaupt „das erste unbezweifelbare Prinzip" (1990: 154). Insofern bliebe unsere Erkenntnis der Natur, die wir ja nicht selbst geschaffen hätten, immer begrenzt; die Physik bilde also keineswegs den Maßstab aller Wissenschaften. Zwar gelte das verum-factum-Prinzip auch für die Geometrie, dort aber nur in blasser Abstraktion. In der kulturellen Welt hingegen besitze es „mehr Realität" (1990: 155). Die Historie, so kann man schließen, ist deshalb aus Vicos Sicht die vornehmste Wissenschaft. Eine zweite wichtige Einsicht Vicos ist, dass kulturelle Erzeugnisse fremder Kulturen und früherer Zeiten nur aus ihrem Kontext verstanden werden können. Das sei uns aber möglich, weil es derselbe menschliche Geist ist, der überall wirke, wenn auch immer in geschichtlich bestimmter Form. Konkret unterscheidet Vicos drei große Epochen, die Zeitalter der Götter, der Heroen und der Menschen, die ihre spezifischen Sitten, Rechtssysteme, Regierungsformen, Sprachen und Schriften hätten (vgl. Hösle 1990).

Die Spannbreite von Aristoteles bis Vico zeigt, wie orientierungslos man hinsichtlich des wissenschaftlichen Werts der Historie früher war. Noch im 20. Jahrhundert gibt es extrem unterschiedliche Positionen: Auf der einen Seite stehen die Vertreter des einheitswissenschaftlichen Programms, wie es vor allem der *Wiener Kreis* formulierte. Ein Mitglied dieser Gruppe, Carl Gustav Hempel, hat dazu 1942 (1965) einen wichtigen Aufsatz publiziert. Seine These ist, dass sich historische Aussagen nach dem Muster naturwissenschaftlicher Erklärungen rekonstruieren lassen; man brauche dafür, wie bereits Popper herausgestellt hatte, allgemeine Aussagen zu den geltenden Gesetzen und besondere Aussagen zu den jeweiligen Randbedingungen (Popper 1994: 31ff.). Wie jede Wissenschaft (science) ziele auch die Historie, so Hempel, auf deduktiv-nomologische Erklärungen.

Auf der anderen Seite wird von einigen *Postmodernen* die aristotelische Auffassung radikalisiert: Nicht nur die Historie, sondern die gesamte Philosophie sei als eine Art Literatur aufzufassen, in der man hauptsächlich interessante Geschichten erzähle. Berühmt wurden die Thesen von Hayden White (1991), der dies an den großen geschichtsphilosophischen und geschichtswissenschaftlichen Werken des 19. Jahrhunderts zeigen wollte: Überall dominieren bestimmte rhetorische Mittel („Tropen") und die vier Dramatisierungsformen der Romanze, Komödie, Tragödie und Satire. Wirklichkeitsbezug und Wahrheitsanspruch der Historie seien deshalb in Frage zu stellen; vielmehr ständen ästhetische und politisch-ideologische Aspekte stets im Vordergrund. Alle historischen Darstellungen, so die postmoderne These, sind letztlich sprachliche Fiktionen. Immerhin wird damit aber die Verbindung zur Geschichtsphilosophie wiederhergestellt, denn auch diese sei ähnlich zu beurteilen.

Sowohl die einheitswissenschaftliche wie die postmoderne Position blieben aber in den Geschichtswissenschaften eher am Rande; zumindest in der historischen Praxis finden sie wenig Gehör. Aussichtsreicher ist die Rückbindung an die von Johann Gustav Droysen (1808–1884) begründete Theorie der Geschichtswissenschaft, die *Historik* (vgl. Rüsen 2013). Ich kann hier nur auf wenige allgemeine Punkte eingehen; spezielle Fragen, etwa das wichtige Feld der Quellenkritik, gehören in die Theorie der Geschichtswissenschaften.

Die Historie ist eine von mehreren Geisteswissenschaften. Die allgemeine Theorie der Geisteswissenschaften ist die *Hermeneutik*. Die Hermeneutik verhält sich also zur Historik wie die Geisteswissenschaften zur Historie. Die Hermeneutik ist die Kunstlehre des *Verstehens* und das Verstehen bildet die Grundlage aller geisteswissenschaftlichen Methoden. Die Geschichtswissenschaften benötigen, wie Droysen zu Recht betont (vgl. 1925: 9), ein forschendes Verstehen, das sich auf das richtet, was von der Vergangenheit in Überresten, Denkmälern und Quellen erscheint. In der Geschichte der Hermeneutik steht Droysen zwischen Schleiermacher und Dilthey: Schleiermacher beschränkt sich auf klassische Texte wie Platon und die Bibel, Dilthey erweitert das Spektrum auf alle menschlichen Ausdrucksweisen. Tatsächlich ist das Verstehen eine kognitive Grundoperation, mit denen sich ein Subjekt auf symbolische Entitäten richtet, die von einem anderen Subjekt stammen und in denen dieses seine mentale Innenwelt in Emotionen, Handlungen, sprachlichen Äußerungen und Werken ausdrückt. Da symbolische Entitäten oft nicht unmittelbar verständlich sind, in der Geschichte vor allem aufgrund der zeitlichen Differenz, bedarf es einer Interpretation. In den Wissenschaften müssen solche Operationen reflektiert erfolgen. Aber entgegen der Auffassung des Wiener Kreises gibt es doch unterschiedliche Gruppen von Wissenschaften. Einflussreich hat Droysen folgende Zuordnungen vorgenommen: das spekulative Erkennen in Philosophie und Theologie, das Erklären in den Naturwissenschaften und das Verstehen in der Historie (1925: 11).

Dagegen ist einzuwenden, dass auch die Geschichtswissenschaften etwas erklären wollen. *Erklären und Verstehen* schließen sich gar nicht wechselseitig aus. Das hatte schon Max Weber erkannt. Denn für ihn ist die Soziologie „eine Wissenschaft, welche soziales Handeln deutend verstehen und dadurch in seinem Ablauf und seinen Wirkungen ursächlich erklären will" (1988: 542). Also: verstehen, um zu erklären. Wenn wir beispielsweise verstehen, was die beteiligten Politiker im Juli 1914 dachten, können wir den Ausbruch des Ersten Weltkriegs besser erklären. Man muss wohl mindestens drei Arten von wissenschaftlichen Erklärungen unterscheiden: naturwissenschaftliche, sozialwissenschaftliche und historische.

Was ist das Besondere der *historischen Erklärungen*? Die Geschichtswissenschaften arbeiten mit einem spezifischen Typ von Erklärungen, nämlich mit *Erzählungen*, die man aber wiederum, entgegen der postmodernen Auffassung, von literarischen Erzählformen abgrenzen sollte (vgl. Danto 1980). Im Unterschied zu

Märchen, die ebenfalls erzählt werden, müssen wissenschaftliche Erzählungen nicht nur verständlich sein, sondern auch auf methodisch kontrollierte Weise konstruiert und an den Fakten prüfbar. Sie richten sich auf die mit subjektiven Intentionen verbundenen Handlungen realer Akteure. Dieser *Narrativismus* hat sich inzwischen weitgehend durchgesetzt, wobei sich verschiedene Typen des historischen Erzählens unterscheiden lassen (vgl. Rüsen 2013: 209 ff.).

Die narrativistische Bestimmung der Geschichtswissenschaften gilt nicht uneingeschränkt. Auf der einen Seite kommen zahlreiche klassische Werke der Historie fast ganz ohne narrative Elemente aus: von Jacob Burckhardts *Kultur der Renaissance in Italien* (1860) über Johan Huizingas *Herbst des Mittelalters* (niederländisch 1919, dt. 1924) und Hans-Ulrich Wehlers *Das Deutsche Kaiserreich 1871–1918* (1973) bis zu Jürgen Osterhammels *Die Verwandlung der Welt* (2009). Auf der anderen Seite gibt es naturwissenschaftliche Erzählungen. Denn auch die Natur hat eine Geschichte, die nicht in ihren Gesetzmäßigkeiten aufgeht. Die besten Beispiele sind naturgeschichtliche Vorgänge wie ein Meteoriteneinschlag oder ein Erdbeben, für deren Erklärung wir kausale Gesetze heranziehen, die aber zusätzlich eine konkrete historische Darstellung erfordern. Sonst bliebe unklar, warum beispielsweise ein Vulkan an einem bestimmten Tag ausgebrochen ist. Eine besonders wichtige historische Theorie in den Naturwissenschaften ist die geologische Plattentektonik. Von den Geistes- und Sozialwissenschaften unterscheiden sich die Naturwissenschaften bloß dadurch, dass in ihnen Ereignisse und Prozesse, die man nur historisch erklären kann, eine geringere Rolle spielen (vgl. Lübbe 1977: 90–102).

Denn auch die narrativen Erklärungen der Historie schließen *theoretische Elemente* nicht aus, sie werden durch diese sogar verbessert (vgl. Meran 1985). Das gilt zunächst einmal für anthropologische und psychologische Ansätze, die uns menschliches Handeln verständlicher machen. Erwähnenswert ist auch die biologische Evolutionstheorie, das wohl erfolgreichste wissenschaftliche Paradigma des letzten Jahrhunderts. Nützlicher als ihre direkte Anwendung auf geschichtliche Vorgänge wird aber wohl ihre Übertragung in eine Theorie der kulturellen Evolution sein (Schnädelbach 2004). Besonders fruchtbar sind sozialwissenschaftliche Theorien. Geschichte ist nämlich nicht das intendierte Resultat individueller oder kollektiver Handlungen. Zunächst einmal gibt es viele menschliche Aktivitäten, die gar nicht mit subjektiven Absichten, also Intentionen, verbunden sind; dazu zählen affektive Reaktionen und routinemäßige Verrichtungen. Sodann führen Handlungen selten einfach zum Ziel, sondern werden vielfach überlagert, abgelenkt oder gebremst, teilweise durch natürliche Faktoren, vor allem aber durch die Handlungen anderer Menschen. Schließlich hat jede Handlung auch Sekundärfolgen und unbeabsichtigte Nebenwirkungen. Alle diese nicht-intentionalen Elemente führen manchmal zu einem Chaos. Aber oft führen sie auch zu *Strukturen*, die wir auf allen Ebenen entdecken: von mikrosozialen Situationen über die makrosozialen Verhältnisse bis zum globalen Verflechtungszusammenhang. Das ist die eigentliche Grundeinsicht der Soziologie, die sich damit kategorial von anderen Wissenschaften unterscheidet. Beliebte Beispiele sind die Dynamik einer Gremiensitzung, der Verkehrsstau und ökonomische Konjunkturen. Keine(r) hat es so gewollt, aber alle haben dazu beigetragen. Darüber hinaus spürt jeder Mensch, dass solche Strukturen zusammen mit äußeren Rahmenbedingungen und historischen Zufällen auf sein Leben zurückwirken, also schon die eigenen Absichten beeinflussen. Für narrative Erklärungen sind deshalb nicht nur die Intentionen der Akteure zu berücksichtigen, sondern auch soziologische Theorien über diese aus nichtintendierten Handlungsfolgen entstandenen Strukturen.

Trotzdem behält die Hermeneutik ihre überragende Bedeutung für die Historie. Aus philosophischer Sicht ist noch ein Punkt besonders wichtig: Wir nähern uns den Objekten, die wir verstehen wollen, ob im Alltag oder in der Wissenschaft, mit bestimmten Voraussetzungen, mit unserem *Vorverständnis*. Daraus wurde oft die Schlussfolgerung gezogen, dass objektives Wissen gar nicht möglich sei, weil subjektive Momente immer ins Spiel kämen; vielmehr gebe es einen hermeneutischen Zirkel, der alle Wahrheitsansprüche zunichte mache. Das ist aber nicht der Fall. Richtig ist vielmehr, dass es auch für historische Forschungen, wie bei jeder Erkenntnis, gewisse transzendentale Voraussetzungen gibt, die nicht im Zirkel sind.

Zunächst einmal gibt es *unausweichliche Präsuppositionen*, die jeder Wissenschaft, ja jedem vernünftigen Sprechen zugrunde liegen. Dazu gehören metalogische Prinzipien wie der Satz der Identität und der Satz vom Widerspruch, dann argumentationslogische Regeln, tiefengrammatische Strukturen und diskursive Grundsätze, schließlich die von Descartes herausgestellte Unhintergehbarkeit unserer Subjektivität. Wer gegen diese transzendentalen Anforderungen verstößt, widerspricht sich, redet unsinniges Zeug oder hat die Regeln des jeweiligen Sprachspiels nicht verstanden.

Sodann arbeiten wir mit *widerlegbaren Präsumtionen* (vgl. Scholz 2001, Teil II). Wenn wir etwas verstehen wollen, unterstellen wir normalerweise, dass die betreffende Äußerung verständlich und wahr ist, darüber hinaus ernst gemeint war sowie gängige Konversationsmaximen und relevante soziale Normen beachtet wurden. Diese Unterstellungen werden als Vorgriff auf Vollkommenheit (Gadamer) beziehungsweise als Prinzip der Nachsicht (charity bei Davidson) bezeichnet. Allerdings zeigt sich oft, dass die Präsumtion nicht zutrifft, dass also die Äußerungen semantisch unverständlich, sachlich falsch oder ironisch gemeint sind. Aber dies lässt sich eben nur feststellen, weil zunächst mit der genannten Unterstellung gearbeitet wurde, also mit hermeneutischem Wohlwollen. Deshalb geben wir solche Präsumtionen nicht auf.

Schließlich bedarf es immer *hypothetischer Vorannahmen*. Wir können gar nicht anders, als mit Begriffen und theoretischen Modellen an die Geschichte heranzugehen. Der oben bereits erwähnte Max Weber hat gewusst, dass es eines ausgefeilten Systems von idealtypischen Kategorien bedarf, um das unübersichtliche und komplexe Material der sozialen Welt sinnvoll zu bewältigen; das gilt genauso für die Geschichtswissenschaften. Im Unterschied zu den Präsuppositionen, die unhintergehbar sind, und den Präsumtionen, an denen wir festhalten, auch wenn sie sich häufig als unzutreffend erweisen, lassen sich diese hypothetischen Vorannahmen falsifizieren. Zumindest sind oft substantielle Veränderungen erforderlich. So kann man an die Geschichte des Mittelalters mit dem Begriff des Feudalismus herangehen; die Forschungen könnten aber zeigen, dass dieses Konzept grundlegend zu revidieren oder sogar fallenzulassen ist.

Zweifellos spielt die analytische Geschichtsphilosophie für die wissenschaftliche Beschäftigung mit der Geschichte eine wichtige Rolle (vgl. Gerber 2012). Gegenüber den Historikern können sich die Philosophen dabei auf ihre besonderen Kompetenzen in erkenntnis-, begriffs- und sinnkritischen Fragen stützen. Aber sogar Herbert Schnädelbach schreibt: Die „Beschränkung [der Geschichtsphilosophie] auf Erkenntnis- und Wissenschaftstheorie der Geschichtswissenschaften vermag niemanden zu befriedigen." (1983: 87) Glücklicherweise gibt es noch andere philosophische Disziplinen.

4.2 Normative Geschichtsphilosophie – Wie ist Geschichte zu bewerten?

Der zweite Typ von Geschichtsphilosophie ist Teil der praktischen Philosophie. Hier geht es nicht um das Erkennen und Darstellen der historischen Ereignisse, sondern deren Bewertung und die dafür erforderlichen Begründungen. Die Bezeichnung *normative Geschichtsphilosophie* ist ungewöhnlich, die Sache jedoch vertraut. Wenn wir etwa sagen, dass die Bundesrepublik Deutschland eine bessere Verfassung habe oder sogar eine bessere Gesellschaft sei als die Weimarer Republik, so formulieren wir eine normative Behauptung. Wir vergleichen Rechts- oder sogar Gesellschaftssysteme aus verschiedenen Zeiten miteinander und fällen ein historisches Werturteil. Im Unterschied zur reflexiv-praktischen Geschichtsphilosophie, zu der wir später kommen, ist die normative Geschichtsphilosophie nicht auf die Zukunft ausgerichtet, sondern auf die Vergangenheit.

Damit sind viele schwierige Fragen normativer Begründungen verbunden, sowohl in Bezug auf die Gegenwart als auch in Bezug auf die Vergangenheit. An dieser Stelle seien nur zwei Probleme angesprochen: Zum einen darf man normative Maßstäbe nicht umstandslos aus dem geschichtlichen Verlauf ableiten; das wäre der *historische Fehlschluss*, den ich als eine Variante des *Sein-Sollens-Fehlschlusses* betrachte. Für die Begründung normativer Aussagen ist letzten Endes die Moralphilosophie (oder allgemeine Ethik) zuständig. Die Geschichtsphilosophie kann aber nicht deren Grundlage sein. Wir können, wie oben bereits dargestellt, nicht einmal direkt aus der Geschichte lernen, weil sich alles verändert und die Bedingungen immer andere sind als früher. Noch entschiedener abzulehnen ist der *futuristische Fehlschluss*, der alles aus dem Blickwinkel der Zukunft betrachtet. Selbst wenn es eindeutige und fundierte Prognosen gäbe, dass die Geschichte bald einen Weltstaat hervorbringt, wäre es argumentativ unzulässig, daraus ein Werturteil abzuleiten. Immer kann man eine Variante der offenen Frage (Moore 1996: 47) dagegenhalten: Die Zukunft gehört dem Weltstaat – aber ist es auch gut so?

Zum anderen gibt es das Dilemma von historischem Relativismus und präsentischem Absolutismus (vgl. Morris 2020: 303–312). Auf der einen Seite steht Rankes Forderung, jede Epoche (sowie jede Kultur und Gesellschaft) nur an ihren eigenen Maßstäben zu messen. Einen solchen *historischen Relativismus* sollte man vermeiden. Dann ließe sich beispielsweise nichts mehr gegen die Sklaverei sagen, die bekanntlich in fast allen Gesellschaften der Vergangenheit weitgehend akzeptiert war. Auf der anderen Seite besteht die Neigung, unsere gegenwärtigen Maßstäbe für alle vergangenen Zeiten verbindlich zu setzen. Das nenne ich *präsentischen Absolutismus*. Angesichts der hohen normativen Standards der Gegenwart, so scheint es, müssen wir fast alle Menschen früherer Epochen als verblendet oder barbarisch verurteilen. Aber andere Zeitalter und Kulturen lassen sich nicht direkt mit unseren Kriterien beurteilen. Es gilt Vicos Kontextprinzip: Wir müssen die Bedingungen einbeziehen, unter denen die Menschen lebten; nur dann können wir vergangene Handlungen und Institutionen moralisch fair bewerten. Erforderlich wäre deshalb eine *Dynamisierung der Ethik*, die einerseits deren Geltungsanspruch für die Gegenwart nicht in Frage stellt (also nicht in einen selbstzerstörerischen Relativismus führt), andererseits aber historisch angemessene Werturteile erlaubt (also nicht unsere Kriterien absolut setzt). Dazu bräuchte man eine historische *Rekonstruktion* der Entwicklung unserer normativen Standards.

Wie könnte eine solche vernünftige Geschichte unserer praktischen Vernunft aussehen? Ich kann nur einen Ansatz darstellen. Immer wieder wird die Idee aufgegriffen, dass man die Entwicklung der Menschheit als Gattung parallelisieren könne mit der Entwicklung des Individuums. Es bestehe also eine *Homologie zwischen Phylogenese und Ontogenese*. So wie einem Kind etwas erlaubt sei, was man einem Erwachsenen streng verbietet, würden dann auch für die verschiedenen Entwicklungsstufen einer Gesellschaft unterschiedliche Maßstäbe gelten. Ein neu gegründeter Staat muss gleichsam seine Pubertäts- und Adoleszenzkrisen überwinden, ehe er in eine stabile Verfassung kommt. Eine solche Parallelisierung der Lebensalter mit geschichtlichen Epochen ist schon in der Antike bekannt sowie auch in Christentum und europäischer Neuzeit weit verbreitet (Demandt 1978: 37–45, 79 ff.).

In der Aufklärung entstehen dann normative Stufenschemata, die auf jede organische Metaphorik verzichten und sich auf die ganze Menschheit beziehen. Ein herausragendes Beispiel ist Gotthold Ephraim Lessing mit seiner kleinen Schrift *Die Erziehung des Menschengeschlechts* (1780). Gleich zu Beginn postuliert er die Homologie der Entwicklung von Individuum und Menschheit (§ 1). Es gebe drei Zeitalter, wie Lessing in versteckter Anlehnung an Joachim von Fiore ausführt: In der Phase, für die das Alte Testament steht, handelt man moralisch aus Angst vor Strafe (§ 55). In der zweiten Phase, für die das Neue Testament steht, handeln die Menschen moralisch aus Hoffnung auf Unsterblichkeit (§ 79). Erst in der dritten Phase, der „eines neuen ewigen Evangeliums", tut man das Gute, „weil es das Gute ist" (§ 85). In seinem berühmtesten Theaterstück *Nathan der Weise* (1779) veranschaulichte Lessing diese Ideen.

In den letzten Jahrzehnten hat man versucht, empirische Theorien aus der *Entwicklungspsychologie* zu verwenden. Dafür eignet sich vor allem der dynamisch-strukturalistische Ansatz von Jean Piaget und Lawrence Kohlberg. Sowohl in der kognitiven wie in der normativen Entwicklung des Individuums werden verschiedene diskrete Stufen unterschieden. Diese bilden die Hintergrundfolie für eine komplexe normative Geschichtsphilosophie, zu der zwischenzeitlich verschiedene Ansätze vorgelegt wurden (vgl. Apel 2017: 72–77, Breuer 1998: 20–25, Dux 2017, Habermas 1976, Oesterdiekhoff 2012, Brunkhorst 2019).

Etliche *Einschränkungen* sind zu beachten, wenn diese anspruchsvolle Operation glücken soll: Zunächst einmal muss man die frühen Stufen der Ontogenese ausklammern, weil ihnen in der Phylogenese nichts entspricht; schon in Urzeiten muss in der menschlichen Entwicklung ein Mindeststandard an kognitiven und normativen Operationen erreicht worden sein. Kleine Kinder können keine überlebensfähigen Sozialverbände bilden. Sodann geht es nicht um die Erklärung wichtiger geschichtlicher Veränderungen, sondern nur um deren Rekonstruktion. Welche Faktoren die verschiedenen Schübe ausgelöst haben und warum sie mancherorts früher als anderswo institutionalisiert wurden, kann nicht erfasst werden. Auch Rückfälle hinter ein schon erreichtes Niveau sind ständig möglich. Schließlich ist noch zu bedenken, dass es immer etliche Individuen gibt, die kognitiv und normativ von den Standards ihrer Zeit abweichen, auch ihnen vorauseilen. Gegenstand der Überlegungen sind ohnehin nicht irgendwelche empirisch erfassbaren psycho-moralischen Durchschnittswerte, sondern die historisch rekonstruierbaren allgemeinen Organisationsprinzipien einer Gesellschaftsformation. Folgende grobe Zuordnung veranschaulicht das:

Niveau	Jean Piaget	Lawrence Kohlberg	Menschheitsgeschichte
I	prä-operational	prä-konventionell	archaische Gesellschaften
II	konkret-operational	konventionell	traditionale Gesellschaften
III	formal-operational	post-konventionell	moderne Gesellschaften

Dieses Stufenschema lässt sich weiter ausdifferenzieren, zumal bereits Kohlberg auf jedem Niveau noch zwei Unterstufen kennt. Vor allem aber kann man, so scheint mir, *zwei Entwicklungsstränge* unterscheiden.

Zum einen findet eine Entwicklung des *sozial-kognitiven Horizonts* statt. In *quantitativer* Hinsicht kommt es zu einer zahlenmäßigen Erweiterung der Bezugsgruppe. Leben die Menschen ursprünglich in kleinen Horden mit bis zu 150 Mitgliedern, so stehen wir heute in vielfältigen Beziehungsnetzen mit Tausenden von Menschen, ganz abgesehen von der wachsenden Bevölkerungszahl der Menschheit insgesamt. In diesem Sinne hat interessanterweise der alte Goethe in einer kurzen Notiz vier „Epochen geselliger Bildung" unterschieden (25.4.1831 = FA, Abt. I, 22. Bd., 554 f.): Zuerst lebten die Menschen nur unter Verwandten und Freunden; sie sprechen bloß ihre Muttersprache und schotten sich ab; das nennt Goethe „die idyllische" Epoche. Dann vergrößern sich die Kreise, man lässt sich gegenseitig gewähren und lernt auch andere Sprachen; das sei „die soziale oder zivische" Epoche. In der folgenden „allgemeinere(n)" Epoche berühren sich die Kreise; man erkennt die Gemeinsamkeiten, kann aber die Grenzen nicht überwinden. Erst in einer vierten Phase kommt es, wenn „höherer Einfluß" mitwirke, zur Vereinigung aller Sphären. Es handelt sich also um vier konzentrische Kreise.

Noch wichtiger für den sozial-kognitiven Horizont sind die *qualitativen* Veränderungen, die den eigenen Standpunkt in mehreren Schüben *dezentrieren* (vgl. Thies 2013a: 90–93, Tomasello 2016). Wenn wir den Egozentrismus als Ausgangspunkt nehmen, so ist die Ich-Du-Beziehung schon eine erste Dezentrierung. Auf dieser Stufe orientiert man sich normativ an Prinzipien intersubjektiver Reziprozität, aber nur bezogen auf individuelle andere Personen, zu denen man in einem Verhältnis der Wechselseitigkeit steht. Ein zweiter Schritt ist die Herausbildung einer kollektiven Identität. Das entsprechende Wir ist zunächst ein kleiner Sozialverband, in dem sich prinzipiell noch alle Menschen persönlich kennen. Später bilden auch größere Gruppen eine kollektive Identität, etwa in Gestalt von Nationen. Dem entspricht in der älteren soziologischen Terminologie der Schritt von der Gemeinschaft zur Gesellschaft. Bestimmt eine kollektive Identität unser moralisches Denken, fühlen wir uns in gewisser Weise für die gesamte Gruppe verantwortlich. Ein weiterer qualitativer Schub ist die Herausbildung dessen, was die Ethik den moralischen Standpunkt nennt. Nach diesem kognitiven Fortschritt abstrahiert man von allen konkreten Bezügen und bemüht sich um unparteiische normative Urteile. Moderne Gesellschaften, vor allem in Zeiten der Globalisierung, erfordern diese Entwicklungsstufe.

Der zweite Strang betrifft die Abfolge der *Legitimationsmodi*. Diese bilden ein zentrales Stück einer allgemeinen Geschichte des menschlichen Geistes. Hier kann man auf den klassischen Gedanken zurückgreifen, dass mit der Entstehung der griechischen Philosophie der bedeutsame Schritt „vom Mythos zum Logos" verbunden gewesen sei (Nestle 1940). Implizit haben dies schon die Vorsokratiker so gesehen, erst recht Platon und Aristoteles. Nicht zwei, sondern drei Stufen unterscheidet bekanntlich Auguste Comte, der einen Fortschritt von der Religion über die Metaphysik zur Wissenschaft postuliert (vgl. Bock 1999). Vier Stufen gibt es bei Constantin von Barloewen (2007: 7–38): Die Entwicklung geht vom Mythos der Steinzeitkulturen über den Theos der Hochkulturen zum Logos der abendländischen Zivilisation, die im 21. Jahrhundert durch eine globale Zivilisation des Holos abgelöst werden müsste. Der inzwischen vergessene Schweizer Philosoph Jean Gebser (1. Bd. 1949, 2. Bd. 1953) hat eine Sequenz von fünf Bewusstseinsstufen herausgearbeitet: archaisch, magisch, mythisch, mental, integral. Das mentale Bewusstsein sei perspektivisch und beginne mit der Renaissance, müsse nun aber in die aperspektivische Welt eines integralen Bewusstseins transformiert werden.

Wir greifen diese und ähnliche Ideen auf, beziehen sie aber nur auf *normative Begründungen* für grundlegende soziale Organisationsprinzipien. Wie werden soziale Regeln legitimiert? Worauf kann man sich gemeinsam im Konfliktfall stützen? Am Anfang, auf der archaischen Stufe, gilt das Recht des Stärkeren: Normativ richtig ist das, was mit Macht durchgesetzt wird. Allerdings haben menschliche Gemeinschaften immer auch andere Prinzipien beachtet, etwa biologisch verankerte moralische Impulse und funktionale Imperative der Selbsterhaltung. Auf der zweiten Stufe werden normative Inhalte narrativ legitimiert, also durch einen Mythos. Dieser wird zunächst in einem kommunikativen Gedächtnis gespeichert und durch kollektive Rituale stabilisiert. In den Schriftkulturen findet ein Übergang von ritueller zu textueller Stabilisierung statt (Assmann 1999). Es entstehen Traditionen und konkret-operationale Formen des Denkens. Die Schrift bietet weitere Abstraktionsmöglichkeiten, die nach längerer Inkubationszeit genutzt werden können. Einer der wichtigsten Schritte der Weltgeschichte ist dann der oben bereits erwähnte Übergang vom Mythos zum Logos: Die narrative Legitimation wird durch eine rationale ersetzt. Aber was gilt in diesem Sinne als rationale Legitimation? In der Achsenzeit werden normative Inhalte durch transzendente Prinzipien legitimiert: Ideen (im Sinne Platons) oder der Logos (Stoa),

Gott (südwestliches Asien), dharma (Indien), der Himmel (China). Im alltäglichen Bewusstsein bleiben die alten Legitimationsmodi erhalten, teilweise verknüpfen sie sich mit den neuen. Das Paradebeispiel einer solchen Synthese ist die christliche Religion, die außer neoplatonischen und jüdischen Elementen auch viele Mythen der gängigen Volksreligionen aufgreift (vgl. Habermas 1999, I: 516– 545). Im 17. Jahrhundert entsteht mit den Naturwissenschaften ein neues Objektivitätsideal: An die Stelle transzendenter Ableitungen, den „Himmelshaken", treten „Kräne", d.h. kluge Theorien, die sich auf Beobachtung und Experiment stützen (Dennett 1997: 101f.). Die daraus abgeleiteten empirischen Begründungen spielen seit der frühen Neuzeit auch für politische Legitimationen eine Rolle, aber bald wird deutlich, dass sie nicht ausreichen. Normative Begründungen können nicht empirisch fundiert werden; die logische Kluft zwischen Sein und Sollen reißt auf, Faktizität und Normativität treten auseinander. Stattdessen werden seit dem 18. Jahrhundert neue Rechtfertigungstypen vorgeschlagen. Deren Kern bilden die in korrekten Prozeduren vorgebrachten guten Gründe. Hält man solche Verfahren monologisch für möglich, führt dies zu Staatsformen wie einem aufgeklärten Absolutismus, einer Entwicklungsdiktatur oder einer technokratischen Autokratie. Dialogische Verfahren werden hingegen in Demokratien institutionalisiert.

Das sind alles völlig unzureichende Stichworte, die ausführlich zu erläutern wären, was hier nicht möglich ist. Es sei aber noch eine besondere Stärke der skizzierten Stufenmodelle genannt. Sie lassen sich nämlich nicht nur aus der Empirie konstruktiv abstrahieren (a posteriori), sondern auch durch Besinnung auf die eigenen geistigen Fähigkeiten (a priori). Wer sich auf einer der höheren Stufen befindet, kann die niedrigeren *reflexiv rekonstruieren*. Nehmen wir an, wir seien auf der vierten Stufe und man legt uns unsortiert einige Aussagen vor, die zu den ersten drei Stufen gehören. So müsste es uns gelingen, diese in die richtige Reihenfolge zu bringen und zugleich deren Begrenztheiten zu erkennen. Eine solche Sequenz wäre eine „Selbsteinholung" der Vernunft, wodurch eine transzendentale „Selbstrekonstruktion" der Geschichte gelänge (Apel 2017: 38–50, Hösle 1997: 675). Hier besteht ein gedanklicher Zusammenhang mit der *Letztbegründungsidee*, die davon ausgeht, dass es normative Prinzipien gibt, die absolut gelten und transzendental begründbar sind. Eine solche Letztbegründung sei in unserer Zeit deshalb möglich, so die zugehörige geschichtsphilosophische These, weil sich das Auftauchen dieses normativen Fundaments mit transzendentaler Notwendigkeit aus der Entwicklung des (menschlichen) Geistes ergebe.

4.3 Metaphysische Geschichtsphilosophie – Welchen Sinn hat die Geschichte?

Beim dritten Typus kommt es zu einer metaphysischen Aufladung der Geschichtsphilosophie. Sie wird entweder der klassischen Metaphysik hinzugefügt oder tritt sogar an deren Stelle. Ihr Gegenstand sind die großen Fragen und die letzten Dinge: Was ist Ursprung (arche) und Ziel (telos) alles Seienden? Woher kommt die Menschheit und wohin geht sie? Wenn hier vom „Sinn der Geschichte" die Rede ist, fragt man nicht, welchen Sinn ein Studium der Geschichte haben könnte, sondern man sucht tatsächlich den Sinn der Geschichte selbst. In einer schwachen Version wird ein innerweltlicher Richtungssinn der Menschheitsgeschichte postuliert, in einer starken Version sogar ein außerweltlicher Grund oder Zweck dieses Geschehens. Die Geschichtsphilosophie beerbt also entweder die Teleologie oder die Theologie.

Karl Löwith (1897–1973) war der Auffassung, dass „alle Philosophie der Geschichte ganz und gar abhängig von der *Theologie*, d.h. von der theologischen Ausdeutung der Geschichte als eines Heilsgeschehens" sei (1953: 11) Die Geschichtsphilosophie, so Löwith weiter, sei „ein Versuch, den Sinn geschichtlichen Handelns und Erleidens zu begreifen" (ebd. 13) – also eine neue Theodizee, die die christliche Eschatologie säkularisiere und nach Erlösung suche. Das ist kritisch gemeint: Eine solche geschichtsphilosophische Theologie ist kognitiv unhaltbar und praktisch unheilvoll, denn sie halte sich für befugt, die Erlösung mit totalitärer Gewalt zu befördern. Nach Löwiths Auffassung müsste an die Stelle einer Praxis, die die Welt revolutionieren möchte, wieder die Einsicht in eine unveränderliche kosmische Ordnung treten. Das ist nicht die Forderung nach einer romantischen Rückkehr zur Natur. Stattdessen plädiert Löwith dafür, mit vollem Bewusstsein hinter die Geschichtsphilosophie und ihre biblischen Ursprünge zu den alten Griechen zurückzukehren. Vorbilder sind aber nicht (wie bei seinem Lehrer Heidegger) einige wenige Vorsokratiker, sondern die kosmopolitischen Stoiker mit ihrer Logos-Verehrung. Daraus folgt aber wenig mehr als eine kontemplative Einstellung, die sich nur Intellektuelle leisten können (vgl. Habermas 2019, I: 52–58). Zudem ist einzuwenden, dass ein viel zu enger Begriff von Geschichtsphilosophie vorausgesetzt wird, eben der einer metaphysischen Disziplin, die in der Moderne an die Stelle der Theologie tritt.

Richtig ist jedoch, dass die Geschichtsphilosophie, als sie die Aufgaben der klassischen *Theodizee* übernahm, einen enormen Aufschwung erlebte. Das lässt sich exakt datieren auf die intellektuellen Erschütterungen, die das Erdbeben von Lissabon am 1.11.1755 auslöste und die noch viele Jahre untergründig nachwirkten. Die klassische Idee der Theodizee lautete nämlich „alles ist gut". Bereits Leibniz schwächt diese Formel ab; sinngemäß heißt es jetzt: „Alles ist so gut wie möglich"; besser konnte Gott die Welt eben nicht schaffen. Nach der erwähnten Katastrophe war diese Rechtfertigung Gottes für viele gescheitert; das wichtigste literarische Produkt dieser Ernüchterung ist der *Candide* von Voltaire (1759). Andere versuchen eine neue Theodizee, eben durch die Geschichtsphilosophie. Die Behauptung ist nun: „Alles wird besser und irgendwann so gut wie möglich". Der jetzige Weltzustand ist voller Defizite, aber die Entwicklungstendenz (der Richtungssinn) weist eindeutig zum Besseren.

Der erste wichtige Vertreter dieser Auffassung ist Johann Gottfried Herder (1744–1803). Während die radikale Aufklärung sich ganz von religiösen Prämissen lösen möchte, ist es sein Ziel, Vernunft und Glaube auf neue Weise zu verknüpfen. Diese Synthese wird möglich durch die neue *metaphysisch aufgeladene Fortschrittsidee* (vgl. Kondylis 1986: 615–636; Sommer 2006). Der Pessimismus, der in der Welt nur das Negative sieht, sei abzulehnen, ebenso aber auch ein naiver Optimismus, den er einigen Zeitgenossen unterstellt. Gottes Wirken, das bisher vor allem in der Natur gesucht wurde, finde man in Kultur und Geschichte. Das erste Buch Gottes sei selbstverständlich die Bibel (über deren historischen Kontext man sich allmählich klar wird), das zweite Buch sei die Natur (woran man allerdings nach Lissabon zweifeln müsse) – aber wir hätten noch ein drittes Buch: die Geschichte. Gegen den Augenschein werde die Allmacht und Allgüte Gottes, so Herders Idee, durch die Regeln und Prozesse der Geschichte belegt. Diese müssten herausgearbeitet werden von den neuen historischen Geisteswissenschaften, die man deshalb mit religiösem Eifer betreiben dürfe. Herders Geschichtsphilosophie soll gleichsam als eine aposteriorische Theodizee dienen (vgl. Werke V: 239).

In dieser Hinsicht folgt ihm ein halbes Jahrhundert später Georg Wilhelm Friedrich Hegel (1770–1831). An die Stelle eines außerweltlichen Gottesgerichts trete die Weltgeschichte als „Weltgericht", wie es mehrfach mit einem Zitat aus Schillers Gedicht „Resignation" heißt (VII: 503, X: 347, XII: 559). Auch er bezeichnet seine Geschichtsphilosophie ausdrücklich als „Theodizee" (XII: 28). Am Ende seiner Vorlesungen, sowohl zur Geschichtsphilosophie wie zur Philosophiegeschichte, hat Hegel, sozusagen als Schlussakkord, diesen Anspruch jeweils betont (XII: 540, XX: 455). Unter Historikern waren solche Auffassungen lange Zeit weit verbreitet, auch bei denen, die sich Hegels Philosophie gar nicht verpflichtet fühlten. Ein gutes Beispiel ist Droysen, der 1843 ausdrücklich zur Historie sagt: „Die höchste Aufgabe unserer Wissenschaft ist ja die Theodicee" (Droysen 1925: 89).

Eine solche geschichtsphilosophische Theodizee muss *zwei Leistungen* vollbringen. Zum einen muss sie die so sinnlos wirkenden Opfer und Irrwege der Geschichte als *notwendige Mittel* zu höheren Zielen ausweisen. Hegel weiß genau, wie grausam und unerbittlich es zugeht: „Die Weltgeschichte ist nicht der Boden des Glücks. Die Perioden des Glücks sind leere Blätter in ihr" (XII: 42). Mehr noch, die Geschichte gleiche einer „Schädelstätte" (III: 591) oder einer „Schlachtbank ..., auf welcher das Glück der Völker, die Weisheit der Staaten und die Tugend der Individuen zum Opfer gebracht werden" (XII: 35). Aber alle schrecklichen Ereignisse hätten ihren Sinn; obwohl uns dies zunächst verborgen bleibe, trägt das Negative doch dazu bei, dass alles besser werde. Herder will dies zunächst auf der anthropologischen Ebene belegen: Der Mensch habe zwar viele Schwächen und Defizite, „Lücken und Mängel" (Werke V: 26), aber alle diese hätten den positiven Effekt, dass wir uns in Freiheit selbst vervollkommnen könnten. Besonders wirkungsmächtig ist Herders positiver Blick auf die Vielfalt der menschlichen Kulturen und Sprachen. Diese war im Alten Testament die göttliche Strafe für die Hybris des Turmbaus zu Babel. Herder hingegen begrüßt die Pluralität der Kulturen: Sie alle, auch die nichtchristlichen, stehen für verschiedene Wege, auf denen sich das Menschengeschlecht weiterentwickelt. Und was ist mit den negativen Ereignissen der Geschichte? Darin zeige sich, so Hegel, die „List der Vernunft" (XII: 49, vgl. VIII: 365, vgl. Kittsteiner 1998). Vermeintliche Rückschritte wie der Zusammenbruch des Römischen Reiches erwiesen sich letztlich als Umwege, die der Weltgeist in weiser Voraussicht nehme. Droysen bezieht sich konkret auf die Epoche des Hellenismus, die früher als Zeit des Verfalls galt, für ihn aber „ein lebendiges Glied in der Kette menschlicher Entwicklung" ist (1925: 89).

Zum anderen muss die geschichtsphilosophische Theodizee einen *Endzweck* ausweisen, der bereits erreicht sei oder sich in absehbarer Zukunft verwirklichen lasse. Bei Herder ist dies die Humanität einer gebildeten Menschheit (vgl. Irmscher 2001: 102–141). Für Hegel gibt es einen Fortschritt im Bewusstsein der Freiheit (XII: 32, 540). Auf der Ebene des objektiven Geistes, so der späte Hegel, könne es gelingen, im preußischen Staat ein harmonisches Verhältnis von Recht, Moralität und Sittlichkeit herzustellen. Noch wertvoller sei der absolute Geist mit Kunst, Religion und Philosophie. Nicht in der brutalen Realität, aber doch in Gedanken könnten sich kontemplative Menschen mit allen Widersprüchen versöhnen. Nach der nationalistischen Wende in der Mitte des 19. Jahrhunderts kennen viele Historiker nur noch den banalen Endzweck eines starken Staates. Die metaphysische Geschichtsphilosophie wird damit zur *politischen Religion*. Ein interessantes Beispiel ist Gerhard Ritter, einer der wichtigsten deutschen Historiker des 20. Jahrhunderts. In seiner Schrift *Friedrich der Große* (1936) heißt es mit Bezug auf die unrechtmäßige und gewalttätige Annexion Schlesiens 1740, der König habe „damit den Grund für die Größe Preußens gelegt; und so ist seine Tat vor der Geschichte gerechtfertigt." (1936: 100) Ähnlich meldete Hitler die Annexion Österreichs „vor der Geschichte". Auch Ritter muss man wohl so verstehen: Das Weltgericht spreche Friedrich II. frei, weil die Untat dessen Staat groß machte. Später kamen Ritter jedoch Zweifel. In der 3. Auflage seines Buches von 1954 ist der zweite Satzteil leicht verändert: „... und solange dessen Aufstieg dauerte, konnte seine Tat als gerechtfertigt vor der Geschichte erscheinen." (³1954: 102)

Bedurfte es jedoch erst des Zweiten Weltkriegs und seiner unzähligen Verbrechen, um am Sinn der Geschichte zu zweifeln? Bereits 1791 sprach Kant vom „Scheitern aller philosophischen Versuche einer Theodizee" (XI: 105). Wie sollen auch das unermessliche Leiden, die schreiende Ungerechtigkeit und die zahllosen Absurditäten der Weltgeschichte metaphysisch zu rechtfertigen sein? Hätte nicht wenigstens der Erste Weltkrieg dafür ausgereicht? Aber gerade in der Zwischenkriegszeit gibt es etliche Versuche einer „Sinngebung des Sinnlosen" (Theodor Lessing 1919/1983), darunter allerlei Unfug, zu dem auch die nationalsozialistische Geschichtsauffassung gehört. Exemplarisch seien hier in aller Kürze zwei bedeutsame metaphysische Geschichtskonzeptionen dargestellt, eine messianisch-jüdische und eine existenzialistisch-christliche; in beiden wird zumindest die Chance auf Erlösung offengehalten.

Für *Walter Benjamin* (1892–1940) ist die Menschheitsgeschichte, vor allem unter der Idee des Fortschritts, nichts anderes als eine kontinuierliche Katastrophe (I.2: 683, 697). Denn jeder Schritt vorwärts vergrößere nur das Unheil; materieller Zugewinn sei immer mit psychischen Verlusten und sozialer Unterdrückung erkauft. Nichts werde besser, jedes Jahr dasselbe Elend. Zwar gebe es manchmal die ersehnten Revolutionen; aber nach einiger Zeit wird klar, dass sie alles nur noch schlimmer machen, weil sie bloß den Gang der Dinge beschleunigen. Wird es zukünftigen Generationen wirklich besser gehen? Sei es für vergangene Generationen nicht ohnehin zu spät? Dennoch schreibt Benjamin 1922: „Nur um der Hoffnungslosen willen ist uns die Hoffnung gegeben." (I.1: 201) Immer wieder, noch in seinen geschichtsphilosophischen Thesen von 1940, betont er die Unabgeschlossenheit der Geschichte. Jeder Generation, auch der unsrigen, sei „eine *schwache* messianische Kraft mitgegeben" (I.2: 694), mit der wir es schaffen könnten, das „Kontinuum der Geschichte aufzusprengen" (I.2: 701 u. 702). Niemand weiß, wie und wann so etwas geschehen könne, aber es sei möglich. Dann ließen sich auch die Opfer der Geschichte noch erlösen. Eine Vorstufe dazu sei die anamnetische Solidarität mit den Vergessenen und Besiegten, die Benjamin sich wünscht.

Im zeitgenössischen Christentum finden sich vergleichbare Überlegungen bei *Theodor Haecker* (1879–1945), einem stark durch Kierkegaard beeinflussten Denker, der vom Protestantismus zum Katholizismus konvertierte. Haecker war ein scharfer Kritiker des Nazi-Regimes; Hans und Sophie Scholl, die ihn 1941 kennengelernt hatten, übernahmen viele seiner Formulierungen in ihre Flugblätter. Geschichtsphilosophische Gedanken finden sich vor allem in seinem Buch *Der Christ und die Geschichte* (1935). Haecker richtet sich, wie Benjamin, gegen die falsche Verwendung der Fortschrittsidee im Sinne endlosen oder gar automatischen Voranschreitens. Ein wahrer Fortschritt richte sich vielmehr auf etwas außerhalb der Zeit; innerweltliche Verbesserungen gebe es nur beim menschlichen Individuum; die mittelalterliche Theologie besäße insofern mehr Wahrheit als die neuzeitliche Geschichtsphilosophie. Ähnlich wie Benjamin setzt sich Haecker in besonderer Weise für die Ohnmächtigen und Schwachen ein, nicht zuletzt für den Schutz kleiner Kinder. Insgesamt wirken, so Haecker, in der Geschichte drei Mächte: das Böse, wir Menschen (aber nur sehr begrenzt) und Gott. Letztlich sei Gott allein der „Herr der Geschichte" und ihm obliege unsere Erlösung. Es gebe eine Theodizee, aber Gott offenbare sie uns nicht (85, vgl. 143).

Sowohl gegen Benjamin als auch gegen Haecker richtet sich *Max Horkheimer* (1895–1973), zunächst 1936 in einer Besprechung des Haecker-Buches, dann am 16.3.1937 in einem Brief an Benjamin. In der Rezension heißt es: „Der Gedanke, daß die Gebete der Verfolgten in höchster Not, daß die der Unschuldigen, die ohne Aufklärung ihrer Sache sterben müssen, daß die letzten Hoffnungen auf eine übermenschliche Instanz kein Ziel erreichen und daß die Nacht, die kein menschliches Licht erhellt, auch von keinem göttlichen durchdrungen wird, ist ungeheuerlich. ... Aber ist Ungeheuerlichkeit je ein stichhaltiges Argument gegen die Behauptung oder Leugnung eines Sachverhalts gewesen, enthält die Logik das Gesetz, daß ein Urteil falsch ist, wenn seine Konsequenz Verzweiflung wäre?" (MH IV: 99f.) An Benjamin schreibt Horkheimer lapidar: „Das vergangene Unrecht ist geschehen und abgeschlossen. Die Erschlagenen sind wirklich erschlagen." (MH XVI: 83) Es gibt keine Erlösung, weder innerweltlich noch außerweltlich.

Was folgt aus Horkheimers Sicht? Zum einen müsse man die Geschichtsschreibung nutzen, um den Geschlagenen und Geschundenen ein wenig Gerechtigkeit widerfahren zu lassen. Das ist die oben dargestellte Idee einer Geschichte der Besiegten, die auch deren Perspektive übernimmt. Zum anderen bleibe nichts anderes als „eine metaphysische Trauer" (MH IV: 100) über das Leiden unzähliger Menschen in der Geschichte. Stellvertretend, nur stellvertretend seien dafür einige Ortsnamen genannt, in alphabetischer Reihenfolge: Auschwitz, Buchenwald, Chelmno, Hiroshima, Katyn, My Lai, Nanking, Ruanda, Solowezki usw. – eine endlose Abfolge von Untaten und Massakern, von Schmerzen und Tränen. Wir sollten alles tun, damit sich diese Reihe nicht fortsetzt.

Darüber hinaus darf man nicht vergessen, dass die Menschheitsgeschichte nur einen Bruchteil der *Naturgeschichte* ausmacht. Das Ende der Menschheit kommt sicher früher als das Ende der Geschichte. Die meisten Säugetierarten existieren ungefähr eine Million Jahre; wenn dies auch für unsere Art gilt und nichts Schlimmes passiert, hätten wir noch einige Jahrhunderttausende vor uns. Dennoch ist das natur- und erdgeschichtlich ein kurzer Zeitraum. Die *kosmische Geschichte* bewegt sich in ganz anderen Dimensionen. Vor ungefähr 13,8 Milliarden Jahren ereignete sich der Urknall und vor 4,5 Milliarden Jahren entstand unsere Sonne – die sich wahrscheinlich in 5 Milliarden Jahren in einen Roten Riesen verwandeln wird, so dass spätestens dann kein Leben mehr auf der Erde möglich ist. Bereits vorher könnte der Zusammenstoß unserer Milchstraße mit der benachbarten Andromeda-Galaxie beginnen. Viele andere Sterne werden noch in den nächsten 10^{15} Jahren entstehen und verbrennen; Schwarze Löcher werden über unvorstellbar lange Zeiträume (vielleicht 10^{100} Jahre lang) existieren und aktiv bleiben; danach könnten sich auch Raum und Zeit langsam auflösen. Möglicherweise gibt es außerdem noch viele andere Universen. Selbst wenn also diese eine Mikrosekunde, in der die Menschheit existiert, sich als sinnvoll herausstellen würde, wäre die schreckliche Leere der unendlichen Weiten furchtbar – wie Blaise Pascal als einer der ersten gespürt hat (1987: 63 f., 129, 141 u. ö.). Umso dankbarer könnten wir aber auch für diese Mikrosekunde sein, die uns vergönnt ist, insbesondere angesichts der Kontingenzen, die dazu beitragen, dass wir überhaupt leben und auch noch hier und jetzt.

Eine *negative Metaphysik*, so meine ich (Thies 2008), muss die großen Fragen nach den letzten Dingen wachhalten, kann aber nur anleiten zu fairer Historie und objektiver Trauer sowie kosmischer Demut und existenzieller Dankbarkeit. Damit ist eine metaphysische Geschichtsphilosophie keineswegs obsolet. Das war auch die Ansicht von Iring Fetscher (1967: 77): „Bei allem Wissen um die Fragwürdigkeit der Voraussetzungen jeder philosophischen Geschichtsinterpretation kann aber das Problem und die Frage nach Ursprung und Ziel der Menschheit nicht zur Ruhe kommen. Die Einsicht in die Unlösbarkeit eines Problems ist kein Argument für dessen Eliminierung, solange es sich um eine Frage handelt, die so unmittelbar unser Leben betrifft wie die genannte."

4.4 Substantialistische Geschichtsphilosophie – Was ist das Wesen der Geschichte?

Für Aristoteles ist die *Ontologie* die erste Wissenschaft und die grundlegende Disziplin der Philosophie. In der frühen Neuzeit unterschied man dann zwischen der allgemeinen Ontologie und den speziellen Ontologien von Gott, Seele und Welt. Die Geschichte ist also zunächst kein eigenständiger Bereich, sondern wird erst seit dem 18. Jahrhundert zum Gegenstand einer regionalen Ontologie. In Anlehnung an die aristotelische Vier-Ursachen-Lehre (Physik II 3, 194b 23–35) kann man vier Hauptfragen dieses Typs von Geschichtsphilosophie formulieren:
(a) Stoff – spezifische Differenz: Wie unterscheidet sich Geschichte von anderen ontischen Regionen, vor allem von der Natur?

(b) Form – Struktur: Wie lässt sich die Geschichte in ihrer zeitlichen Erstreckung periodisieren?
(c) Wirkursache – Triebkräfte: Welche Faktoren bewirken die wesentlichen geschichtlichen Veränderungen?
(d) Zweckursache – Richtungssinn: Welches Ziel lässt sich aus dem bisherigen Verlauf der Geschichte herauslesen?

Wie man sieht, hat sich die substantialistische Geschichtsphilosophie sehr viel vorgenommen. Aber alle vier Fragen sind berechtigt und werden auch vorwissenschaftlich gestellt. Der anspruchsvollste und wirkungsmächtigste Versuch, diese Herausforderungen einzulösen, ist der Marxismus (vgl. Iorio 2011, Quante/Schweikard 2016). Sicher kann man die Texte von *Karl Marx* (1818–1883) auch anders interpretieren; Engels schrieb 1882, dass Marx selbst kein Marxist sein wolle (MEW 35: 388). In diese Debatten möchte ich mich gar nicht einmischen, sondern nur ein lehrreiches Beispiel für den genannten Typ der Geschichtsphilosophie geben. Gehen wir die vier Fragen durch.

Wie unterscheidet sich (a) *Geschichte von Natur?* Die Naturalisten sehen gar keine wesentlichen Unterschiede, bestenfalls graduelle Differenzen an Komplexität. Kantianer betonen eher die unterschiedlichen epistemischen Zugänge. Eine markante ontologische These findet sich aber bei Hegel: Eine Naturgeschichte gebe es eigentlich gar nicht, denn der kosmische Geist breite sich in der Natur bloß im Raum aus, in der Menschheitsgeschichte jedoch auch in der Zeit (XII: 96f.). Die Natur kenne bloß sich wiederholende Kreisläufe (ebd. 74). Hegel fehlt offensichtlich das Konzept der Evolution, an das einige spätere Darwinisten wiederum auch die Menschheitsgeschichte angleichen wollen. Marx hingegen sieht zwar schon 1860 in Darwins Evolutionstheorie für seinen historischen Materialismus eine willkommene „naturhistorische Grundlage" (MEW 30: 131), hält aber am Unterschied von Natur und Geschichte fest. Dieser liege in den menschlichen Fähigkeiten, die sich von denen der Tiere substantiell unterscheiden. Beim frühen Marx heißt es: „Man kann die Menschen durch das Bewußtsein, durch die Religion, durch was man sonst will, von den Tieren unterscheiden. Sie selbst fangen an, sich von den Tieren zu unterscheiden, sobald sie anfangen, ihre Lebensmittel zu produzieren" (MEW 3: 21). Anders gesagt: In der Natur wird nicht gearbeitet. Arbeit ist für Marx eine bewusste und zweckgerichtete Tätigkeit, mit der wir unsere Bedürfnisse befriedigen und unsere Fähigkeiten entwickeln. Vor allem arbeiten Menschen immer kooperativ in Sozialformen, die sich im Laufe der Zeit verändern. Deshalb ist für Marx die Geschichte vor allem eine Abfolge von Produktionsweisen, innerhalb derer sich wiederum Produktivkräfte und Produktionsverhältnisse unterscheiden lassen. Zu den Produktivkräften zählen technische und organisatorische Mittel wie Maschinen und Stechuhren, aber auch die erworbenen Fähigkeiten der Arbeiter. Eine wichtige These von Marx ist, dass die Geschichte bisher nur eine Art zweiter Natur sei, weil sie immer noch überflüssigen Notwendigkeiten folge, also einem zwar von Menschen erzeugten, aber nicht intendierten Wandel der soziokulturellen Strukturen.

Aus der Abfolge der Produktionsweisen ergibt sich (b) eine *Periodisierung*, nämlich die zeitliche Strukturierung der Menschheitsgeschichte in drei große Epochen: zunächst eine entfremdungslose Urgesellschaft, dann die entfremdeten Klassengesellschaften und schließlich die Aufhebung der Entfremdung im klassenlosen Kommunismus. Das ist aber keine Rückkehr, also kein zyklischer Verlauf. Was in der Urgesellschaft primitives Gemeineigentum war, wird in der Phase der Entfremdung zum privaten Eigentum und ausgebeutet, aber auch produktiv entfaltet, so dass die vereinigten freien Individuen es sich im Kommunismus als Menschheitsbesitz wieder aneignen können.

Die *Klassengesellschaften* füllen die Zeit der schriftlich überlieferten Geschichte. Diese lasse sich weiter unterteilen, wobei Marx unterschiedliche Periodisierungen vornimmt. Am wichtigsten ist wohl die 1859 vorgeschlagene Abfolge von Produktionsweisen: asiatisch, antik, feudal, kapitalistisch (MEW 13: 9). Damit liefert Marx eine Alternative zu dem auf Christoph Cellarius 1702 zurückgehenden Standardmodell der Trias von Antike, Mittelalter und Neuzeit. An vielen Stellen hat sich Marx differenzierter geäußert, beispielsweise in dem Abschnitt der *Grundrisse*, der vorkapitalistische Formen der gesellschaftlichen Produktion analysiert (MEW 42: 383 ff.). In seinem Hauptwerk, *Das Kapital* (1867/²1873), wird zusätzlich dargestellt, wie sich die kapitalistischen Produktionsformen von einfacher Kooperation über die Manufaktur und die Maschinerie bis zur großen Industrie entwickeln. Insgesamt bezeichnet Marx die gesamte bisherige Geschichte als „Vorgeschichte" (MEW 13: 9). Erst nach deren Ende beginne die eigentliche Menschheitsgeschichte, in der nicht anonyme Mächte, sondern wir selbst in Freiheit das Geschehen bestimmen.

Was sind die *Triebkräfte der Geschichte?* Auf diese Frage (c) wurden in der Geschichtsphilosophie viele Antworten gegeben: Gott, Natur, unsichtbare Hände, Zufälle, auserwählte Völker, welthistorische Individuen, technische Innovationen usw. Der Marxismus unterscheidet zunächst zwei Bewegungsformen der Geschichte, wobei die eine in den frühen Schriften von Marx und Engels, die andere im Spätwerk im Vordergrund steht. Die populäre Antwort des *Manifests der Kommunistischen Partei* lautet, dass es die *Klassenkämpfe* seien, die als Motoren der Geschichte wirken (MEW 4: 462). In früheren Epochen der Weltgeschichte standen zeitweise mehrere Klassen im Konflikt, im Feudalismus etwa Grundherren, Leibeigene und Geistliche. Deren Kämpfe endeten nicht mit dem Sieg einer Seite, sondern mit dem Aufstieg neuer Klassen. Im Kapitalismus spitze sich alles auf den Antagonismus zweier Klassen zu, der Kapitalisten und der Arbeiter.

Die Arbeiterklasse bilde Organisationsformen und Werte aus, etwa Solidarität, die ein Vorschein der neuen Epoche sein könnten. Im Klassenkampf sei jeder von uns Partei; insofern ist diese Theorie aus der *Teilnehmerperspektive* formuliert. Der späte Marx bevorzugt jedoch eine Antwort aus einer objektivierenden *Beobachterperspektive*. Es gebe sozialhistorische Gesetzmäßigkeiten, die, wie schon der junge Engels formuliert hatte, „auf der Bewußtlosigkeit der Beteiligten" beruhen (MEW 1: 515, bei Marx in MEW 23: 89 Fn). Die Geschichte der kapitalistischen Gesellschaft werde bestimmt durch ein „automatisches Subjekt" (MEW 23: 169), den Wert. Seine Elementarform sei die Ware, die uns vertraute Sozialform das Geld und die komplexeste Erscheinungsform das Kapital. Der Raum des *Wertgesetzes* ist der Weltmarkt. Diesem werden immer mehr soziale Bereiche subsumiert, das heißt monetarisiert und auf abstrakte Formen von Arbeit umgestellt. Die eigentlichen Gesetzmäßigkeiten seien dem Augenschein verborgen, könnten aber durch empirisch-theoretische Leistungen sichtbar gemacht werden. Auch die bürgerliche Nationalökonomie hatte einige Gesetze herausgearbeitet, vor allem das Gesetz von Angebot und Nachfrage, das aber aus marxistischer Sicht nur für die Zirkulationssphäre gelte. Grundlegend seien vielmehr die Gesetzmäßigkeiten der Produktionssphäre, nämlich das allgemeine Gesetz der kapitalistischen Akkumulation (MEW 23, Kap. 23) und schließlich das Gesetz des tendenziellen Falls der Profitrate (MEW 25, 3. Abschnitt). Gegenüber der früheren Antwort fällt zweierlei auf: Zum einen gelten solche Gesetzmäßigkeiten offensichtlich nur für die kapitalistische Produktionsweise; auf frühere Epochen sind sie nicht anwendbar. Zum anderen ließe sich so gegebenenfalls der Zusammenbruch des Kapitalismus prognostizieren; wie sich aber eine neue Gesellschaftsformation herausbilden könnte, kommt gar nicht mehr in den Blick.

Was ist mit Staat, Religion und Kultur? Für Marx ergeben sich diese Phänomene mehr oder weniger direkt aus den ökonomischen Verhältnissen. Jedenfalls könnten politische Ereignisse, Religionsstifter und kulturelle Innovationen in der Geschichte keine eigene Kraft entfalten. Sie bleiben als Überbauphänomene ihrer materiellen Basis verhaftet. Hinsichtlich der Kunst ist Marx vorsichtiger; offensichtlich stehen „bestimmte Blütezeiten derselben keineswegs im Verhältnis zur allgemeinen Entwicklung der Gesellschaft" (MEW 42: 44). Das beste Beispiel sei die griechische Kunst, vor allem die berühmten Tragödien und Plastiken. Diese weisen auch viele zeitbedingte Elemente auf, gehen aber nicht darin auf; deshalb könnten wir uns immer noch an ihrer Vollkommenheit erfreuen.

Schließlich geht es um die Frage (d), ob die Geschichte ein immanentes Ziel habe, einen Fluchtpunkt, auf den alles zuläuft. Auch eine solche nicht metaphysische, aber doch *teleologische Komponente* findet sich im Marxismus. Denn die gegenwärtigen Entwicklungen führten, so heißt es je nach Perspektive, zur Zuspitzung des Klassenkampfes und/oder zum Zusammenbruch der kapitalistischen Produktionsweise. Auf jeden Fall werde mit einer gewissen praktischen und/oder theoretischen Notwendigkeit eine neue Zeit kommen, in der es keine Klassenkämpfe und keine überflüssige Ausbeutung mehr gebe. Der Kapitalismus habe so viel materiellen Reichtum produziert, dass aus ihm eine Gesellschaft entstehen könne, in der alle Menschen gemeinsam ein freies und kreatives Leben führen. Dann bedürfe es selbst der politischen Institutionen nicht mehr; der Staat „stirbt ab", weil die Herrschaft über Menschen, wie Engels formuliert, ersetzt werde durch die Verwaltung von Sachen (MEW 19: 224, MEW 20: 262). Ziel sei also eine zentrale Steuerung des Wirtschaftsprozesses mit wissenschaftlichen Mitteln, die exakt auf die Bedürfnisse und Fähigkeiten der Individuen zugeschnitten ist und sich nicht mehr an Tausch-, sondern an Gebrauchswerten orientiert. In gewisser Weise regiere dann die Vernunft selbst. Das wird von Marx (und Engels) als Sozialismus und/oder Kommunismus bezeichnet. Allerdings waren beide vorsichtig genug, sich nicht zu genau festzulegen. Die vereinigten Individuen sollten selbst entscheiden, wie es weitergehe. Die Revolution, die die Epoche des Kapitalismus beende, werde ohnehin die Welt und die Menschen so verändern, dass man nicht prognostizieren könne, was jenseits dieser Schwelle geschehe.

Die Fragen der substantialistischen Geschichtsphilosophie halte ich, wie bereits erwähnt, allesamt für berechtigt, aber man muss den Antworten einen *anderen wissenschaftlichen Status* geben. Drei Fehler sind zu vermeiden.

Den ersten Fehler hat Karl Popper zu Recht als *Essentialismus* aufgespießt (2003: 2f., 25). Die substantialistische Geschichtsphilosophie überträgt die klassische Ontologie vom Raum in die Zeit, von der Natur in die Geschichte. Aber weder apriorisch noch aposteriorisch ist es möglich, wahre Behauptungen zum Wesen (essentia) der Geschichte zu machen. Dagegen spricht schon, dass in Wesensaussagen explikative, deskriptive und normative Komponenten konfundiert sind. Damit wird nicht geleugnet, dass man die Unterschiede zwischen Natur und Geschichte herausarbeiten kann und soll. Dafür erforderlich sind aber keine Deduktionen oder Intuitionen, sondern begriffliche Explikationen, methodologische Reflexionen und empirische Theorien. Auch zeitliche Strukturierungen, etwa die Epochengrenzen zwischen der Antike und dem Mittelalter oder zwischen Holozän und Anthropozän, sind nicht essentialistisch zu verstehen, also wesenhaft in den Dingen vorhanden; sie können sich nur forschungspragmatisch und theoriestrategisch als zweckmäßig erweisen. Für Periodisierungsvorschläge wird man nie zwingende Argumente anführen können, zumal in sie wohl immer Wertungen einfließen. Auch die Frage nach den Triebkräften ist unverzichtbar; sie wird mit historischen Erklärungen beantwortet. Einfache (monokausale) Antworten sind nicht zu erwarten. Am problematischsten ist die Frage nach dem Richtungssinn. Potentielle Antworten dürfen nicht so verstanden werden, dass es eine immanente Teleologie der Geschichte gebe.

Eng damit verbunden ist der zweite Fehler, von Popper als *Historizismus* bezeichnet. Nachdem in der frühen Neuzeit in der Natur unveränderliche Gesetze entdeckt worden waren, meint die klassische Geschichtsphilosophie solche auch in der Geschichte finden zu können. Aber Geschichtsgesetze dieser oder anderer Art gibt es gar nicht. Denn Natur ist das, was ohne unser Zutun existiert; Geschichte wird jedoch durch Menschenhand bewirkt, wenn auch nicht gesteuert. Das schließt nicht aus, dass es geschichtliche „Tendenzen" gibt, die aber nicht unveränderlich sind, sondern gebremst, gestoppt oder gedreht werden können (Popper 2003: 100 – 106). Ebenso können wir die Zukunft nicht vorhersagen, was für Popper die „falschen Propheten" taten. Sehr wohl aber sind bedingte Prognosen möglich (ebd. 110, 115, 119 f.).

Der dritte Fehler wäre es, im Sinne des *Nominalismus* allgemeine Begriffe ganz abzulehnen. Tatsächlich haben manche aus der Einsicht in die beiden ersten Fehler geschlossen, dass es dann eben nur die einzelnen Fakten gebe und dass man in der historischen Forschung generell auf Theorien verzichten müsse. Das ist aber ausgeschlossen wegen der bereits erwähnten Theoriebeladenheit jeder Empirie, die auch Popper hervorhebt. Man darf solche Theorien nur nicht gegen konzeptionelle Kritik und empirische Falsifikation immunisieren. Zudem gibt es immer mehrere Theorien und fast immer verschiedene Paradigmen. Unter diesen Umständen kann der Marxismus sehr wohl ein erfolgreiches empirisches Forschungsprogramm innerhalb der Geschichtswissenschaften sein. Das zeigte in der zweiten Hälfte des 20. Jahrhunderts vor allem die *britische Schule*, zu der Edward P. Thompson, Eric Hobsbawm und Perry Anderson gehörten. Thompsons Kritik am *Elend der Theorie* (1980) ist berechtigt, aber nur insoweit es den (post) strukturalistischen Neomarxismus französischer Provenienz betrifft. Sehr hilfreich, durchdacht und auch geschichtsphilosophisch interessant sind hingegen viele der theoretischen Konstruktionen der Historischen Soziologie, auf die schon hingewiesen wurde.

Mein Fazit lautet: Die Theorien der substantialistischen Geschichtsphilosophie, die am Beispiel des Marxismus dargestellt wurden, sind zu transformieren in meta-theoretische Modelle, die die empirische Forschung und die historische Deutung orientieren können. Sowohl Kant als Marx sprechen in diesem Zusammenhang von einem „Leitfaden" (X: 95, XI: 34 f., 49 u. ö.; MEW 13: 8). Auf heuristische Annahmen und interpretative Schemata dieser Art kann man nicht verzichten. Unter diesem Vorbehalt bleiben die Verlaufsmodelle der klassischen Geschichtsphilosophie interessant, auf die ich im nächsten Kapitel ausführlich eingehen werde.

4.5 Reflexiv-praxisorientierte Geschichtsphilosophie – Was dürfen wir innerweltlich hoffen?

Der fünfte Ansatz versteht die Geschichtsphilosophie als Anhang zur praktischen Philosophie. Durch sie wird diese vermittelt mit der theoretischen Philosophie und den empirisch-theoretischen Disziplinen, die sich aus dieser entwickelt haben. Die reflexive Bezugnahme auf moralische Prinzipien verbindet diesen Ansatz mit der normativen Geschichtsphilosophie; während aber diese rückwärtsorientiert ist, blickt die reflexiv-praxisorientierte Geschichtsphilosophie in die Zukunft. Sie soll unsere politische Praxis fördern und stützen, durchaus vergleichbar mit dem Marxismus.

Der Begründer dieser Konzeption ist *Immanuel Kant* (1724–1804). In seiner Architektonik ist die Geschichtsphilosophie keine Fundamentaldisziplin. Sie liefert weder essentialistische noch metaphysische Aussagen, sie kann auch aus eigener Kraft weder wissenschaftliche Erklärungen noch normative Begründungen geben. Geschichtsphilosophische Reflexionen, so kann man Kant lesen, sind überhaupt nur dann sinnvoll, wenn vorher empirisch-theoretische und normativ-praktische Doktrinen entwickelt wurden, also zum einen bewährtes deskriptives Wissen über die historische Welt vorliegt und zum anderen in einer Metaphysik der Sitten politisch-rechtliche Normen begründet wurden. Die geschichtsphilosophischen Reflexionen können dann zwischen diesen beiden Sphären vermitteln, allerdings nicht gleichgewichtig, sondern auf der Grundlage der allgemeinen Ethik. Geschichtsphilosophische Reflexionen sind bei Kant also abhängig von separat begründeten normativen Aussagen (vgl. Honneth 2004, Höffe 2011, Langthaler 2014, Hösle 2015). Insofern ist Kants Geschichtsphilosophie nicht pragmatisch, aber sehr wohl praxisorientiert.

Die reflexive Vermittlung von empirischer Faktizität und normativer Geltung ist dringend erforderlich. Warum? Im Grunde war bereits seit dem 17. Jahrhundert klar, dass die Philosophie sich nicht mehr an der klassischen Metaphysik orientieren konnte; deren Wesenswissen war durch die neuzeitlichen Naturwissenschaften entwertet. Zudem müssen Sein und Sollen, deskriptive und normative Aussagen argumentationslogisch getrennt werden. Diesen bei David Hume (1978, II: 121) nur angedeuteten Gedanken führt Kant weiter durch die strikte Unterscheidung von zwei Teilbereichen der Philosophie. Der erste große Bereich der Philosophie soll zu einer Metaphysik der Natur führen (oder wenigstens zu deren metaphysischen Anfangsgründen) und wird durch eine Kritik der Vernunft in ihrem theoretischen Gebrauche epistemologisch vorbereitet. Die empirischen Naturwissenschaften kann die Philosophie nicht ersetzen, aber sie kann Voraussetzungen, Geltungsgründe und Grenzen des epistemischen Wissens aufzeigen. Deshalb lautet die Leitfrage der theoretischen Philosophie bei Kant „Was kann ich wissen?". Der zweite große Bereich der Philosophie zielt auf eine Metaphysik der Sitten und wird durch eine Kritik der Vernunft in ihrem praktischen Gebrauche metaethisch vorbereitet. Die Leitfrage lautet „Was soll ich tun?". So ergeben sich für Kant zwei Vernunftgebäude, die sich aber unglücklicherweise nicht ineinanderfügen. Auf der einen Seite steht die Sphäre des Seins, zu der wir deskriptive Aussagen mit Wahrheitsanspruch formulieren können; auf der anderen Seite steht die Sphäre des Sollens, zu der wir (in moderner Terminologie) normative Aussagen mit Richtigkeitsanspruch aufstellen.

Das zerreißt nicht nur die Philosophie, sondern auch unser Selbstverständnis. Denn aus Sicht der theoretischen Philosophie ist der Mensch ein Lebewesen, das wie alles andere kausal determiniert ist, also in einem Reich der Notwendigkeit existiert. Demgegenüber muss die praktische Philosophie voraussetzen, erst recht in Kants deontologischer Konzeption einer Pflichtenethik, dass wir als Adressaten der moralischen Sollensforderungen autonom sind, also in einem Reich der Freiheit leben.

Hier kann man einwenden, dass Kant eine zu scharfe Dichotomie aufstellt. Die Kluft zwischen Notwendigkeit und Freiheit lässt sich zweifach entschärfen. Zum einen bedarf es nicht des Begriffs einer absoluten Freiheit, um der Moral einen Platz im menschlichen Leben zu schaffen; es reicht eine bedingte Freiheit. Frei ist nicht die Person, die gleichsam aus dem Nichts neue Kausalketten beginnt, sondern die allen Determinanten unseres Handelns noch einen weiteren Faktor hinzufügen kann. Dieses personale Plus besteht, sehr verkürzt formuliert, aus Wünschen zweiter Ordnung oder wohlüberlegten Intentionen. Das ist jedenfalls die Auffassung des gegenwärtigen Kompatibilismus. Zum anderen sieht Kant nicht, dass es für die historisch-kulturelle Welt besonderer Erkenntnismethoden bedarf. Er ist so stark an den mathematisierten Naturwissenschaften orientiert, dass für ihn historisches Wissen im strengen Sinne gar nicht wissenschaftlich ist (ähnlich wie für Aristoteles). Aber die Naturwissenschaften können das, was Hegel später den objektiven Geist nennt, nur aus der Außenperspektive beobachten, was bloß zu oberflächlichen Erkenntnissen führt. Weil die historisch-kulturelle Sphäre sich fast immer in symbolischen Formen verkörpert, meistens in Sprache, sind hermeneutische Leistungen erforderlich. Die Welt der Sprache folgt aber nicht kausalen Gesetzen, sondern eigenen Regeln.

Aber der argumentationslogische Graben zwischen Sein und Sollen bleibt. Nun gibt es bei Kant noch eine dritte philosophische Frage, die sich uns als vernunftbegabten Wesen aufdrängt: *Was darf ich hoffen?* (vgl. Thies 2007) Anders formuliert: Was dürfen wir, die wir moralische Wesen sind, aber mit den realen Bedingungen dieser Welt klarkommen müssen, mit guten Gründen für uns erhoffen? Diese Frage wird, wie Kant mehrfach betont, in der Religionsphilosophie beantwortet. Dort bezieht sie sich auf Außerweltliches, auf die beiden metaphysischen Zentralprobleme der Existenz Gottes und unserer Fortexistenz nach dem Tod, die bei Kant zu Postulaten der praktischen Vernunft werden und damit zum Gegenstand einer neuen Art von Moraltheologie. Aber auf die Frage „Was darf ich hoffen?" ist nicht nur eine außerweltliche, sondern auch eine innerweltliche Antwort möglich, eben in der Geschichtsphilosophie (Höffe 1983: 240 ff.). Dürfen wir berechtigte Hoffnungen hegen, dass die Welt besser wird? Das versteht Kant nicht utilitaristisch, also im Sinne eines wachsenden allgemeinen Glücks (siehe Kap. 7, Abschnitt 2). Die Frage ist vielmehr, ob wir uns einem Zustand nähern, in dem die moralischen Menschen auch glücklich werden können, also Glückswürdigkeit und Glückseligkeit konvergieren. Ja, das ist nach Kants Auffassung der Fall.

Deshalb kann die Geschichtsphilosophie einen wichtigen Beitrag zur *Vermittlung von Sein und Sollen* leisten. Entgegen allen Vorurteilen, die Kants praktische Philosophie für idealistisch oder unpolitisch halten, hat sich der Königsberger über die Frage, wie seine hochgesteckten normativen Ziele zu verwirklichen sind, jahrelang den Kopf zerbrochen. Ihn interessierte zeit seines Lebens nicht nur die Begründungsfrage, sondern auch das *Motivationsproblem*. Dass jedes Sollen ein Können voraussetzt, ist trivial. Wir wissen (so ist zu unterstellen), dass wir moralische Menschen werden und einen universalen Rechtszustand verwirklichen sollen. Aber täglich, ja stündlich erfahren wir, wie schwer das ist, welche Einbußen an Glück und persönlichen Vorteilen damit verbunden sein können, wie viele Hindernisse uns im Weg stehen und welche Rückschläge es in der Menschheitsgeschichte schon gegeben hat. Das schwächt unsere moralische Motivation, begünstigt eine tiefe Skepsis an unseren normativen Idealen und lässt sogar manchen Menschen verzweifeln. Deshalb stellt sich die Frage: Haben wir gute Gründe für die Hoffnung, dass sich Moral und Recht in dieser Welt, wie sie nun einmal ist, verwirklichen lassen? Gibt es zumindest keine eindeutigen Belege gegen die Möglichkeit eines universalen Rechtszustands? Kants Geschichtsphilosophie gibt darauf eine positive Antwort: Sie deutet die Menschheitsgeschichte im Lichte normativer Prinzipien so, als ob sie auf die Verwirklichung unserer gut begründeten Ziele zulaufen würde. Geht man auf diese Weise an die Menschheitsgeschichte heran, „so wird man einen regelmäßigen Gang der Verbesserung der Staatsverfassung in unserem Weltteile (der wahrscheinlicher Weise allen anderen dereinst Gesetze geben wird) entdecken" (XI: 48, Idee, 9. Satz). Obwohl niemand die widerstrebenden inneren und äußeren Kräfte übersehen darf, brauchen wir also nicht zu verzagen.

Noch einmal: zur Begründung von Moral, Recht und Politik trägt die Geschichtsphilosophie nichts bei (so wenig wie die Religionsphilosophie), auch nichts zur Anwendung oder zur Durchsetzung normativer Prinzipien; das ist Sache der praktischen Urteilskraft (nicht der teleologischen) und einer klugen, allerdings durch Moral geleiteten Politik. Aber sie fördert unsere individuelle und kollektive Motivation. Die praktische Möglichkeit der Verwirklichung eines universalen Rechtszustands bestärkt mich, an den entsprechenden normativen Zielen festzuhalten, auch wenn deren Verwirklichung noch so weit entfernt sein sollte. Insofern ist die Geschichtsphilosophie selbst für diese Ziele „beförderlich" (Kant XI: 47, 9. Satz). Wir dürfen hoffen, dass es vorwärts geht. Die Geschichtsphilosophie dient also unserer moralischen Ermutigung (vgl. Habermas 2019, II: 298 f., 362–368, 621, 805 f. u. ö.).

Zumindest ansatzweise reflektiert Kant in seiner Geschichtsphilosophie auch deren *Entstehungs- und Verwendungszusammenhang*. Er weiß, dass es sich um eine neugeborene Disziplin handelt, deren Wiege die Aufklärung ist und die letztlich einen universalen Rechtszustand befördern soll. Der Ort für geschichtsphilosophische Diskussionen ist die bürgerliche Öffentlichkeit. Deshalb hat Kant seine Beiträge zu dieser Disziplin nicht als wissenschaftliche Abhandlungen, sondern als politische Essays publiziert. Die kritische Philosophie soll gleichermaßen auf das miteinander diskutierende Publikum wie auf aufgeklärte Politiker einwirken. Revolutionen, die stattgefunden haben, sind für Kant zu akzeptieren, ansonsten aber zu vermeiden; stattdessen befürwortet er Reformen, die nicht von unten, sondern von oben ausgehen (XI: 366, 1798). Genau das geschah dann ab 1806 bei den Preußischen Reformen, die allerdings nach wenigen Jahren wieder abgewürgt wurden.

Welche *Methodologie* liegt Kants Geschichtsphilosophie zugrunde? Sie besitzt einen anderen wissenschaftstheoretischen Status als die theoretische Philosophie und die praktische Philosophie. Sie stützt sich nämlich, in der veralteten Vermögenspsychologie Kants formuliert, weder auf Verstand noch auf Vernunft, sondern auf die teleologisch-reflektierende Urteilskraft, deren Leitprinzip eine unterstellte Zweckmäßigkeit der mannigfaltigen Phänomene ist. In seinem dritten Hauptwerk, der *Kritik der Urteilskraft* (1790) rechtfertigt Kant solche teleologischen Deutungen für die Kunst und die Natur, was sich auf die teilweise schon vorher publizierten kleineren geschichtsphilosophischen Essays übertragen lässt.

Aus heutiger Sicht ließe sich Kants Methodologie folgendermaßen reformulieren: In der Geschichtsphilosophie wird nicht der Verlauf der Dinge erklärt oder/ und prognostiziert; es werden vielmehr die vorher auf anderem Wege (nämlich empirisch-wissenschaftlich) gesicherten Phänomene aus einer ebenfalls vorher auf anderem Wege (nämlich in der praktischen Philosophie) entwickelten normativen Perspektive *interpretiert*. Dazu dient ein apriorischer Leitfaden, mit dem wir das überschäumende Material so deuten können, als ob es bestimmten teleologischen Regeln unterliegen würde. Diese erklären nichts, es sind keine Geschichtsgesetze oder gar Naturgesetze im Sinne der Physik. Selbstverständlich werden auch keine neuen Fakten geschaffen, bestenfalls lassen sich die von den empirischen Wissenschaften gefundenen Tatsachen anders verstehen. Jedoch darf das empirische Material der teleologischen Deutung auch nicht widersprechen; insofern ist Kants Geschichtsphilosophie zwar nicht empirisch, aber doch empirisch gestützt (vgl. XI: 49, 9. Satz). Müssten die Geschichtswissenschaften die Faktenlage im großen Stil revidieren, hätte das Konsequenzen für unsere geschichtsphilosophischen Reflexionen; im begrenzten Umfang sind diese also empirisch falsifizierbar. Sehr viel einschneidender wären grundsätzliche Revisionen im Bereich der normativen Fundamente, denn dadurch verschiebt sich der gesamte Blickwinkel. Keine Relevanz hätte hingegen das Scheitern unserer politischen Projekte; das Ziel eines universalen Rechtszustands sollten wir auch dann nicht fallenlassen, wenn es sich kurz- oder mittelfristig nicht verwirklichen ließe. Geschichtsphilosophie ist also eine *normativ fundierte und empirisch gestützte interpretative Disziplin in praktischer Absicht*.

Kants Geschichtsphilosophie hat lange nicht die ihr gebührende Beachtung gefunden. Im deutschsprachigen Raum wurde sie bald von der Romantik mit ihrer Mittelalter-Sehnsucht und dem Deutschen Idealismus mit seiner Staatsverehrung überlagert. Im Neukantianismus des Kaiserreichs wurde sie ebenso vernachlässigt wie in den erregten Debatten der Weimarer Republik. Erst nach dem Zweiten Weltkrieg war eine Wiederentdeckung möglich. Prominente Beispiele sind zum einen Karl Popper (1961), zum anderen der junge Habermas, der allerdings eher die Anknüpfung an den westlichen Marxismus hervorhebt (1982: 433f., dazu Lohmann 1998). Im heftigen Positivismus-Streit der 1960er Jahre waren beide Seiten nicht in der Lage, diese Gemeinsamkeit zu sehen; bald wandten sich Popper und Habermas auch anderen Fragen zu.

An dieser Stelle sei noch eine Bemerkung zum *Verhältnis von praktischer Philosophie und Geschichtsphilosophie* ergänzt. In der praktischen Philosophie lassen sich drei Ebenen unterscheiden (vgl. Birnbacher 2016: 37f., 46, 60, 92): Auf der ersten Ebene, dem Fundament, befindet sich die *allgemeine Ethik*. Hier werden die grundsätzlichen Kontroversen zwischen Deontologie, Utilitarismus und anderen Positionen ausgetragen, wobei empirische und historische Argumente aus logischen Gründen keine Rolle spielen. Die anvisierten Idealnormen müssen aber auf einer zweiten Ebene in eine nicht-ideale Welt transferiert werden. Was heißt das? Zum einen sind Knappheitsbedingungen und ökologische Restriktionen einzukalkulieren. Zum anderen sind die Menschen so zu nehmen, wie sie sind, nämlich als verletzliche Lebewesen mit kognitiven, normativen und motivationalen Defiziten, die den Tod fürchten und gern ihre Macht missbrauchen. Aus anthropologischen Erwägungen folgt beispielsweise, dass sich herrschaftslose oder vollkommen gerechte Zustände wie Anarchie und Kommunismus nicht verwirklichen lassen. Stattdessen sind eine Rechtsordnung, ein Staat und eine Gewaltenteilung erforderlich. Dadurch gelangen wir in den Diskurs der *Rechts-*

ethik (oder Rechtsphilosophie). Noch konkreter wird es auf der dritten Ebene: In der *politischen Philosophie* geht es um kollektive politische Projekte und pragmatische Überlegungen zu ihrer institutionellen Verwirklichung. Hier wäre die Debatte über verschiedene Staats- und Wirtschaftsformen anzusiedeln. Bezogen auf den Nationalstaat erörtert beispielsweise John Rawls folgende Alternativen: den Laissez-faire-Kapitalismus, einen wohlfahrtsstaatlichen Kapitalismus, die (von ihm favorisierte) Demokratie mit Privateigentum, den demokratischen Marktsozialismus und den Staatssozialismus mit seiner zentralen Wirtschaftsverwaltung (Rawls 1979, §§ 42 ff.; ders. 2006: 212–216). In diesem Diskurs sollten, so meine ich, auch geschichtsphilosophische Argumente zum Tragen kommen. Auf der einen Seite kann man aus den Erfahrungen früherer Jahrzehnte wohl ableiten, dass das staatssozialistische Projekt definitiv gescheitert ist. Auf der anderen Seite sind zukünftige Herausforderungen stärker zu berücksichtigen, etwa die Erfordernisse einer nachhaltigen Wirtschaftsweise angesichts der ökologischen Katastrophen, die in wenigen Jahrzehnten drohen. Darüber hinaus lassen sich positive geschichtliche Tendenzen herausarbeiten, die über die Gegenwart hinausweisen und so bestimmte politische Projekte begünstigen, also im Kantischen Sinne motivieren und ermutigen. Was aber die Geschichte der Moral und der Politik vor allem lehren kann, ist ein wohlverstandener Realismus.

5 Modelle des geschichtlichen Verlaufs

ich lerne (ja, ich kann noch lernen),
daß die Geschichte nicht bloß eine Aufeinanderfolge von Übeln ist,
die einer wie ich nur ohnmächtig schmähen kann – sondern auch, seit jeher, eine von jedermann (auch von mir) fortsetzbare, friedensstiftende Form.

(Peter Handke 1979: 177)

In diesem Kapitel systematisiere ich die wichtigsten inhaltlichen Positionen, die über die Jahrhunderte und Jahrtausende in der Geschichtsphilosophie vertreten wurden. Allen gemeinsam ist der Versuch, im komplexen Chaos der Geschichte bestimmte *Formen* zu erkennen, auch wenn diese nicht immer Frieden bringen. Nach der im vorigen Kapitel entwickelten Einteilung geht es um Ansätze, die in die substantialistische Geschichtsphilosophie gehören, allerdings nicht essentialistisch und historizistisch interpretiert werden dürfen, sondern in *Modelle* zu überführen sind.

Diese jedoch sind unverzichtbar. Wir können nämlich gar nicht anders, als mit solchen Konzeptionen an die Geschichte heranzutreten und sie mit diesen zu interpretieren. Zum einen dienen die Modelle als explorative und heuristische Schemata, die historische Studien anleiten. Sie sind gleichsam die Scheinwerfer, mit denen wir im Dunkel der Vergangenheit besser suchen können. Zum anderen fungieren sie als interpretative Schemata, mit denen sich die endlose Fülle des gefundenen historischen Materials deuten lässt, indem wir sie als Leitfaden für die narrative oder strukturelle Organisation der Darstellung nutzen. Allerdings müssen die verwendeten Schemata begrifflich klar, aussagekräftig und theoretisch reflektiert sein. Zudem sollten wir sie immer mit Vorsicht gebrauchen und möglichst miteinander verbinden.

Eine exakte Zuordnung der Modelle zu Epochen und Kulturkreisen ist nicht möglich. Sehr wohl aber mögen bestimmte Ansätze zu einer Zeit und/oder an einem Ort dominant, anderswo marginal gewesen sein. Beispielsweise ist das Modell des Aufstiegs – unter dem Begriff „Fortschritt" – in der Moderne so dominant geworden, dass wir uns damit gesondert in einem späteren Kapitel beschäftigen müssen. Insgesamt wird die folgende Darstellung drei historische Schwerpunkte haben: Beginnen werde ich jeweils mit sehr frühen Repräsentanten aus der griechischen Antike, vor allem Hesiod, Xenophanes, Thukydides und Platon. Zwar werde ich auch Positionen aus Mittelalter, Renaissance und früher Neuzeit referieren, aber der zweite Schwerpunkt ist die Mitte des 18. Jahrhunderts: Innerhalb weniger Jahre formiert sich hier, mit Paris als großer Bühne, die moderne Geschichtsphilosophie: Voltaire, Montesquieu, Rousseau, Turgot, vorher schon Perrault und Fontenelle, später noch Condorcet. Den dritten Schwerpunkt bilden empirisch-theoretische Ansätze aus dem 20. Jahrhundert, die ich in mein interdisziplinäres Konzept von Geschichtsphilosophie problemlos integrieren kann.

Alle Modelle lassen sich auf eine einfache physikalische Idee zurückführen, die Unterscheidung von Statik und Dynamik. Im Unterschied zur physikalischen Bedeutung impliziert die Statik zwar nicht Bewegungslosigkeit, aber doch die Abwesenheit relevanter Veränderungen. Dynamik kann es in zweifacher Weise geben, mit einer zyklischen oder einer linearen Struktur, denen sich geometrische Figuren zuordnen lassen: der Kreis und die Linie. Weder wird damit die Geschichte mathematisiert, noch handelt es sich um bloße Metaphern. Es sind vielmehr kognitive Muster, mit denen wir die Realität betrachten und interpretieren. Weitere Abwandlungen und Untertypen sind möglich. Das gilt insbesondere für die Idee der Linearität, die es in zwei konträren Varianten gibt: negativ-linear (Abstieg, Verfall, Niedergang, degenerierend) und positiv-linear (Aufstieg, Wachstum, Fortschritt, progredierend). Darzustellen sind also vier geschichtsphilosophische Positionen, für die ich jeweils einige der wichtigsten Argumente idealtypisch herausarbeiten möchte. Insgesamt sind es Streiflichter, die hoffentlich auf interessante Punkte fallen.

5.1 Stillstand

Im ersten Modell tritt die Geschichte auf der Stelle. Nach dieser Auffassung bewirken die vorhandenen Kräfte, dass letztlich alles in Ruhe bleibt. Selbstverständlich kann man nicht leugnen, dass ein Tag anders ist als der andere und dass sich demnach die Zustände zu den Zeitpunkten t_1 und t_2 unterscheiden. Aber hierbei handle es sich, so das statische Modell, um Oberflächenphänomene; relevante Veränderungen positiver oder negativer Art gebe es nicht. Letztlich gelte $A(t_1) = B(t_2)$. Bestenfalls oszilliere der geschichtliche Verlauf um diesen stabilen Punkt. Oder es handle sich sogar um eine Täuschung wie bei den Mondphasen: Der Erdtrabant bleibt immer gleich, nur die Beleuchtung ändert sein Erscheinungsbild. Noch schwerer zu erkennen sind die Metamorphosen, die in allen mythischen Weltbildern eine wichtige Rolle spielen; besonders die Götter schaffen es, in immer wieder anderen Gestalten aufzutreten und doch sie selbst zu bleiben. Eine Metapher, die in diesem Zusammenhang oft bemüht wird, ist diejenige vom Welttheater, auf dem immer dasselbe Drama gespielt wird, bloß in unterschiedlichen Kostümen (vgl. Demandt 1978, Kap. VI).

Das berühmteste Zitat, das in diese Richtung weist, findet sich im Alten Testament im Buch Kohelet, das auch unter dem Namen „Der Prediger Salomo" bekannt ist und wohl im 3. vorchristlichen Jahrhundert entstand, also schon in hellenistischer Zeit: „es geschieht nichts Neues unter der Sonne" (AT, Koh I: 9). Wenn sich etwas ereigne, könne man sicher sein, dass es dies in früheren Zeiten schon einmal gegeben habe. Dass der Eindruck entstehe, es verändere sich alles, sei eine Täuschung, die man mit zunehmendem Alter durchschaue. Mit 40 Jahren, behauptet Marc Aurel, habe man alles gesehen, was es gebe und was in 10.000 Jahren passieren könnte (VII 49, vgl. XI 1). Arthur Schopenhauer ist sich sicher: „Hat Einer den Herodot gelesen, so hat er, in philosophischer Absicht, schon genug Geschichte studirt." (Werke IV: 523) Was geschehe, sei doch immer gleich. Zwar mag die Einsicht, dass alles gleich bleibe, selbst irgendwann einmal neu gewesen sein – inzwischen ist aber auch diese Erkenntnis alt und damit immer wieder dieselbe.

Für das statische Modell werden vor allem zwei Begründungen angeführt. Die erste ist das *anthropologische Argument*. Es ändere sich nichts, weil der Mensch immer derselbe bleibe. Diese Ansicht finden wir schon beim ersten Historiker überhaupt, bei Thukydides (ca. 400 v. u. Z.). Die Historie diene dazu, schreibt er zu Beginn seiner *Geschichte des Peloponnesischen Krieges*, das Vergangene zu erkennen „und damit auch das Künftige, das wieder einmal, nach der menschlichen Natur, gleich oder ähnlich sein wird" (I 22). Aus der Einsicht in frühere Ereignisse könne man also etwas lernen für die Zukunft. Außer den Notwendigkeiten der menschlichen Natur spielten nur noch Zufälle eine wichtige Rolle (I 78, I 140, III 45 u. ö.). Das beste Beispiel dafür sei die Seuche, die in Athen ausbrach und unter anderem zum Tod des Perikles führte (vgl. II 47 ff., 65).

Zwar entwickelt Thukydides keine systematische Anthropologie, aber er äußert sich an mehreren Stellen zum Wesen des Menschen. Wir werden bestimmt von „drei so starken Mächten wie Ehre, Furcht und Vorteil" (I 76). Diese führten zu Herrschsucht, Habgier (pleonexia) und Ehrgeiz (philotimia) (III 82, vgl. VI 24). Ein besonderes Phänomen, für das Thukydides viele Beispiele liefert, ist die durch Macht genährte Hybris. Man überschätze die eigenen Fähigkeiten und Möglichkeiten, vor allem aber maße man sich an, eine bestehende Ordnung grundlegend ändern zu können. Das wird belegt durch den Sizilien-Feldzug von 415, zu dem Alkibiades die Athener überredete (VI 15 ff.). Ein weiteres Problem sei der Streit um des Streits willen (philoneikia). Oft steigere sich im wilden Ungestüm die Kampfeslust, so dass es zu sinnlosen Gewalttaten komme. Dafür stehe exemplarisch das Massaker in Mykalessos im Jahr 413 (VII 29). Schließlich sei es „immer so gewesen, daß der Mindere sich dem Mächtigeren fügen" musste (I 76). In einem der berühmtesten Teilstücke aus Thukydides' Schrift, dem Melier-Dialog, wird dieses Recht des Stärkeren ausformuliert (V 84–116, auch III 67).

Gegen die menschliche Natur seien alle anderen Mächte hilflos. Man könne zwar Gesetze aufstellen, aber diese würden trotz härtester Strafen immer wieder gebrochen. Auch die unterschiedlichen politischen Ordnungen spielen keine große Rolle. Zudem seien diese oft nur Schein, wie die attische Demokratie, die doch von einem einzigen Mann dominiert wurde, dem Perikles (II 65). Dieser hatte in seiner berühmten Totenrede die hervorragenden Eigenschaften der Athener herausgestellt: Vernunft, Freiheit und Selbstgenügsamkeit (II 35–46); hinzu komme noch die edle Schlichtheit aller Griechen (vgl. III 83), die als edle Einfalt und stille Größe im 18. Jahrhundert noch Winckelmann beeindruckte. Tatsächlich aber sei dies nur einer der vielen Tugendkataloge, die an der dunklen Wirklichkeit der menschlichen Natur scheiterten – so das im Lauf der Jahrtausende immer wieder variierte anthropologische Argument für das statische Modell.

Die zweite Begründung für die Konstanz der Geschichte ist das *geografische Argument*. Die äußeren Rahmenbedingungen seien so stark, dass sich ihnen jedes menschliche Handeln fügen müsse. Also nicht die innere, sondern die äußere Natur stelle alles still.

Ansatzweise finden sich solche Betrachtungen ebenfalls schon in der Antike, in denen man die ökologischen Umstände nach zwei Gegensatzpaaren sortierte: warm/kalt und trocken/feucht (vgl. Platon, Sophistes 242d). Später werden daraus die seit dem 16. Jahrhundert entwickelten Klimatheorien. Ihr bedeutendster Vertreter ist wohl Montesquieu (1689–1755). Ungefähr zu der Zeit, zu der andere Denker die Geschichtsphilosophie begründen, schreibt er sein Hauptwerk *L'Esprit des Lois* (1748), in dem nicht historisch, sondern strukturell argumentiert wird. Die Ausgangsbeobachtung von Montesquieu ist, dass es sehr viele verschiedene politische Verfassungen gebe, die alle einen unterschiedlichen „Geist" (esprit) atmen. Wie kommt das? Zu den wichtigsten Bedingungen gehören bei Montesquieu das Klima und die Bodenbeschaffenheit. Kalte Luft aktiviere und wecke Interesse an vielerlei Dingen. Warme Luft hingegen ermüde, bei Hitze werde die Ruhe zum Ziel des Strebens, womit Montesquieu unter anderem die indische Religiosität erklären möchte; auch Sklaverei erscheint unter solchen Bedingungen verständlich. Seien die Bodenverhältnisse gut – wie in Lakedämonien –, ist es notwendig, sich gegen Räuber zu verteidigen; so entsteht in Sparta ein Militärstaat (XVIII: 1). Seien die Bodenverhältnisse schlecht – wie in Attika –, ist die Freiheit das wichtigste Gut; so entsteht in Athen die Demokratie. Allerdings weiß Montesquieu, dass nur die „Wilden" ganz von Natur und Klima beherrscht werden (XIX: 4). Je komplexer die Produktionsweise, umso umfangreicher würden die Gesetzbücher und umso wichtiger die politische Verfassung (XVIII: 8). Sitten und Gesetze seien aber zu unterscheiden; Gesetze könne man machen, Sitten nicht (XIX: 12 u. 14). Weil Europa geografisch so zerklüftet ist, hätten sich mehrere Staaten mittlerer Größe gebildet (XVII: 6). Die Größe eines Territoriums bedinge die Regierungsform: Nur kleine Staaten könnten Republiken sein; Monarchien seien von mittlerer Größe; große Länder würden immer despotisch regiert (VIII: 16–20).

Was ist von diesen beiden Argumenten für das statische Modell zu halten? Wir in der Moderne neigen dazu, beide Rahmenbedingungen geringzuschätzen: Gegen die anthropologische Behauptung wird eingewandt, dass Menschen sich ändern und lernen können, zudem stärker durch die gesellschaftlichen Verhältnisse geprägt seien. Gegen die geografische Behauptung wird eingewandt, dass wir die äußere Natur durch Technik beeinflussen, ja beherrschen könnten. Dennoch sollte man die Kraft solcher Bedingungen für den Geschichtsverlauf nicht unterschätzen, auch noch in der Gegenwart. Nachbarwissenschaften der Historie wie die Anthropologie, Ethnologie, Geografie und Ökologie haben das immer betont. Tatsächlich ist die unterschiedliche Entwicklung der Erdteile in den letzten Jahrtausenden durch Topografie und natürliche Ressourcen, Flora und Fauna maßgeblich beeinflusst worden (vgl. Diamond 1999).

Innerhalb der Geschichtswissenschaften ist es das Verdienst der französischen *„Annales"-Schule*, wieder auf anthropologische und geografische Bedingungen aufmerksam gemacht zu haben. „Annales" ist der Name einer Zeitschrift, die 1929 zum ersten Mal erschien. Ihre Herausgeber und damit die Gründerväter der entsprechenden Schule waren Marc Bloch (1886–1944) und Lucien Febvre (1878–1955), die die Geschichtswissenschaft als Historische Anthropologie konzipierten. Im Anschluss an die „Annales"-Schule, aber auch an die Ethnologie und die ältere Kulturgeschichte entwickelten sich in (West-)Deutschland seit den 1980er Jahren verschiedene Ansätze einer Historischen Anthropologie (Süssmuth 1984). Aus den Inhaltsverzeichnissen einiger neuerer Bücher kann man die Themen gut ablesen (Wulf 2004, Reinhard 2004): Es geht um grundlegende Konstanten menschlichen Lebens und Zusammenlebens, die über die Jahrhunderte verändert, aber nicht grundlegend verwandelt werden können: Körper und Geschlecht, Kleidung und Wohnung, Ernährung und Erziehung, Krankheit und Tod, Gewalt und Krieg, Magie und Religiosität. Aus philosophischer Sicht liegt es nahe, diese Aufzählung mit der Liste zu vergleichen, die Martha Nussbaum ihrem *Fähigkeiten-Ansatz* zugrunde legt. Sie nennt: Leben – körperliche Gesundheit – körperliche Integrität – Sinne, Vorstellungskraft und Denken – Gefühle – Praktische Vernunft – Zugehörigkeit – Andere Spezies – Spiel – Kontrolle über die eigene Umwelt (2010: 112ff., vgl. 1999: 190–196 u.ö.). Eine gegenseitige Befruchtung wäre möglich: Der Fähigkeiten-Ansatz könnte an historischer Tiefe gewinnen, die Historische Anthropologie an philosophischer Systematik.

Zur zweiten Generation der „Annales"-Schule gehört Fernand Braudel (1902–1985), der vielleicht wichtigste Historiker der zweiten Hälfte des 20. Jahrhunderts. In einem berühmten Aufsatz unterscheidet er 1958 drei Ansätze: Die herkömmliche Geschichtsschreibung betrachte die individuellen Ereignisse kurzer Dauer, die sogenannten Haupt- und Staatsaktionen. Die neuere Sozial- und Wirtschaftshistorie präpariere mittelfristige Tendenzen heraus, ob zyklischer oder linearer Art. Daneben stehe sein eigener Ansatz, der sich für die „longue durée" interessiert, für Strukturen (vgl. Raulff 1999: 13 ff.). Strukturen seien relativ stabile Ordnungsgefüge. Das beste Beispiel für solche Vorgegebenheiten sind nach Braudels Auffassung die Zwänge der Geografie, also die Abhängigkeit der Menschen von Klima, Vegetation und Tierbestand. Auch ökonomische Systeme seien dadurch geprägt, etwa im Hinblick auf Wasserstraßen und Bodenschätze, räumliche Nähe und Ferne (1972: 194 ff.). Es ist, so meint Braudel, eben ein großer Unterschied, ob man auf einer Insel, im Gebirge oder an einem Fluss wohne. Diese Überlegungen führen zum Konzept einer „géohistoire".

Verwirklicht ist dieses Projekt in Braudels erstem Hauptwerk *Das Mittelmeer und die mediterrane Welt in der Epoche Philipps II.* (frz. 1949), das er zum größten Teil in deutschen Kriegsgefangenenlagern verfasste. Es besteht aus drei Teilen: Der erste Teil behandelt die Strukturen der langen Dauer: die Topographie des Mittelmeers, die Küsten und Wüsten, Klimazonen und Jahreszeiten. Der zweite Teil thematisiert vor allem wirtschaftliche Prozesse mittlerer Dauer: die Währungen und die Transportwege, die wichtigsten Handelsbeziehungen und Konjunkturbewegungen, aber auch überdauernde Muster kultureller Art, etwa das geistige Weiterleben der Antike. Nur im dritten Teil kommt die klassische Ereignisgeschichte zu ihrem Recht, vom Passauer Vertrag (2. 8. 1552) über die Schlacht von Lepanto (7. 10. 1571) bis zum Tod Philipps II. (13. 9. 1598). Entsprechendes gilt auch für das zweite Hauptwerk Braudels, das wiederum in drei Bänden vorliegt: *Civilisation matérielle, économie et capitalisme, XVe-XVIIIe siècle* (frz. 1979). Auch hier behandelt der erste Teil andere Strukturen langer Dauer: Nach den demografischen Rahmenbedingungen geht es um die Konstanten des Alltags: Getreide und Brot, Wasser und Wein, dann Wohnen, Kleidung, Werkzeuge usw. Wenig ändere sich hier vom 16. bis zum 18. Jahrhundert und noch darüber hinaus. Vor allem aber bleiben die geografischen Vorgegebenheiten mit ihren ökologischen und biologischen Konsequenzen gleich.

Das statische Modell kann man, ähnlich wie die Fortschrittsidee, nicht nur deskriptiv verwenden, sondern auch *normativ*. Stillstand wäre dann ein Handlungsziel, eine politische Forderung. Dafür gebe ich zwei Beispiele. Das erste bezieht sich auf archaische Zeiten und findet sich bei Claude Lévi-Strauss (1908–2009), der „kalte" von „heißen" Gesellschaften unterscheidet. Letztere entwickeln sich so rasant, dass sie wie eine Maschine „heiß" laufen, also in Gefahr stehen zu explodieren. Das gelte vor allem für die Moderne, deren Dynamik auf einen Zustand der Entropie zulaufe (1978: 411). Hingegen versuchen die *kalten Gesellschaften*, mit ihren Institutionen „auf gleichsam automatische Weise die Wirkung zu annullieren, die die historischen Fakten auf ihr Gleichgewicht und ihre Kontinuität haben könnten" (1968: 270). Wenn dies gelinge, haben die „kalten" Gesellschaften deshalb keine kumulative, sondern eine stationäre Geschichte (1972:

37 ff.). So werden beispielsweise die demografischen Faktoren kontrolliert – damit sich bloß nichts ändere. Jedem Mitglied eines australischen Stammesverbandes wird ein heiliger Stein, ein Tsuringa, zugeteilt; ein Kind darf erst geboren werden (oder besser: die Geburt überleben), wenn ein Stein durch den Tod eines anderen Gruppenmitglieds frei wird (1968: 274–278). Viele andere „Kontrollriten" tragen dazu bei, den Stillstand festzuschreiben. Die „kalten" Gesellschaften, so legt Lévi-Strauss nahe, bilden keine zeitliche oder historische Identität aus, sondern eine räumliche oder geografische. Man bezieht sich nicht auf wichtige Ereignisse der Vergangenheit, sondern „möbliert" gleichsam die Lebenswelt mit heiligen Gegenständen, die als „unverrückbar" gelten. An die Stelle einer chronologischen Ordnung treten umfassende Klassifikationssysteme.

Die von Lévi-Strauss beschriebenen Sozialverbände wollen so bleiben, wie sie sind und immer waren. Seit der Sattelzeit leben wir aber in Gesellschaften, die sich ständig wandeln und sich selbst auf einer aufsteigenden Linie sehen. Angetrieben werden sie vor allem von ihrem ökonomischen System. Aber kann das ewig so weitergehen? Als einer der ersten modernen Denker hat John Stuart Mill (1806–1873) am wirtschaftlichen Wachstum tiefgründige Zweifel geäußert. Dabei argumentiert er utilitaristisch, aber mit wesentlichen Differenzen zu Jeremy Bentham, dem Begründer dieser Denkrichtung. Für Mill ist das größtmögliche Glück aller keineswegs an Lustmaximierung und steigenden materiellen Reichtum gebunden; vielmehr erfordere die menschliche Entwicklung qualitative Standards an Lebensfreude. Deshalb befürwortet Mill bestimmte politische Maßnahmen, die die wirtschaftliche Entwicklung in einen *stationären Zustand* einmünden lassen. Dem könnten eine Rahmenordnung für den Markt, Eingriffe in die Eigentumsverteilung und effektive Steuergesetze dienen (vgl. Zinn 2011). Der späte Mill sympathisiert sogar mit sozialistischen Ideen, um den permanenten Konkurrenzkampf zu beenden. Am wichtigsten war ihm aber, dass das Bevölkerungswachstum zum Stillstand komme; denn die Existenz einer größeren Zahl von Menschen erfordere auch mehr Güter. Wenn die Anzahl der Menschen zu groß werde, sei es auch für den Einzelnen immer schwerer, sich zurückzuziehen und für sich allein zu sein; Einsamkeit ist nämlich für Mill erstrebenswert, um seine kreativen Potentiale zu entwickeln (2006, Bd. II: 752–757)

In den reichen Ländern der Erde ist seit den 1970er Jahren eine demografische Balance erreicht; die Bevölkerungszahl steigt nicht mehr. Was sich aber Mill nicht vorstellen konnte, ist die immer weitere Ausdehnung unserer materiellen Bedürfnisse. Auch deshalb wird an der Wachstumsideologie festgehalten und jedes Anzeichen einer säkularen Stagnation bekämpft. Aus heutiger Sicht wirkt geradezu prophetisch, dass Mill auch die zunehmende Naturzerstörung als Grund nennt, um zu einem stationären Zustand zu gelangen und die Beschleunigung der

Geschichte zu beenden. Gerade mit diesem Argument wird Mill zum wichtigsten Vorläufer der heutigen Postwachstumsökonomie (Daly 1996).

5.2 Kreis

Im zweiten Modell werden in den geschichtlichen Verläufen sehr wohl relevante Veränderungen entdeckt. Was passiert, geschehe in einer bestimmten zeitlichen Abfolge, und zwar so, dass ein früherer Zustand wiederkehrt. Geschichte besteht also aus Zyklen (Kreisen). Das erlaubt einfache Prognosen. Wenn normalerweise nach A (t_1) der Zustand B (t_2) folgt, wir jetzt (t_3) bei A sind, kommt bald (t_4) B, dann erneut (t_5) A. Wenn die Kreise relativ klein sind und sich ständig wiederholen, nähert sich das zyklische Modell dem statischen. Zum zyklischen Modell zählen wir aber auch Halbkreise (Bögen), etwa den Lebenslauf eines organischen Wesens, der mit der Geburt beginnt und im Tod endet. Zwischen Anfang und Ende gibt es eine Aufstiegsphase, aber nach dem Erreichen des Höhepunkts eine Abstiegsphase. Die Formalisierung könnte lauten: 0 (t_1), 1 (t_2), 2 (t_3), 1 (t_4), 0 (t_5). Auch hier sind Prognosen möglich: Ist der Gipfel (2) erklommen, folgt der Niedergang. Ein Halbkreis wird nur einmal durchlaufen, während dies beim Kreis auch mehrmals möglich ist. In einer etwas anderen Terminologie unterscheidet man zwischen Kurve und Welle.

Welche Kräfte und Gesetze bewirken solche Zyklen? In den ersten beiden Varianten, die im Folgenden darzustellen sind, wird die menschliche Welt übergeordneten Sphären angeglichen, zum einen dem Universum, also dem Seienden im Ganzen (kosmische Variante), zum anderen der lebendigen Natur (biologische Variante). In der dritten und vierten Variante werden Zyklen für wichtige Teilbereiche der menschlichen Welt behauptet, nämlich die Herrschaftssysteme (politische Variante) und das Wirtschaftssystem (ökonomische Variante).

Beginnen wir mit der Variante, in der sich das Kreismodell an den *kosmischen Zyklen* des Himmels orientiert. Das Argument lautet, dass die Geschichte den übergeordneten Gesetzen des Universums unterworfen sei. An der Wirkungsmächtigkeit dieser Auffassung bestehen keine Zweifel, denn viele wichtige historische Begriffe stammen aus der Astronomie: „Periode" (perihodos = Umlauf), „Revolution", „Konstellation", „Epoche", „Phase" (vgl. Demandt 1978: 126 ff.).

Ein solches Denken ist schon in archaischen Gesellschaften weit verbreitet, vielleicht stärker als das statische Modell. So meinte jedenfalls Mircea Eliade (1994). Nach seinen Studien orientierte man sich in vorhochkulturellen Zeiten vor allem an kosmischen Zyklen, die in rituellen Handlungen nachgeahmt wurden. Grundlegend sei das Bedürfnis nach periodischer Erneuerung, das zugleich als Akt der regelmäßigen „Reinigung" verstanden werde. Schöpfung sei kein einmaliger Akt, sondern geschehe immer wieder nach einer bestimmten Regel; sogar die Zeit werde ständig erneuert. Weiterführungen findet man in den großen Hochkulturen Mesopotamiens und Altägyptens, die bereits schriftliche Aufzeichnungen kennen und Himmelsbewegungen notieren können.

Besonders beliebt sind zyklisch-kosmische Modelle, überhaupt das zyklische Denken, aber in der griechischen Antike – und der herausragende Vertreter ist *Platon* (428–348 v. u. Z.). Während die unbewegten Ideen zeitlos seien und es in der realen Welt eher bergab gehe (siehe nächster Abschnitt), wird der Zwischenbereich von Zyklen durchzogen (vgl. Gaiser 1963: 27–32, 203–289; Hösle 1984: 589–605). So wie die Kugel für Platon den vollkommenen Körper darstellt, so ist der Kreis die vollkommene Bewegung (Timaios 34a). Allerdings müsse man drei Dimensionen unterscheiden: Seele – Polis – Kosmos.

Wie lange dauern die Zyklen? Aus verschiedenen Andeutungen Platons kann man auf folgende Zahlen schließen: Ein menschliches Leben währe bestenfalls 100 Jahre, eine Polis könne 3000 Jahre existieren und der große kosmische Zyklus betrage 36.000 Jahre. Somit verhalten sich die Lebensdauer von Seele, Polis und Kosmos zueinander wie Tag, Monat und Jahr (Gaiser 1963: 273f.). Auf kosmische Zyklen bezieht sich die Idee des „vollkommenen Jahres", nach dessen Ablauf die acht Himmelskörper wieder ihren Ausgangspunkt erreicht hätten (Timaios 39d). Damit lässt sich ein Mythos verbinden, den ein Fremder aus Elea erzählt: In zwei großen Zyklen, einmal unter Kronos, einmal unter Zeus, bewege sich der gesamte Kosmos in entgegengesetzte Richtungen (Politikos 268d ff.). Auch bei Aristoteles, den Stoikern und Cicero gibt es ähnliche Spekulationen über ein solches Weltenjahr, für dessen Dauer recht unterschiedliche Spannen vorgeschlagen werden (vgl. Demandt 1978: 140).

Unterschiedliche Auffassungen gibt es in der Antike auch zur *Zahl der Zyklen*. Wie oft werden diese durchlaufen? Das Spektrum der Antworten reicht von 1 bis unendlich. So nimmt etwa Lukrez nur einen einzigen großen kosmischen Umlauf an; die „machina mundi" (V 96) werde geboren wie ein Organismus, entwickele sich, aber werde ganz plötzlich auch sterben (V 65ff., 238ff., vgl. II 1144ff.). Hingegen findet sich bei dem Aristoteles-Schüler Eudemos von Rhodos bereits die Lehre von der ewigen Wiederkehr der Dinge (Diogenes Laertius I 9), die einige Stoiker aufgreifen. Wenn diese zutreffe, so wird spekuliert, würde es irgendwann wieder einen Sokrates geben, der eine Xanthippe heirate und vor Gericht stehe (Arnim 1978: 190). Das ergibt sich mit logischer Zwangsläufigkeit, wenn wir annehmen, dass die Zeit unendlich, aber der Raum und die Anzahl der Elemente endlich sind. Auf ähnliche Gedanken wird Friedrich Nietzsche später in einigen Notizen zurückgreifen, um sich selbst seine Lehre von der ewigen Wiederkunft plausibel zu machen (etwa KSA XI: 561). Diese kosmologische Version seiner

Lehre tritt aber in Nietzsches publizierten Schriften hinter der im weitesten Sinne ethischen Version zurück (vgl. Magnus 1973).

Zyklische Modelle führen auch zu der Annahme, dass Wasser (Sintflut, Kataklysmos) oder Feuer (Weltenbrand, Ekpyrosis) regelmäßig die Welt zerstöre, aber nach den Katastrophen immer die Neuschöpfung folge, eine *Palingenese*. Das findet man auch im altorientalischen Denken (Gilgamesch-Epos) und in der germanischen Mythologie (Weltenbrand, ragnarök). Ein Anhänger dieser Theorie ist wiederum Platon, der schreibt: „Viele und mannigfaltige Vernichtungen der Menschen haben stattgefunden und werden stattfinden, die bedeutendsten durch Feuer und Wasser, andere, geringere, durch tausend andere Zufälle." (Timaios 22b/c, vgl. Politikos 270c, Kritias 111b u. Nomoi 676b ff.). Es gebe viele Sintfluten, wobei man sich nur noch an die jeweils letzte erinnere, die die Griechen mit dem Namen Deukalion verbinden. Unter den vielen späteren Autoren der Antike, die solche Vorstellungen vertreten, ist Seneca hervorzuheben, der sich auf einen ominösen babylonischen Priester namens Berossos (ca. 300 v. u. Z.) beruft (N.Q. III: 29, 1) und sich überhaupt dem Weltuntergang nahe wähnt.

Im Unterschied dazu gibt es für die jüdische, christliche und islamische Religion nur eine einzige Sintflut. Im Alten Testament verspricht Gott dem Noah nach seiner Rettung, dass es keine weiteren Überschwemmungen dieser Art mehr geben werde (1. Mose 9: 11 u. 15, vgl. Jesaja 54: 9). Auch der Koran kennt nur eine Sintflut (Sura 11: 25–48, vgl. Sura 7: 59–64, Sura 54: 11 ff. u. ö.). Ein anderes Beispiel ist die Rolle der Religionsstifter: Weil das zyklische Denken in Indien so stark dominierte, machte man in späteren Zeiten aus dem einen Gautama Sankhyamurti eine endlose Kette von Buddhas. Im Gegensatz dazu steht die Abfolge der Propheten im Islam: Diese endet definitiv mit Mohammed, eine Fortsetzung ist nicht vorgesehen. Man vergleiche auch den Unterschied zwischen der zyklischen Seelenwanderungslehre und der Lehre der einmaligen Inkarnation. Bezeichnend ist, wie Augustinus gegen die Lehre von der ewigen Wiederkehr des Gleichen polemisiert; diese sei töricht und ein Possenspiel (vgl. CD XII, 21 u. 14). Es gebe sehr wohl Neues in der Geschichte, nämlich die Menschwerdung Gottes in Jesus Christus, die sich nur ein einziges Mal ereignet habe.

In der *Renaissance* werden Kreislaufmodelle noch einmal rehabilitiert. Das ergibt sich schon aus dem Epochenbegriff, obwohl dieser erst Mitte des 19. Jahrhunderts eingeführt wurde. Denn die Renaissance-Denker sahen die Antike als Höhepunkt kultureller Entwicklung, dem mit dem Mittelalter ein tiefes Wellental folgte, dem man jetzt wieder entkommen sei. Daraus ergibt sich ein zyklisches Modell, insbesondere für die Künste. Paradoxerweise wurde gerade in einer Zeit, die vor allem in Italien eine sensationelle Neuerung nach der anderen hervorbrachte (man denke nur an die Zentralperspektive in der Malerei), die Antike als unübertreffbares Vorbild angesehen. Mit wenigen Ausnahmen sahen die großen

Künstler ihr Ziel darin, wieder auf das früher erreichte Niveau zu gelangen, wobei ein neuer Abstieg als gewiss angenommen wurde. Bestenfalls wurde zugestanden, man solle die Antike nicht nachahmen (imitatio), sondern ihr nacheifern (aemulatio), auf keinen Fall aber Neues erfinden (inventio). Das ändert sich erst in der frühen Neuzeit.

Die zweite Variante des Kreismodells, zu der wir jetzt kommen, postuliert *biologische* Zyklen. Das Argument lautet, dass die Geschichte denselben Gesetzen gehorche wie das Leben. Es gebe keine speziellen Regeln für den kulturellen Bereich und die Gesetze, die für die anorganische Materie oder die Sterne gelten, kämen nicht in Betracht. Stattdessen folgen Leben wie Geschichte immer demselben Zyklus mit Geburt, Wachstum, Verfall und Tod. Im Grunde handelt es sich also gar nicht um einen Kreis, sondern einen Halbkreis. Wenn man aber davon ausgeht, dass das jeweilige Subjekt (ein Individuum, eine Kultur) nach seinem Ableben in den Ursprung (die Mutter Natur, die Erde) zurückkehrt und dann eine Art Wiedergeburt stattfinde, gleicht das organische Leben einem Kreislauf. Auch die Jahreszeiten sind ein Vorbild: die Geburt im Frühling, die Blütezeit des Sommers, der langsame Niedergang des Herbstes und der Tod im Winter, aus dem aber im Frühling wieder neues Leben entspringt.

Ein später Vertreter dieses Ansatzes ist *Oswald Spengler* (1880–1936), der deshalb zu Recht der Lebensphilosophie zugeordnet wird. Er unterstellt der gesamten Geschichte eine „organische Struktur" (1972: 6) mit einer geringen Anzahl bedeutsamer Lebewesen, nämlich den acht großen Kulturen: die altägyptische, die babylonische, die chinesische, die indische, die antike, die arabische, die altamerikanische und die abendländische. Hinzu komme noch die russisch-orthodoxe Kultur, die ihre Blütezeit vielleicht noch vor sich habe (vgl. Kraus 2018). „Diese Kulturen, Lebewesen höchsten Ranges, wachsen in einer erhabenen Zwecklosigkeit auf wie Blumen auf dem Felde. … Ich sehe in der Weltgeschichte das Bild einer ewigen Gestaltung und Umgestaltung, eines wunderbaren Werdens und Vergehens organischer Formen." (1972: 29) Die Kulturen besitzen also einen Lebenszyklus, der von Geburt und Kindheit über Jugend und Erwachsenenzeit bis zu Alter und Tod reicht. Auch die Parallele mit den Jahreszeiten wird aufgegriffen: Frühling – Sommer – Herbst – Winter. Da sich zwischen den acht Zyklen, wie Spengler meint, markante Ähnlichkeiten zeigen, sei es möglich, die Zukunft unserer Kultur vorherzusagen: Diese habe nämlich ihren Höhepunkt längst überschritten, was sich vor allem an Kunst, Musik und Philosophie zeige. Barock, Bach und Leibniz stünden für den „Sommer", die Kultur im eigentlichen Sinne; Klassik, Beethoven und Hegel seien bereits typisch „Herbst". Jetzt folge der „Winter", das langsame und langwierige Dahinsiechen einer Kultur, das Spengler in Anlehnung an Nietzsche als Zivilisation bezeichnet. Mit der von ihm entwickelten „Methode der vergleichenden historischen Morphologie" (1972: 63) könne man deshalb auch die Geschichte vorhersagen. Eine ähnliche, aber viel fundiertere Theorie der Kulturzyklen hat später Toynbee (1970) vorgelegt.

Im Grunde überträgt Spengler das, was schon immer für Herrschaftssysteme behauptet wurde, auf größere soziale Gebilde wie seine „Kulturen". Jene These aber, dass es *politische* Zyklen gebe, ist seit der Antike verbreitet. Diese Variante geht erneut auf Platon zurück, und zwar auf seine Idee von einem Kreislauf der politischen Verfassungen. Dass es in Griechenland zwischen dem 6. und 3. vorchristlichen Jahrhundert einen ständigen Wandel (anakyklosis) der politischen Systeme gab, war vielen aufgefallen. Im 8. Buch der *Politeia* lässt Platon über eine mögliche Gesetzmäßigkeit spekulieren, die aber ein Verfallsprozess ist: Aristokratie → Timokratie → Oligarchie → Demokratie → Tyrannis. Aristoteles hat dies im fünften Buch seiner *Politik* ausdrücklich kritisiert und sehr differenzierte Überlegungen dazu angestellt, wie sich die einzelnen Verfassungen verändern, ohne daraus eine Regel abzuleiten. Allerdings hat er an anderer Stelle, im dritten Buch, ebenfalls eine Abfolge postuliert, die dem jedoch widerspricht: Königtum → Politie (als beste Verfassung) → Oligarchie → Tyrannis → Demokratie (1286 b8–22).

Anknüpfend an Platon und Aristoteles findet sich die klassische Version eines Kreislaufes der Verfassungen bei Polybios (ca. 200 bis 120 v. u. Z.), dem dritten großen Historiker nach Herodot und Thukydides. Im sechsten Buch seiner *Historien* geht er von dem von Platon stammenden Schema aus, dass es drei politische Ordnungen gebe: Einer regiert, einige regieren (egal ob wenige oder viele), alle regieren. Diese Verfassungen könne es jeweils in einer guten und einer schlechten Form geben, so dass man insgesamt auf sechs Systeme komme. Dann postuliert er folgendes „Naturgesetz": Königtum → Tyrannis → Aristokratie → Oligarchie/Plutokratie → Demokratie → Ochlokratie/Anarchie (VI 4–9). Dem schließt sich später Cicero an (De re publica II 45). Realhistorisch lässt sich ein solcher Kreislauf kaum belegen. Auch Polybios erwähnt ihn nur und widmet sich darüber hinaus ausführlich den konkreten Geschehnissen der Vergangenheit. Letztlich propagiert er sogar ein teleologisches Geschichtsbild: Das Durcheinander der griechischen Welt finde sein wohlverdientes Ende und das römische Imperium schaffe einen stabilen Frieden (VI 2). Später, nach der tausendjährigen Geschichte des Römischen Reiches, hatte sich die Idee vom Kreislauf der politischen Verfassungen ohnehin desavouiert.

Aber das zyklische Modell kann natürlich auch auf *Imperien* übertragen werden; Aufstieg und Untergang des Römischen Reiches gelten dafür lange als exemplarisch. Eine interessante Version aus einem anderen Kulturkreis finden wir bei Ibn Khaldūn (1332–1406), mit vollem Namen Abd ar-Rahman ibn Muhammad ibn Khaldūn al-Hadrami, geboren in Tunis, gestorben in Kairo. Er ist einer der wichtigsten muslimischen Gelehrten überhaupt und kann unter anderem als einer der Begründer der Kulturphilosophie angesehen werden. Als guter Moslem bestreitet er nicht, dass Gott ewig und unwandelbar ist; der Islam als die von Mohammed gestiftete Religion bleibe ebenfalls von allen Veränderungen verschont. Aber in der realen Geschichte erleben die großen Kulturen, Reiche und Zivilisationen immer wieder einen Zyklus von Aufstieg und Verfall. An den Überlegungen von Ibn Khaldūn ist bemerkenswert, dass er nicht machtpolitisch oder moralisch argumentiert, sondern primär soziologisch; ihn interessieren die Kräfte, die eine Gemeinschaft zusammenhalten und zu großen kollektiven Leistungen befähigen. Er unterscheidet, grob gesagt, drei Phasen: In der ersten gelinge einem Sozialverband durch gemeinsame Anstrengung aller Kräfte der politische und kulturelle Aufstieg; wichtig sei vor allem das Zusammengehörigkeitsgefühl (asabiyya). Dann könnten auch scheinbar mächtigere Staaten besiegt werden. Nach dem Triumph und einer kurzen Plateauphase beginne schon der Abstieg: Das Gemeinschaftsgefühl lasse nach, vor allem in den reichen Städten; jeder denke nur noch an sich, bestenfalls an seine eigene Familie. Zudem komme es zu einer luxusbedingten Verweichlichung, die schließlich den Verfall der gesamten Kultur bewirke. So erhielten wieder andere Sozialverbände die Chance zum Aufstieg (Ibn Khaldūn 2011, vgl. Gellner 1985).

Ähnliche Modelle werden auch heute noch vertreten, sowohl für Imperien als auch für Hegemonialmächte (vgl. Dehio 1948, Kennedy 1987, Menzel 2015). Wir können allgemein von *Machtzyklen* sprechen. Ein Imperium ist ein internationales Herrschaftssystem, ein Hegemon ist eine internationale Führungsmacht. Das Römische Reich seit Augustus war ein Imperium, Athen unter Perikles eine Hegemonialmacht. In den Zeiten des Kalten Krieges war die Sowjetunion ein Imperium, die USA ein Hegemon; deshalb hat Moskau den Prager Frühling 1968 gewaltsam niedergeschlagen, während Frankreich problemlos 1966 die NATO-Institutionen verlassen konnte. Sowohl für Imperien als auch für Hegemonien lassen sich zyklische Modelle vertreten: Aufstieg, Blütezeit, Niedergang. Viele Versuche, ein Imperium dauerhaft zu etablieren, scheitern. Ein paradigmatischer Fall ist das Römische Reich, das sich mit dem Sieg über Karthago etablierte. In der Zeit der Bürgerkriege des ersten vorchristlichen Jahrhunderts hätte es wieder untergehen können, aber es gelang der Übergang in die stabile Ordnung der Kaiserzeit. Nach der maßgeblichen Herrscherfigur wird dies als „augusteische Schwelle" bezeichnet, nach der das System nicht nur politisch und militärisch, sondern auch ideologisch und personell stabilisiert wird (Münkler 2008: 80, 89, 112). Imperiale Zyklen können kurz sein, Imperien stürzen manchmal überraschend schnell zusammen, eines der besten Beispiele ist die Sowjetunion. Hegemoniale Zyklen sind lang, weshalb in den Niedergangsphasen heftige Debatten darüber stattfinden können, wie sich gegensteuern lasse. In der Vergangenheit hat vor allem China mehrere imperiale Zyklen durchlaufen; Epochen der großen

Uneinigkeit wie zuletzt im 10. und im 20. Jahrhundert konnten überwunden werden. Großbritannien schaffte immerhin zwei Zyklen. Der erste begann im 17. Jahrhundert und geriet mit dem Abfall der US-Staaten in eine große Krise; hinzu kam die französische Herausforderung um 1800. Aber Großbritannien gelang es, einen zweiten Zyklus zu durchlaufen, der erst Mitte des 20. Jahrhunderts endgültig beendet wurde (vgl. Menzel 2015, Kap. 12 u. 13). Den entscheidenden Faktor für den Niedergang sehen viele in der „Überdehnung" des Herrschaftssystems, der beim British Empire spätestens in den 1920er Jahren offensichtlich wurde. In den 1980er Jahren wurde eine solche Überdehnung auch für die USA diagnostiziert. Dann brach überraschend der große Gegenspieler, das sowjetische Imperium, zusammen. Aber nach dem Debakel, das der Irak-Krieg 2003 ausgelöst hatte (und nach der großen Finanzmarktkrise von 2008), lebte die Debatte wieder auf: Der US-Zyklus nähere sich seinem Ende; mit China stehe eine der großen alten Mächte bereit, wieder in die Führungsrolle einzutreten. Dieses Drama spielt sich heute vor unser aller Augen ab.

Am bedeutsamsten ist das zyklische Denken aber in der Wirtschaftsgeschichte. Ein tiefer Grund dafür mag, wie bei Platon, die Orientierung an mathematischen Modellen sein. Aber wie dem auch sei, überall werden *ökonomische Zyklen* vermutet oder postuliert. Es gibt Konjunkturzyklen verschiedener Art, zudem den Schweinezyklus, die Kuznets-Kurve (siehe Kap. 7), die Great-Gatsby-Kurve, die Produktlebenszyklen usw. Geschichtsphilosophisch am interessantesten ist die *Theorie der langen Wellen*. Entwickelt wurde diese von Nikolai Dmitrijewitsch Kondratjew (1892–1938), einem russischen Wirtschaftswissenschaftler, der sich 1917 an der Februarrevolution beteiligte und unter Kerenski sogar ein Ministeramt übernahm. Später sympathisierte er mit der 1921 von Lenin eingeführten Neuen Ökonomischen Politik; nachdem diese beendet worden war, verlor Kondratjew jeden Einfluss, kam 1930 ins Gefängnis und wurde 1938 von Stalins Schergen ermordet.

Im Gegensatz zu positiv-linearen Fortschrittsmodellen und den Katastrophentheorien, die nach einem Zusammenbruch einen erfolgreichen Neubeginn prognostizieren, meinte Kondratjew beobachten zu können, dass die Wirtschaftsgeschichte zyklisch verlaufe. Ein Kondratjew-Zyklus dauert nicht wenige Jahre wie ein Konjunkturzyklus, sondern mehrere Jahrzehnte. Am Anfang stehen, so die Grundidee, fundamentale technische Neuerungen (disruptive Innovationen), die über Jahrzehnte verbessert werden und bestimmten Wirtschaftszweigen über viele Jahre zu einem massiven Aufschwung verhelfen. Allerdings muss in die entsprechenden Branchen auch heftig investiert werden. Nach zwei oder drei Jahrzehnten jedoch flacht die Kurve ab, obwohl die technische Entwicklung durchaus voranschreiten kann. Schließlich kommt es zu einem Abschwung, der sich ebenfalls über zwei oder drei Jahrzehnte hinzieht. Hinzuzufügen ist allerdings, dass die Kondratjew-Zyklen meistens mit dem positiv-linearen Modell des Wirtschaftswachstums kombiniert werden; die Wellen verlaufen, auch im absteigenden Teil, insgesamt nach oben (vgl. Kondratjew 1926).

Das alles ist strittig. Einwände richten sich gegen theoretische Ungereimtheiten, empirisch-historische Fehler und prognostische Schwächen von Kondratjews Hypothesen. Wie werden die langen Wellen letztlich ausgelöst? Kann man in einer Abschwungphase gegensteuern? Möglicherweise handelt es sich beim ganzen Ansatz um eine schiefe Konstruktion mit statistischen Artefakten. Dennoch haben viele prominente Ökonomen die Theorie der langen Wellen aufgegriffen. Als erstes zu nennen ist Joseph Schumpeter, der diese in seine wirtschaftsgeschichtlichen Überlegungen integrierte. In späteren Jahrzehnten haben marxistische Theoretiker wie Ernest Mandel und Immanuel Wallerstein dieses Modell weiterentwickelt. Einige Autoren wollen die Kondratjew-Zyklen sogar schon im europäischen Mittelalter und früher in anderen Kulturkreisen entdecken. Vor einer solchen Ausweitung ist zu warnen, aber als diagnostisches Schema hat sich die Theorie der langen Wellen durchaus bewährt (vgl. Menzel 1996).

Seit der industriellen Revolution, so die Standardversion, habe es *fünf lange Wellen* gegeben. Die erste begann irgendwann in der zweiten Hälfte des 18. Jahrhunderts in Großbritannien, wurde durch technische Innovationen wie die Dampfmaschine und mechanische Spinnmaschinen ausgelöst sowie primär von der Textilindustrie getragen. Die zweite lange Welle begann um 1830, wurde durch neue Verfahren der Eisenverhüttung initiiert sowie durch die Stahlindustrie bestimmt; eine große Rolle spielte auch die Eisenbahn. Die dritte lange Welle begann um 1880; sie wurde durch elektrotechnische und chemische Innovationen angestoßen und beförderte dementsprechend die Elektro- und Chemie-Industrie. Ihr entspricht in Deutschland der organisierte Kapitalismus des Wilhelminischen Zeitalters. Der vierten langen Welle korrespondiert der Fordismus; die wichtigste Branche ist die Autoindustrie, als eine entscheidende technische Innovation gilt das Fließband. Verzögert durch die beiden Weltkriege und die schweren Wirtschaftskrisen der Zwischenzeit kam diese lange Welle erst nach 1945 zum Durchbruch und führte zu den goldenen Jahrzehnten des Kapitalismus in der westlichen Welt. Seit 1970 geriet auch dieses Modell in eine große Krise. Früh wurde darüber spekuliert, was eine neue lange Welle tragen könne; es ist, wie jetzt jeder weiß, die Mikroelektronik oder digitale Technik, verkörpert durch den Computer und seit zehn Jahren durch das Smartphone. Diese fünfte lange Welle begann wohl schon in den 1980er Jahren. Manche sehen aber in der Finanzmarktkrise von 2008 den Kipppunkt, nach dem wir uns jetzt wieder in einem langen Abschwung befinden.

5.3 Verfall

Dass es abwärts gehe, ist sicher eine uralte Behauptung, vielleicht sogar die älteste Geschichtsauffassung, die es überhaupt in schriftlichen Zeugnissen der Menschheit gibt. Schon Homer konstatiert einen Verfall, zumindest für die kriegerischen Tugenden: Nestor weiß, dass frühere Helden wie Theseus tapferer und weiser waren als die Kämpfer vor Troja, die jedoch, so meint Homer, immer noch stärker seien als seine eigenen Zeitgenossen (Ilias I 250–273 u. V 303 f.). Die Kette sei also A (t_1) > B (t_2) > C (t_3).

Das herausragende antike Beispiel ist *Hesiod* (ca. 740 bis 670 v. u. Z.). In seiner Schrift *Theogonie* (dt. Göttergeburt) erzählt er den Mythos von der Entstehung der Welt und der Götter. In seiner anderen Schrift *Erga kai hemerai* (dt. Werke und Tage) finden wir die Lehre von den fünf Geschlechtern (Generationen, 106–200), die oft auch als „Weltalter" bezeichnet werden: Es beginnt mit dem Goldenen Zeitalter, dem das Silberne Zeitalter folgt. Das dritte Zeitalter wird als „ehern" (chalkeion) bezeichnet, was wohl auf Bronze verweist. Dann kommt das Heroische Weltalter, die Zeit der Helden, die aber vor Troja oder Theben starben (162–165). Hesiod selbst lebt, so meint er, im Eisernen Zeitalter, was insofern passt, als das Eisen in seinen Jahrhunderten zum wichtigsten Metall wurde. Wenn wir die fünf Phasen betrachten, so verschlechtert sich die Qualität des genannten Metalls; nur das Heroische Zeitalter passt nicht ganz in die Metaphorik. Spätere antike Schriftsteller haben die Verfallsdiagnose fortgeschrieben: So behauptet Juvenal, es gebe „kein Metall, das gering genug wäre, die gegenwärtige Lage der Menschen zu versinnbildlichen", und Lukian meint, die Bezeichnung „bleiernes Geschlecht" wäre noch zu optimistisch (jeweils zit. nach Dodds 1972: 30). Was jedoch Hesiod betrifft, so darf man nicht übersehen, dass die Lehre von den fünf „Weltaltern" nur den Beginn seiner Schrift darstellt. In späteren Kapiteln fordert er, die Menschen sollten sich nicht in ihr Schicksal ergeben oder in die Kontemplation flüchten, wie es einige andere Autoren nahelegen würden. Vielmehr schildert Hesiod ausführlich, dass das Recht (dike, 212 ff.) und harte Arbeit (285 ff.) uns aus dem Elend herausführen.

Für die Abfolge der Weltalter könnte es in Form und Inhalt einige Vorbilder aus den alten Hochkulturen geben, vor allem aus Mesopotamien und Ägypten. Konkret wird spekuliert, ob Hesiods Stufenfolge auf eine persische Erzählung namens „Bahman Yašt" zurückgeht (Schönberger 1996: 103 ff.). In dieser zeigt der Gott Ahura-Mazda dem Zarathustra einen Baum, dessen vier Zweige aus unterschiedlichen Metallen sind (Gold, Silber, Kupfer, Eisen) und vier Zeitalter symbolisieren. Schriftlich fixiert wurden solche zoroastrischen Ideen allerdings erst in der Sassaniden-Zeit, wohl im 5. nachchristlichen Jahrhundert. Älter ist wahrscheinlich die indische Lehre von den vier Zeitaltern, die ebenfalls in absteigender

Folge stehen; das älteste Weltalter, „Krita Yuga" (oder „Satya Yuga"), sei das beste gewesen (vgl. Eliade 1994: 126 ff.).

Den Mythos, dass ein Goldenes Zeitalter am Anfang der Geschichte stand, gibt es wohl fast überall. Im jüdisch-christlichen Denken steht dafür das Paradies. Auch die klassische *chinesische Philosophie* orientiert sich fast durchgängig an einer glorifizierten Vergangenheit (Schleichert 1990: 9 ff.). Allerdings gibt es Unterschiede zwischen den wichtigsten Strömungen: Für Kongzi war das Goldene Zeitalter die frühere (westliche) Zhou-Dynastie, die 770 v. u. Z. nach Überfällen von Nomaden unterging (vgl. Lun-yu VIII: 20). Kurz und bündig heißt es bei ihm: „Ich glaube an das Alte und liebe es." (ebd. VII: 1; vgl. VII: 20). Der Mohismus bezog sich auf eine noch frühere, nur durch Mythen fassbare Phase, in der edle Kaiser herrschten (vgl. Bauer 1974: 59 f.). Noch radikaler waren die Daoisten: Sie wollten zum „Wurzelgrund" zurückkehren, das heißt in einen Zustand, in dem sich biologische und soziokulturelle Komponenten gar nicht trennen lassen (Laozi §§ 16, 52). Nur in der Härte und Bescheidenheit einer mit der Natur verbundenen Existenz könne man die Entfremdung überwinden, die alle Epochen und das gesamte gesellschaftliche Leben beschädige.

Welcher Verfall wird in den Abstiegsmodellen thematisiert? Fast immer geht es um einen *kulturellen* Niedergang. Das Spektrum der Dekadenzdiagnosen ist so weit wie der Kulturbegriff. Im engeren Sinne konstatiert man den Verfall der (schönen) Künste und der kulturellen Institutionen, in einem weiteren Sinne vor allem das Dahinschwinden unserer Kenntnisse und Wertorientierungen.

Der wichtigste antike Gewährsmann ist ein weiteres Mal niemand anderes als Platon: An verschiedenen Stellen postuliert er für die soziokulturelle Welt kein zyklisches, sondern ein negativ-lineares Modell. Im zweiten Buch der *Politeia* skizziert er auf idealtypische Weise den Verfall der ursprünglichen, aber gesunden Polis zu einer aufgeschwemmten, somit kranken Stadt (369b-374d, vgl. Gorgias 518e). Das wird ausdrücklich als gedankliche Konstruktion gekennzeichnet (Politeia 369a). Zwar habe es auch in der ursprünglichen Polis schon verschiedene soziale Gruppen gegeben, aber Gerechtigkeit auf Gegenseitigkeit habe ausgereicht (371e). Hier wird paradigmatisch das Argument einer *luxusbedingten Degeneration* entwickelt, das später immer wieder auftaucht, von den Römern über Ibn Khaldūn bis zur modernen Kulturkritik: Zunehmender Wohlstand führe zum Mehr-Haben-Wollen, zu inneren Konflikten und zu unnötigen Kriegen gegen äußere Feinde. Platon hatte sicherlich die Entwicklung seit dem Sieg über die Perser vor Augen. In seinen späten Dialogen postuliert Platon dann ein mythisches Ur-Athen, das gegen das mächtige Atlantis einen großen Krieg gewonnen habe. Dieses Athen, das vor 9.000 Jahren existiert haben soll, sei in jeglicher Hinsicht besser gewesen als das Athen seiner Zeit (Timaios 23e ff., Kritias 108e ff., vgl. Kratylos 397e ff.). Er spekuliert sogar über einen Zustand, in dem Gott selbst direkt regierte und es weder Mühe noch Krieg gab, so dass die Menschen tausendmal glücklicher waren als heute (Politikos 271d ff., vgl. Nomoi 713b ff.).

Weit verbreitet ist das Dekadenzdenken auch bei den Römern. Besonders nach dem Zweiten Punischen Krieg, der eigentlich deren Großmachtstellung etablierte, finden wir immer wieder die Klage, dass es mit Rom bergab gehe (vgl. Biesinger 2016). Der ältere Cato (150 v. u. Z.) fordert, dass die römische Jugend ihre Zeit nicht mit griechischer Philosophie, sondern mit einfacher Landarbeit verbringe. Sallust (40 v. u. Z.) schildert am Beispiel von Catilina und Pompeius den zerstörerischen Egoismus begabter Individuen. Tacitus (100 n. u. Z.) verachtet die korrupte Elite Roms, ob nun kaiserlich oder republikanisch gesinnt, und führt dieser sogar die Germanen als Vorbild vor Augen. In späteren Zeiten war es vor allem der Untergang des Römischen Reiches, der nach einer Erklärung verlangte. Unzählige Hypothesen sind entwickelt worden; einige wurden zu geschichtsphilosophischen Modellen verallgemeinert (Demandt 1984, ders. 2008: 488–497).

Kritische Diagnosen des Verfalls ziehen sich durch die gesamte Geschichte. Unterschiedlich sind gewiss die Gegenstände der Kritik, die Erklärungen für den Niedergang, die vorgeschlagenen Therapien sowie die rhetorischen Mittel und historischen Kontexte. Darauf brauche ich hier nicht einzugehen. Bedeutsam wird das Abstiegsmodell dann, wenn es sich gegen ein dominierendes Aufstiegsmodell richtet, wie es vor allem seit der frühen Neuzeit der Fall war. In der Regel wird dem technischen Fortschritt ein kultureller Rückschritt kontrastiert.

Von überragender Wirksamkeit sind deshalb die geschichtsphilosophischen Diagnosen von *Jean-Jacques Rousseau* (1712–1778). Seit dem Ende des 17. Jahrhunderts dominierte, wie im nächsten Abschnitt noch erläutert wird, in der französischen Kultur das positiv-lineare Modell. Der Aufstieg werde getragen von den Wissenschaften und den Künsten, so die verbreitete Auffassung. Damit lag nun aber folgende Frage in der Luft: Hat der Fortschritt der Wissenschaften und Künste auch zum Fortschritt der Sitten geführt? 1749 veranstaltete die Akademie von Dijon dazu ein Preisausschreiben, auf das Rousseau mit seiner berühmten *Ersten Abhandlung* reagierte (1988: 27–60). Was sind seine Thesen? Zunächst einmal bezweifelt er, dass es überhaupt einen wissenschaftlichen Fortschritt gegeben habe; denn jede Erkenntnis sei unsicher und meist durch Irrtümer erkauft. Zudem müsse man das bloße Wissen unterscheiden von echter Weisheit, die heute gewiss nicht größer sei als früher. Auch das Voranschreiten der schönen Künste sei zu bestreiten, denn der Geschmack der meisten Menschen sei verdorben. Noch schlimmer stehe es aber um unsere Sitten. Im zwischenmenschlichen Bereich gebe es keine Freundschaften und kein wechselseitiges Vertrauen mehr. Klassische Tugenden wie Tapferkeit und Bescheidenheit würden als Ideale abgelehnt. Die herrschenden Sitten seien jetzt bloße Konventionen, der Luxus verweichliche die Menschen und kriegerische Fähigkeiten seien verschwunden. Am schlimmsten aber stehe es um politische Tugenden wie den Bürgersinn und den Patriotismus, weshalb unser Gemeinwesen dem Niedergang geweiht sei.

Das scheinen radikale Thesen zu sein, aber radikal sind sie nur in Rousseaus Zeit. Denn die klassische Antike, je nach Geschmack entweder Griechenland oder Rom, war fast immer der historische Maßstab, der die eigene Epoche als Niedergangszeit auswies. Überraschend ist bestenfalls, dass für Rousseau neben der frühen Römischen Republik nicht Athen, sondern Sparta als Vorbild dient. Aber die Radikalität Rousseaus zeigt sich daran, dass er in der *Zweiten Abhandlung* mit dem Titel *Über die Ungleichheit unter den Menschen*, die 1755 erscheint (1988: 165 – 302), noch hinter die Antike zurückgeht, in ein Goldenes Zeitalter. Allerdings stehe dieses nicht am Anfang der Geschichte, sondern wird in die Mitte verlegt. Dadurch vermeidet Rousseau ein Grundproblem des Abstiegsmodells: Wenn man nicht mehr eine göttliche Schöpfung postulieren will, fällt es schwer, einen durchgängigen Verfall anzunehmen; im Extremfall müsste man sonst die Affen höherstellen als die Menschen.

Insgesamt unterscheidet Rousseau in dieser Schrift *fünf Stadien*. Im ersten Stadium gibt es nur isolierte einzelne Menschen, den „homme naturel", der als Sammler eine kärgliche Existenz fristet. Im zweiten Stadium kommt es zu lockeren Verbindungen der „Wilden", die gemeinsam jagen. Dann folgen im dritten Stadium die dauerhaften Verbindungen der „Barbaren", die als Hirten leben – genau dies ist für Rousseau das Goldene Zeitalter, eine Epoche, „die zwischen der Faulheit des ursprünglichen Zustands und der törichten Wirksamkeit unserer Eigenliebe die wahre Mitte hält" (1988: 238). Seitdem geht es wieder bergab: Das vierte Stadium bilden die Ackerbaugesellschaften, in denen unglücklicherweise das Eigentum entsteht (vor allem an Grund und Boden) und es zu dem Krieg eines jeden gegen jeden kommt, den Hobbes beschrieben hat. Deshalb wird im fünften Stadium ein Gesellschaftsvertrag geschlossen; Höhepunkt dieser Epoche sei die antike Polis, ob nun Sparta oder das frühe Rom. Die Menschen in dieser Phase sind jedoch völlig „denaturiert" und müssen es auch sein; sie sind nur noch Bürger (citoyen) und gehen in ihrer politischen Gemeinschaft auf. Dies setzt sich fort mit der Entstehung der bürgerlichen Gesellschaft, die durch das Geld bestimmt wird. Hier entstehe ein neuer Menschentypus, der bourgeois, der total vergesellschaftet ist, aber bei dem sich gerade deswegen auch die natürliche Eigenliebe in eine radikale Selbstsucht verwandelt hat. Obwohl alle egoistisch handeln und nur an sich denken, werden alle zu Knechten, so dass man in einen allgemeinen Despotismus hineingerate. Dennoch möchte Rousseau auch deutlich machen, dass es neue Chancen gibt, nämlich durch eine von der Gesellschaft abgeschottete natürliche Erziehung, durch die ein neuer „homme naturel" entstehen könnte.

Rousseaus Wirkung ist unvergleichlich; er wird in ganz Europa gelesen und inspiriert viele geistige Strömungen. Ohnehin ist Kulturpessimismus ein epochenübergreifendes und weltweites Phänomen. Dennoch hat Deutschland besonders viele „Propheten des Niedergangs" hervorgebracht (Herman 1998, vgl. Stern 1986). Es beginnt mit Johann Georg Hamann (vgl. Berlin 1982: 63–92), läuft über die Romantik zum Kulturpessimismus des Kaiserreichs und erreicht in der Weimarer Republik einen intellektuellen Höhepunkt. Der Kulturpessimismus der Adenauer-Jahre ist hingegen nur noch ein schwacher Aufguss. Das Zentrum der Verfallstheorien verlagert sich eher nach Frankreich und in die USA. Eine besonders wirkungsmächtige Schrift ist *The Closing of the American Mind* (1987) von Allan Bloom (1932–1992). Bloom, der wahrscheinlich wichtigste Schüler von Leo Strauss und einer der geistigen Väter der US-Neocons, scheut nicht vor gewagten Vergleichen zurück: „Die amerikanische Universität erlebte in den sechziger Jahren dieselbe Demontage ihres vernunftbestimmten Forschungsauftrages wie die deutsche Universität in den dreißiger Jahren." (1988: 412) Insbesondere deutsche Denker wie Marx, Nietzsche und Heidegger seien für diesen Niedergang verantwortlich (vgl. Lilla 2018).

Was ist von dem negativ-linearen Modell zu halten? Naheliegend ist es für die *Künste*. In diesem Bereich sind die Werturteile besonders umstritten, abhängig von kulturellen Rahmenbedingungen und beeinflusst durch biographische Prägungen. Deshalb wird gern an einstmals einleuchtenden Standards festgehalten, obwohl die ästhetischen Entwicklungen und die Geschmäcker der nachfolgenden Generationen längst über sie hinweggeschritten sind. Oft sind die Verfallsdiagnosen also bloß subjektiv und als solche schnell zu entlarven. Aber viele Künste und viele Kulturräume kennen tatsächlich ihre maßgeblichen Epochen, an denen man sich immer wieder orientiert, sowohl unter den Experten wie im Publikum. Oder will jemand behaupten, dass sich die gegenwärtige deutsche Literatur mit derjenigen der Klassischen Moderne messen könne? Entsprechendes gilt für das musikalische Schaffen von Bach über Beethoven und Wagner bis zu Mahler. Bedeutende künstlerische Leistungen früherer Zeiten bleiben unübertroffen. Dass künftig noch einmal ein so exzellenter Bildhauer wie Michelangelo auftritt, ist unwahrscheinlich. In der Malerei verbessern sich die technischen Fähigkeiten schon lange nicht mehr. Die unfassbare Kreativität Shakespeares überstrahlt bis heute die Theaterstücke der letzten Generationen. In vielen Künsten bleibt das 20. Jahrhundert hinter früheren Epochen zurück. Allerdings sind mit dem Kino und dem Jazz auch neue Künste entstanden. Einige meinen jedoch, dass diese ebenfalls schon ihre klassischen Zeiten durchlaufen haben – und wir seit einiger Zeit nur noch einen Niedergang beobachten.

Es gibt noch weitere Varianten des Abstiegsmodells, die nicht durch kulturelle, sondern durch andere Beobachtungen und Gründe gestützt werden. Drei

Argumente seien kurz dargestellt, das demografische, das ökologische und das thermodynamische.

Das *demografische Argument* wurde 1798 verbindlich formuliert im *Essay on the Principle of Population* von Thomas Malthus (1766–1834). Er richtete sich direkt gegen Condorcets Fortschrittstheorie (1798: 45–54, 75). Während die Wirtschaft eines Landes in arithmetischer Reihe wachse, also linear (1, 2, 3, 4, 5 usw.), vermehre sich die Bevölkerung in geometrischer Reihe, also exponentiell (1, 2, 4, 8, 16 usw.). Dadurch gerate ein Land (oder auch die gesamte Menschheit) in eine *Bevölkerungsfalle*; in wenigen Jahrzehnten, so Malthus, müsse es zu einer Katastrophe kommen, einer großen Hungersnot (1798: 44). Malthus hielt die Tragfähigkeit der Erde schon durch die um 1800 lebende eine Milliarde Menschen bedroht. Ergänzt wurde dieser Pessimismus noch durch Ricardos Gesetz vom abnehmenden Ertrag der landwirtschaftlich genutzten Böden. Im 19. Jahrhundert werden verschiedene mathematische Formulierungen solcher Populationsdynamiken versucht. Manche deuteten das rasante Wachstum der Weltbevölkerung als letzten Exzess unserer Gattung, nach dem nur noch Chaos und Selbstvernichtung folgen könnten.

Tatsächlich ist aber die von Malthus prognostizierte Katastrophe nicht eingetreten. Offensichtlich waren die Gegenkräfte stärker. Eine wichtige Rolle spielen technische Fortschritte in der Landwirtschaft, die die Ernährung von immer mehr Menschen erlauben. Erwähnenswert ist der Einsatz von Düngemitteln, zunächst mit den von Liebig 1840 entdeckten natürlichen Mineralien, dann durch die zu Beginn des 20. Jahrhunderts entwickelte industrielle Ammoniaksynthese, schließlich durch die grüne Revolution seit den 1960er Jahren (Pinker 2018: 100–107).

Zudem meinten viele Demografen in der Mitte des 20. Jahrhunderts, eine andere Tendenz zu entdecken, nämlich den *demografischen Übergang*, der sehr vereinfacht so aussieht (vgl. Birg 1996): In der ersten Phase gibt es hohe Geburten- und Sterberaten. In der zweiten Phase sinkt die Sterberate, während die Geburtenrate noch unverändert bleibt. Erst in der dritten Phase sackt auch die Geburtenrate auf ein niedriges Niveau ab. Nur in der mittleren Phase kommt es also zu einem starken Bevölkerungswachstum. In den westlichen Industrieländern begann diese Phase ungefähr 1840; aber schon vor dem Ersten Weltkrieg sanken die Geburtenziffern, so dass ungefähr 1980 das sichere Niveau des Nullwachstums erreicht werden konnte. In den 1950er Jahre nahm man deshalb an, dass die Dritte Welt nur diese Übergangsphase durchhalten müsse, um die Demografie wieder ins Gleichgewicht zu bringen.

In den 1960er Jahren stellte man jedoch fest, dass in den Entwicklungsländern zum einen die Geburtenrate höher, zum anderen die Sterberate niedriger ist als in den Industrieländern. Große Aufmerksamkeit erhielt 1968 der Physik-Nobelpreisträger Paul R. Ehrlich für seine Prognose, dass trotz aller Hilfsprogramme in den 1970er Jahren Hunderte von Millionen Menschen an Hunger sterben werden (1971: 13). Zwar starben drei bis vier Millionen, aber das sind doch erheblich weniger. Dennoch gibt es weiter viele Stimmen, die im Bevölkerungswachstum einen entscheidenden Niedergangsfaktor sehen, vor allem für soziale Konflikte, Pandemien und Hungersnöte (Weisman 2013). Ausschlaggebend ist aber sicher nicht bloß die steigende Bevölkerungszahl, sondern vor allem der explodierende Ressourcenverbrauch der Menschheit.

Das verweist schon auf das *ökologische Argument*, das ebenfalls herangezogen wird, um das negativ-lineare Modell zu stützen. Der zentrale Punkt ist, dass Wissenschaft und Technik sehr wohl in vielen Bereichen zu Verbesserungen führen mögen, aber auf mittlere und lange Sicht die Natur zerstören. Unsere äußeren Lebensbedingungen verschlechtern sich fortlaufend, ohne dass wir dies sofort merken würden. Entsprechende Diagnosen findet man sehr früh in der Geschichte. Dramatisch wird das ökologische Argument jedoch erst in der Moderne (vgl. Sieferle 1984).

Ein früher Vertreter, der sehr markige Worte findet, ist Ludwig Klages (1872–1956). Auf dem Ersten Freideutschen Jugendtag, der am 11. und 12. Oktober 1913 auf dem Hohen Meißner im Nordosten Hessens stattfand, sprach er ein berühmtes Grußwort, das später unter dem Titel *Mensch und Erde* veröffentlicht wurde, noch einmal 1980 übrigens mit einem neuen Vorwort von Bernhard Grzimek. Klages' Rede sei ausführlich zitiert. Er sagt, „daß der Fortschrittsgedanke" dem „herrschenden Denken die charakteristische Farbe leiht". Man fühle sich der Vergangenheit und anderen Kulturkreisen „überlegen", aber interpretiert Fortschritt bloß als vermehrte Macht und ignoriert die „furchtbaren Folgen" (1913: 614). Denn zahlreiche Tierarten werden vernichtet, die Vögel singen nicht mehr, Wälder und Landschaften werden zerstört, die Böden versiegelt, Drogen und Krankheiten verbreiten sich: „Eine Verwüstungsorgie ohnegleichen hat die Menschheit ergriffen, die ‚Zivilisation' trägt die Züge entfesselter Mordsucht, und die Fülle der Erde verdorrt vor ihrem giftigen Anhauch. So also sehen die Früchte des ‚Fortschritts' aus!" (ebd. 619) Die Menschen leben zusammengepfercht in riesigen Städten und kennen die Hochkultur früherer Zeiten nicht mehr, seien stattdessen gefangen im Wechselspiel von harter Arbeit und seichter Unterhaltung: „Kein Zweifel, wir stehen im Zeitalter des Untergangs der Seele. ... Die meisten leben nicht, sondern existieren nur mehr, sei es als Sklaven des ‚Berufs', die sich maschinenhaft im Dienste großer Betriebe verbrauchen, sei es als Sklaven des Geldes, besinnungslos anheimgegeben dem Zahlendelirium der Aktien und Gründungen, sei es endlich als Sklaven großstädtischen Zerstreuungstaumels" (ebd. 623). Letztlich gehe es nur um Macht, aber „Macht allein ist blind gegen alle Werte, blind gegen Wahrheit und Recht und, wo sie diese noch zulassen muss, ganz gewiß blind gegen Schönheit und Leben." (ebd. 614 f.) Viele Motive älterer Kulturkritik sind in dieser rhetorisch brillanten Rede ebenso zu finden wie Grundgedanken der deutschen Lebensphilosophie. In seinen späteren Schriften *Vom kosmogonischen Eros* (1922) und *Der Geist als Widersacher der Seele* (1929–32) hat Klages seine Kritik an der Moderne weiterentwickelt, nicht aber das ökologische Argument. Ähnliche fortschrittskritische Gedanken findet man bei vielen anderen Denkern in der Mitte des 20. Jahrhunderts, von Horkheimer/ Adornos *Dialektik der Aufklärung* (1944/47) bis zu Heideggers Technikphilosophie (vgl. Großheim 1996). Im letzten Drittel des 20. Jahrhunderts wird das ökologische Niedergangsargument dann in eine empirisch überprüfbare Form gebracht. Ein Meilenstein dafür ist der 1972 an den Club of Rome adressierte Bericht über die *Grenzen des Wachstums* (Meadows u. a. 1973).

Schließlich erhielt das Abstiegsmodell von unerwarteter Seite eine kräftige Unterstützung, nämlich aus der Physik. Ich meine das *thermodynamische Argument* beziehungsweise die *Entropie-These*. In der Thermodynamik, zu Deutsch der Wärmebewegungslehre, wurden drei Gesetzmäßigkeiten herausgearbeitet. Der erste Hauptsatz beruht auf einer der großen Entdeckungen der Physik des 19. Jahrhunderts, nämlich dem Nachweis, dass die verschiedenen Energieformen sich ineinander umwandeln lassen, Energie aber weder verschwinden noch geschaffen werden kann, so dass die Gesamtenergie eines abgeschlossenen Systems konstant bleibt. So sehr wir uns bemühen, in dieser Hinsicht kann die Menschheit überhaupt nichts Neues schaffen. Das scheint, übertragen auf die Geschichte, für das statische Modell zu sprechen oder, wie Nietzsche meinte, für die „ewige Wiederkehr" (KSA XII: 205). In der Mitte des 19. Jahrhunderts wurde aber parallel von britischen, französischen und deutschen Physikern der zweite Hauptsatz der Thermodynamik entdeckt: Zwar bleibe die Gesamtenergie konstant, aber sie tendiert dazu, bestimmte Formen anzunehmen. Zum einen wird mechanische Energie in der Regel immer in Wärmeenergie umgewandelt, zum anderen neigt die Wärmeenergie dazu, sich über das gesamte System zu zerstreuen (zu dissipieren). Insgesamt werden die Molekülbewegungen immer ungeordneter. Ein Beispiel für diesen Vorgang ist die größte Wärmequelle, die wir haben, unsere Sonne: In einigen Milliarden Jahren wird sie ausgebrannt sein, ihre Energie dissipiert im endlosen Raum des Universums. 1865 gab Rudolf Clausius dem zweiten Hauptsatz der Thermodynamik eine elegante mathematische Form. Dabei prägte er ein neues Wort: Entropie. Die Entropie eines Systems ist ein mit den Mitteln der mathematischen Wahrscheinlichkeitstheorie präzisierbares Maß für die Unordnung seiner Elemente. Der zweite Hauptsatz der Thermodynamik kann deshalb auch als Gesetz der wachsenden Entropie bezeichnet werden. Ein kleiner Trost ist, so der dritte Hauptsatz der Thermodynamik, dass der absolute Tiefpunkt niemals erreicht wird (vgl. Thies 2004).

Dennoch gebühre, so der Universalhistoriker David Christian, der Entropie die Rolle des großen „Schurken" in der Geschichte (2018: 35). Die natürliche Tendenz gehe immer von Ordnung zu Unordnung. Sowohl in der Natur als auch in der Geschichte werde dagegen angekämpft. Zur Verhinderung des Chaos werden neue Strukturen aufgebaut, sogar immer komplexere. Allerdings haben diese meistens eine geringere Lebenserwartung als kleine, aber robuste Ordnungen. Vor allem aber müsse für den Aufbau der Strukturen sehr viel Energie aufgewandt werden, von der ein großer Teil sinnlos verpuffe zu unnötiger Wärme, schädlichem Müll und weiteren Kollateralschäden. Das nennt Christian die „Steuern", die für zunehmende Komplexität zu zahlen sind (2018: 36, 57f., 264f., 314f.).

Der rumänisch-amerikanische Ökonom Nicholas Georgescu-Roegen (1987) hat deshalb sogar einen vierten Hauptsatz der Thermodynamik formuliert: Durch Arbeit wird Materie ständig von einem organisierten in einen weniger organisierten Zustand transformiert. Wenn wir etwa ein Haus bauen, erhöht sich nur scheinbar der Organisationsgrad der Materie; tatsächlich wird in großem Umfang organisierte Materie zerstört und nebenbei eine Unmenge Abfall produziert, dessen Recycling ausgeschlossen ist. Mäßigung, Verlangsamung und Kontemplation müssten an die Stelle von Wachstum, Beschleunigung und hektischer Aktivität treten. Sonst treibe das System nicht nur langfristig auf den Wärmetod zu, sondern schon mittelfristig auf die größtmögliche Unordnung. Entgegen den altgriechischen Szenarien entstehe nicht Ordnung aus Chaos, sondern Chaos aus Ordnung. Stillstand und Kreislauf seien unmöglich, erst recht Fortschritt.

5.4 Aufstieg

Im Verfallsmodell zeigt die Linie nach unten, im Aufstiegsmodell nach oben. Die vereinfachte Formel lautet also A (t_1) < B (t_2) < C (t_3). Entgegen einigen Vorurteilen gibt es auch für dieses positiv-lineare Modell die ersten Belege in der griechischen Antike, ohne dass man aber schon von einem ausgereiften Fortschrittsdenken sprechen könnte.

Am Anfang steht *Xenophanes*. Dieser vorsokratische Philosoph (ca. 570 bis 475 v. u. Z.) ist berühmt für seine Religionskritik, in der er vor allem anthropomorphistische Vorstellungen angreift. Stattdessen postuliert er einen ewigen und unbewegten Gott, vermutet aber auch, dass es periodisch zu Naturkatastrophen kommt (vgl. Röd 1976: 75–82). Insofern finden sich bei ihm auch Elemente des statischen und des zyklischen Modells. Entscheidend für unser Thema ist aber das folgende, schwer zu deutende Fragment: „Wahrlich nicht alles enthüllten die Götter den Menschen von Anfang. Erst im Laufe der Zeit und suchend finden sie Bessres." (DK B 18, dt. von Grünwald 1991: 88) Der Bezug des Verbs im zweiten

Satz ist nicht klar: Sind die Götter oder die Menschen gemeint? Aber die Götter können es aufgrund der eben erwähnten Theologie nicht sein, also muss man annehmen, dass für Xenophanes die Subjekte des Suchens die Menschen sind. Daraus folgt: Wir Menschen verbessern uns aus eigener Kraft; wir können lernen. Solche qualitativen Veränderungen zum Positiven ereignen sich, so scheint Xenophanes anzunehmen, nicht durch einen einmaligen Akt, so wie die mythischen Kulturheroen etwa eine Stadt gründen. Vielmehr gebe es einen dauerhaften Entwicklungsprozess, der sich in der Zukunft fortsetzen werde. Aus der Philosophie des 20. Jahrhunderts hat sich vor allem Popper darauf positiv bezogen (1982).

Mit seinen Ansichten blieb Xenophanes damals eine Ausnahme. Mehr Indizien für ein rudimentäres Fortschrittsdenken gibt es dann aber in der Mitte des fünften vorchristlichen Jahrhunderts in Athen, also im Zeitalter des Perikles nach den Siegen über die Perser und vor dem Peloponnesischen Krieg (vgl. Dodds 1972). Hier entsteht ein *Könnensbewusstsein*, das weltgeschichtlich ohne Beispiel ist (Meier 1993: 470). Die besten Belege finden sich in einigen der großen Dramen. So können die *Eumeniden* des Aischylos als Lob auf die politisch-zivilisatorischen Überlegenheit Athens gegenüber Mykene gelesen werden. Dennoch werden politische Verbesserungen nicht in langer Perspektive gedacht, sondern sollen gewissermaßen aus dem Stand geschaffen werden; deshalb werden Idealstaaten konstruiert. Einen dauerhaften Fortschritt gebe es jedoch bei den prometheischen Kompetenzen des Menschen, vor allem in der Medizin und in einigen Künsten, später auch in der Geografie. Der berühmteste Beleg ist das dritte Stasimon aus der *Antigone* des Sophokles, in dem das Besondere des Menschen in seinen technischen Fähigkeiten gesehen wird. Daher rühren einige Jahrzehnte später auch die vielen techne-Vergleiche bei den Sophisten und bei Sokrates, die wir in den frühen platonischen Dialogen finden (Apologie 22d, Gorgias 463a ff. u. ö.). Mit dem Peloponnesischen Krieg verschwindet dieses „Könnensbewusstsein". Stattdessen dominieren wieder andere Modelle, der Stillstand bei Thukydides sowie der Kreislauf und der Niedergang bei Platon.

Ein weiterer, sehr viel wirkmächtigerer Vorläufer des modernen Fortschrittsdenkens sind die *eschatologischen Konzepte* aus dem südwestlichen Asien, von den Persern über die Juden bis zu den Christen. In der persischen Konzeption der Heilsgeschichte wird zum ersten Mal eindeutig ein Anfang und ein Ende gesetzt. Das jüdische Heilsdenken teilt seit der Babylonischen Gefangenschaft die Geschichte in zwei Hälften, eine schlechte und eine gute; die Zäsur ist das erwartete Erscheinen des Messias. Insofern jedoch die Juden auf eine Rückkehr aus dem Exil ins Gelobte Land hoffen oder sogar mit dem künftigen Messias ins Paradies zurückkehren können, hat ihr Denken auch ein zyklisches Element. Wenn Paulus den Erlöser als zweiten Adam interpretiert, ist er dieser Idee nahe (NT, Römer 5: 17 f.). Aber Paulus teilt die Geschichte auch in drei Phasen ein: Den Anfang bildet die Zeit von der Schöpfung bis Moses (ante legem), dann folgt die Epoche des mosaischen Gesetzes (sub lege), schließlich stehen die Gläubigen von Christus bis zum Jüngsten Tag in Gottes Gnade (sub gratia) (NT, Galater 3: 23 ff.). Viele wichtige Kirchenväter schlossen sich dieser Deutung an (Demandt 2011: 101, 107).

Eine andere Dreiteilung, die aber die Phasen verschiebt, finden wir dann am Ende des 12. Jahrhunderts bei *Joachim von Fiore* (1977). Dieser Zisterziensermönch, der wohl 1130/35 geboren wurde und 1202 starb, ist eine der wichtigsten Figuren in der Geschichte der Geschichtsphilosophie (vgl. Löwith 1953: 136–147). Inständige Gebete und permanente Auslegungsversuche der Bibel führten bei ihm zu einer Erleuchtung, die ihm wahrscheinlich am Pfingstmorgen des Jahres 1184 im Kloster Casamari widerfuhr. Alles ergibt einen Sinn und insbesondere die Probleme der Trinitätslehre lösen sich auf, so meint er danach zu wissen, wenn es nach der Epoche des Alten Testaments und der des Neuen Testaments in Zukunft noch eine dritte Epoche geben würde. Wenn das erste Zeitalter das des Vaters ist und das zweite unter der geistlichen Herrschaft von Gottes Sohn steht, so folgt noch ein „drittes Reich", nämlich die Epoche des Heiligen Geistes. In diesem dritten Reich seien Predigt, Sakramente und Papst, ja selbst die Bibel überflüssig. Die Bergpredigt werde verwirklicht, so dass allüberall Freiheit und Frieden herrschten. Wir Menschen leben dann wie Mönche in einem geistlichen Liebesverbund, in einer Stadt Gottes auf Erden.

Die drei Epochen, so Joachim, folgen nicht nach krassen Brüchen aufeinander, sondern sie überlappen sich. Das Neue trete zwar hervor wie bei einer schmerzhaften Geburt, aber es sei im Alten immer schon angelegt. Im ersten Zeitalter präge mühselige Arbeit das Leben der Menschen. Das Alte Testament zeige uns das. Für das zweite Zeitalter habe der Ordensgründer Benedikt von Nursia die Formel ausgegeben: Ora et labora! Erst im dritten Zeitalter könne aber das Gebet allein das Leben bestimmen. Im ersten Reich dominiere also die Aktion (vita activa), im zweiten Reich ständen Aktion und Kontemplation (vita contemplativa) nebeneinander, erst das dritte Reich werde ganz bestimmt sein durch Gebet und Meditation. Neben der Zahl 3 spielt die Zahl 7 eine entscheidende Rolle, so dass auch Einteilungen des geschichtlichen Verlaufs in sieben Epochen möglich seien, angelehnt vor allem an die sieben Tage der Schöpfungsgeschichte. Zwischen dem zweiten und dritten Zeitalter werde es noch eine Epoche geben, in der gegen eine neue Verkörperung des Antichristen zu kämpfen sei. Dass dieser auftauchen könne, liege daran, dass nach Joachims Ansicht die Gegenwart eine Zeit des furchtbaren Verfalls der Kirche und des Glaubens sei. Die Geschichte schreite also nicht linear voran, sondern dialektisch, nämlich durch Rückschritte hindurch.

Geschichtsphilosophisch bedeutsam ist aber vor allem Joachims Blick auf die Zukunft. Er spekuliert nicht über das Jenseits oder eine Ordnung außerhalb der

Zeit, ihm geht es um konkrete Ereignisse der nächsten Jahrzehnte. Durch Zahlenspekulationen kommt Joachim etwa zu der Ansicht, dass das Jahr 1260 eine wichtige Zäsur darstellen werde. Während Luther 1517 mit seiner Reformation und sogar noch die Franzosen 1789 mit ihrer Revolution zurück wollen, wie die Wörter mit „Re-" besagen, postuliert Joachim ein bisher unerhörtes Vorwärts. Noch niemals in der bisherigen Geistesgeschichte fühlte sich ein Denker im selben Maße vor einem offenen Horizont, der zwar zunächst eine schmerzhafte Passage, dann aber eine neue glückliche Zeit bringen werde. Joachim von Fiore findet damals nur wenige Anhänger; sowohl die Aristoteliker als auch die Nominalisten weisen seine geschichtsphilosophischen Spekulationen zurück. Aber viele spätere Denker sind von dem eschatologischen Argument beeindruckt. Ein prominentes Beispiel ist Lessing mit seinen drei Phasen des Fortschritts (siehe Kap. 4, Abschnitt 2).

In der Renaissance dominiert sogar, wie oben bereits erwähnt, erneut das zyklische Denken. Aus diesem konnte man nur dadurch ausbrechen, dass man die klassische Antike nicht mehr als Vorbild und Ideal akzeptiert. Der klassische Beleg für eine solche Relativierung der Antike findet sich bei *Francis Bacon* (1561–1626) in seinem *Novum Organon* von 1620, und zwar im Aphorismus 84. Schon im ersten Satz behauptet Bacon, die übertriebene Verehrung der Antike hätte den Fortschritt in den Wissenschaften gehemmt. Dabei sei schon der Name der Epoche falsch: Denn das Altertum sei eigentlich die Jugendphase der Menschheit; hingegen seien wir heute die Älteren, somit reifer und weiser. Für die Abwendung vom antiken Ideal sprächen auch die vielen geografischen Entdeckungen der letzten Jahrzehnte. Sowohl geistig als auch räumlich habe die Menschheit ihren Horizont erweitert. Dann folgt der Satz, der ungewöhnlicherweise sogar Großbuchstaben verwendet: „Recte enim Veritas Temporis filia dicitur, non Authoritatis." Denn mit Recht heißt die Wahrheit die Tochter der Zeit, nicht der Autorität (Bacon 1990: 180). Deshalb bedürfe es, gegen Aristoteles und Platon, auch eines neuen Instrumentariums für die Wissenschaften (*Novum Organon*, 1620) und einer neuen Utopie (*Nova Atlantis*, 1626). Aber Francis Bacon steht nicht nur für die Relativierung des Maßstabs der Antike.

Um das Aufstiegsmodell zu stützen, bringt er das große Argument ins Spiel, das wir bereits bei Xenophanes kennengelernt hatten: die menschliche Fähigkeit des *Lernens*. Das signalisiert bereits ein erster programmatischer Buchtitel Bacons: *The Advancement of Learning* von 1605. Aber es geht nicht nur um eine anthropologische These. Folgendes ist wichtig: Erstens versteht Bacon dieses Lernen nicht mehr als individuellen Akt, sondern als *kollektiven* Prozess. Zwar lernt auch der einzelne Mensch; entscheidend ist aber das gemeinsame Lernen, zu dem wir Menschen in kleinen Gruppen und organisierten Gemeinschaften fähig sind. Zweitens geht es nicht um den Zuwachs an dogmatischem oder spekulativem Heilswissen. Vielmehr habe auch empirisches Wissen eine eigene Würde. Unser *kognitives* Lernen bezieht sich einfach auf die uns erscheinende Natur und schreite induktiv vom Besonderen zum Allgemeinen. Drittens könne man, so Bacon, das empirische Wissen in *Technik* überführen. Dieses epistemisch-technische Argument wird am besten zusammengefasst in der berühmten Formel „Wissen ist Macht". Wie bei vielen anderen prominenten Sätzen (etwa „Ich weiß, dass ich nichts weiß" und „Zurück zur Natur") handelt es sich auch hier nicht um ein wörtliches Zitat. Dennoch gibt die Formulierung durchaus wieder, was Bacon meint. Das wird beispielsweise im dritten Aphorismus des „Novum Organon" deutlich: „Scientia et potentia humana in idem coincidunt" (Wissen und menschliches Können fallen in eins zusammen, Bacon 1990: 80).

Viertens wird von Bacon die *klassische Teleologie verabschiedet*. Er unterscheidet zwei Arten des Wachstums: Das biologische Wachstum führe zum Verfall und ende im Tod, hingegen könne das epistemische Wachstum, also der Zuwachs an Wissen, unbegrenzt weitergehen. Es gebe kein bestimmtes Ziel, die Zukunft sei prinzipiell offen. Aus perfectus (Vervollkommnung) wird progressus (Voranschreiten). Entscheidend für die dynamisierte Forschung sei nicht das Ankommen, sondern das Losfahren.

Fünftens überwindet Bacon auch das alte *utopische* Denken, obwohl er selbst noch einen Klassiker dieses Genres verfasst hat. Denn die erstrebten Fortschritte müssen nicht mehr in einen fernen Raum verlagert werden (wie auf irgendwelche Inseln), sondern ereignen sich im eigenen Land, aber im Laufe der Zeit. Tatsächlich ist einer von Bacons Hauptgedanken, dass die Philosophie und überhaupt jede Form des Wissenserwerbs sich positiv auf die gesellschaftliche Entwicklung auswirken (vgl. Krohn 1987, Höffe 1993: 49–72). Wären wir erst, wie Descartes später sagt, „Herren und Eigentümern der Natur", könnte man die Menschen von schweren Krankheiten und harter Arbeit befreien (1637, VI 2).

Francis Bacon kann somit als Begründer des neuzeitlichen Fortschrittsdenkens gelten. Pointiert kann man sagen: Die Neuzeit, insofern sie sich am Aufstiegsmodell orientiert, ist das *Bacon-Projekt* (Schäfer 1993). Aber das Bacon-Projekt ist noch nicht das *Projekt der Aufklärung*. Jenes konzentriert sich ganz auf den technisch-wissenschaftlichen Fortschritt und dessen positive Konsequenzen; dieses bezieht andere Arten des Fortschritts gleichberechtigt ein. Das positiv-lineare Modell muss also noch auf andere Bereiche des menschlichen Lebens übertragen werden. Das geschieht zunächst mit den *Künsten*, wobei die schönen Künste noch nicht vollständig von mechanischen Tätigkeiten separiert sind. Die Behauptung ist also: Wir lernen nicht nur kognitiv, sondern auch *ästhetisch*. Gerade in diesem Bereich hatten die antiken Ideale, insbesondere seit der Renaissance, ihren Vorrang bewahrt.

Für die Abwendung von diesen lässt sich ein genaues Datum benennen: Auf einer Sitzung der Académie française am 27. Januar 1687 erhebt Charles Perrault (1628–1703) das Wort und eröffnet damit die berühmte Debatte zwischen den Alten und den Modernen, die *Querelle des Anciens et des Modernes* (Jauß 1962 u. 1964). Perrault wird später kunstvolle Märchen schreiben, die wir heute fälschlicherweise oft den Brüdern Grimm zuschreiben: Dornröschen, Aschenputtel, Rotkäppchen, Blaubart. Hier aber trägt er sein Gedicht „Le siècle de Louis de Grand" vor. Kunstvoll verpackt in ein Lob des Sonnenkönigs Ludwig XIV. behauptet er, dass die Künste des eigenen Zeitalters sogar die der Antike übertreffen, wobei er vor allem auf das Zeitalter des Augustus anspielt. Damit richtet er sich gegen Klassizisten wie Boileau und Racine, aber auch gegen einen katholischen Universalhistoriker wie Bossuet. In mehreren umfangreichen Büchern hat Perrault seine These in den folgenden Jahren zu untermauern versucht. Bereits vorher war ihm Bernard Le Bovier de Fontenelle (1657–1757) zur Seite gesprungen, der in seinem Traktat *Digression sur les anciens et les modernes* (1688) mit der Natur argumentiert: Deren Gesetze und auch die Natur des Menschen seien immer gleich, aber sie ermögliche auch Lern- und Erziehungsfortschritte. Zudem habe Descartes die Philosophie auf neue Grundlagen gestellt, so dass weitere Fortschritte jetzt leichter zu erzielen seien (vgl. Krauss 1969). Innerhalb weniger Jahrzehnte, so kann man zusammenfassen, war der Streit zwischen den Anhängern der Antike und denen der Moderne zugunsten der Letzteren entschieden.

Es stellt sich jetzt nur noch die Frage, deren Beantwortung die Akademie von Dijon 1749 ausschrieb: Hat der Fortschritt der Wissenschaften und Künste auch die Sitten verbessert? Gibt es wesentliche Verbesserungen der Formen menschlichen Zusammenlebens, also in Moral, Recht und Politik? Gibt es also auch *normatives* Lernen?

Rousseaus negative Antwort haben wir oben schon kennengelernt. Viele seiner Zeitgenossen neigten jedoch zu einer positiven Antwort. Das beste Beispiel sind die Überlegungen von Anne Robert Jacques Turgot, Baron de l'Aulne (1721–1781), der im selben Jahr, in dem Rousseau seine *Erste Abhandlung* veröffentlichte, zwei bemerkenswerte Vorträge an der Sorbonne hielt. Weitere Manuskripte stammen aus diesen Jahren (Turgot 1990). In diesen finden sich zwei Besonderheiten. Zum einen postuliert er Fortschritte der gesamten menschlichen Gattung (genre humain), die sich also nicht mehr auf einzelne Völker oder Kulturkreise beschränken. Zum anderen ist nicht bloß von wissenschaftlichen oder ästhetischen Fortschritten die Rede, sondern auch von moralischen und politischen (Rohbeck 1990: 51, 75ff.; Sommer 2006: 41, 236, 422). Im Hintergrund steht eine ökonomische Stadientheorie, die die Entwicklung der Menschheit von Jägern über Hirten und Ackerbauern zu Handel und Industrie beschreibt. Wichtig dafür ist eine Kritik an Montesquieus geografischem Argument (Rohbeck 1990: 31 u.ö.).

Turgots Texte wurden damals gar nicht publiziert, entfalteten jedoch in den Pariser Intellektuellenkreisen eine große Wirkung, zumal er in späteren Jahren einflussreiche ökonomische Schriften publizierte und von 1774 bis 1776 ein wichtiges Ministeramt innehatte.

Wenn das Aufstiegsmodell auf diese Weise dominant wird, stellt sich die Frage, wie das Mittelalter einzuordnen ist. Nach einer Deutung war das Mittelalter ein notwendiger Rückfall, der überhaupt erst das Vorwärtsschreiten der frühen Neuzeit ermöglicht habe. Das „dunkle" Mittelalter sei eine List der Geschichte (siehe Kap. 4, Abschnitt 3). Das führt zu einem *dialektischen* Fortschrittsmodell. Oder man sieht im Mittelalter gegenüber der Antike gar keinen Niedergang, sondern sehr wohl fortschrittliche Tendenzen, etwa im moralischen Bereich. Das scheint Turgots Position zu sein, der gegen Rousseau übrigens auch die soziale Ungleichheit als dem Fortschritt förderlich ansieht (vgl. Rohbeck 1990: 42, 76). Auf diese Weise kann man an einem *linearen* Fortschrittsmodell festhalten.

Diese Fortschrittsphilosophie erreicht ihren Höhepunkt bei einem Schüler Turgots, bei dem Marquis de Condorcet (1743–1794). Condorcet ist Mathematiker und Astronom; er arbeitete an der *Enzyklopädie* mit und war Sekretär der Akademie der Wissenschaften; er beteiligte sich 1789 an der Französischen Revolution und war zeitweise sogar Präsident der Nationalversammlung. Als Führer der Girondisten wurde er 1793 jedoch von den Jakobinern eingekerkert und beging wohl Suizid, nachdem er seinen *Entwurf einer historischen Darstellung der Fortschritte des menschlichen Geistes* abgeschlossen hatte.

Man kann seinen Gedankengang in folgenden Schritten rekonstruieren (vgl. Habermas 1981, I: 210 ff.). Erstens sei unsere Vernunft der einzige und absolute Maßstab, zudem die wichtigste „Waffe" gegen Aberglauben und Fanatismus. Es gebe keine Unterschiede zwischen theoretischer und praktischer Vernunft. Vernunft zeige sich am deutlichsten in der Mathematik (Rationalismus). Zweitens komme Vernunft vor allem in der Wissenschaft zum Ausdruck. Auch hier gebe es nur graduelle, keine grundlegenden Differenzen. Das Vorbild ist die Newtonsche Physik; eine Paradigmen-Abhängigkeit zieht Condorcet natürlich nicht in Betracht. Alle Wissenschaften müssten sich letztlich mathematisieren, auch die Historie. Insbesondere die Wahrscheinlichkeitsrechnung und die durch Condorcet mitbegründete Spieltheorie würden dabei eine Rolle spielen. So ließen sich alle Bereiche der Welt wissenschaftlich erhellen (Szientismus). Drittens, so Condordet, schreiten die Wissenschaften unaufhörlich voran, zumindest seit dem 17. Jahrhundert (Progressivismus). Rückschritte oder nicht-intendierte Nebenfolgen werden nicht bedacht. Er möchte vielmehr zeigen, „daß die Natur der Vervollkommnung der menschlichen Fähigkeiten keine Grenzen gesetzt hat" (1976: 29). Keine Macht könne diesen Fortschritt aufhalten und sein Ende finde er „allein im zeitlichen Bestand des Planeten" (ebd.). Durch ungehinderte Betätigung seiner

Intelligenz sei der Mensch unbegrenzt lernfähig; anthropologische Grenzen existierten nicht. Viertens gilt das auch für den sozialen und politischen Bereich. Die Wissenschaften befördern die Aufklärung; auf dem Weg über die Öffentlichkeit seien alle Menschen erreichbar; schließlich würden Sprache und Handeln eines großen Volkes „den ganzen Planeten umspannen" (ebd.). Hier finden sich die ersten Ansätze der späteren Technokratie-Theorie. Fünftens werde sich dieser Fortschritt in allen Lebensbereichen auswirken: Die Menschen werden moralischer (381), die Ungleichheit wird beseitigt, auch die zwischen den Geschlechtern (383), Krankheit und Armut, Verbrechen und Kriege werden verschwinden. Alle Menschen werden glücklich sein; selbst die Überwindung des Todes wird in Aussicht gestellt (395).

Das von Francis Bacon begründete Aufstiegsmodell findet, wie wir sehen, in Condorcets Denken seinen Höhepunkt. Die französische Tradition wird im 19. Jahrhundert von Saint-Simon und Comte fortgeführt. In Großbritannien verläuft eine Linie vom klassischen Liberalismus (Locke) über die schottische Moralphilosophie (Hume, Smith, Ferguson) bis zum Utilitarismus (Bentham, John Stuart Mill). Im deutschen Sprachraum mündet die Aufklärung in Kants Philosophie. In ganz Europa werden solche Gedanken aufgegriffen, bereits im 18. Jahrhundert auch in Nordamerika. Daraus entwickelten sich im Laufe des 19. und 20. Jahrhunderts unterschiedliche Fortschrittskonzepte. Die für das 21. Jahrhundert wichtigsten Modelle werde ich im siebten Kapitel kritisch reflektieren.

Hier möchte ich stattdessen noch ein anderes Argument für das Aufstiegsmodell darstellen, das im 19. Jahrhundert auftauchte und von einigen dieser Fortschrittskonzeptionen integriert wird. Es ist in gewisser Weise das Gegenstück zum Entropie-Argument des Abstiegsmodells. Ich meine das von Charles Darwin (1809–1882) begründete *evolutionstheoretische Argument*.

Die Menschheitsgeschichte war eigentlich nicht Darwins Thema. Aber gelegentlich äußert er sich auch zum gesellschaftlichen Fortschritt. An manchen Stellen tendiert er zu den üblichen zeitbedingten Vorurteilen von der Überlegenheit der weißen Rasse, insbesondere der Briten. In *Origin of Species* (1859) kommt das Wort „progress" zehnmal vor, allerdings meist nur beiläufig. Sehr häufig sind jedoch Ausdrücke wie „perfect" und „perfection" (vgl. Mayr 1994: 84 f.). Das klingt nach einem teleologischen Ansatz, tatsächlich aber ist Darwin davon völlig frei. Denn die Faktoren, die die Evolution vorantreiben, sind weder Gottes Wille noch irgendwelche inhärenten Zwecke. Es sind einfach die sehr langfristig wirksamen Mechanismen von luxurierender Variation, also der überschüssigen Produktion unterschiedlicher Organismen, und einer optimierenden Selektion, die die für die jeweiligen Biotope am besten angepassten Individuen bevorzugt. Als vollkommen bezeichnet Darwin dementsprechend die Organismen, die sich in diesem Prozess der natürlichen Auslese durchgesetzt haben. In einem Manuskript schreibt Darwin: „In meiner Theorie gibt es keine absolute Tendenz zum Fortschritt, außer aufgrund günstiger Umstände." (N 47, zit. bei Hösle/Illies 1999: 25)

An einer Stelle des *Descent of Man* (1871) gibt Darwin eine Definition des Fortschritts, bei der er auf den deutsch-baltischen Biologen Karl Ernst von Baer zurückgreift: Es gebe eine Entwicklung vom Elementaren zum Komplexen, einen Prozess der Differenzierung und Spezialisierung. Darwin schreibt dann: „In accordance with this view it seems, if we turn to geological evidence, that organisation on the whole has advanced throughout the world by slow and interrupted steps." (1871: 211) Es gebe aber mehrere Reiche der Natur mit ihren eigenen Gipfeln, also verschiedene Linien des Aufstiegs zur relativ besten Lebensform.

Darwins Evolutionstheorie wurde bald auf die nicht-natürliche Welt übertragen. Besonders wirkungsmächtig war Herbert Spencer (vgl. Kunczik 1999). Bereits 1857 hatte er einen Essay mit dem Titel *Universal Progress, Its Law and Cause* verfasst. Nach dem Erscheinen von Darwins erstem Hauptwerk 1859 fühlte er sich in seinen Grundgedanken bestätigt und arbeitete den Text zu einem Buch um. Wir könnten dann von Fortschritt sprechen, so seine These, wenn es mehr Differenzierung gebe, aber dennoch die Integration gelinge: „change from a state of indefinite, incoherent homogeneity to a state of definite, coherent heterogeneity" (1898, zit. nach Luhmann 1997: 415 Fn). Fortschritt sei, so die Begriffsbestimmung, wesentlich eine Komplexitätssteigerung.

Allerdings hat die in der Mitte des 20. Jahrhunderts entwickelte synthetische Evolutionstheorie noch ein anderes Kriterium ins Spiel gebracht: die zunehmende Unabhängigkeit von der Umwelt (vgl. Huxley 1942, Kap. 10). Nicht die vollkommene Anpassung an die natürlichen Lebensbedingungen ist ein Kriterium – dann müssten einfache Lebensformen besser bewertet werden als komplexe –, sondern die Emanzipation von diesen. Daran können die neueren Theorien der Selbstorganisation (Autopoiesis) anschließen. Das gilt auch für Niklas Luhmann. In den frühen Schriften folgt er eher dem Modell der Komplexitätssteigerung, in den späteren Werken eher dem zweiten Modell, für das die System-Umwelt-Differenz zentral ist. Luhmann (1984, 1997) entwickelt daraus eine komplexe Theorie der *sozialen Evolution*, die wichtige Elemente des neuzeitlichen Fortschrittsdenkens aufnehmen kann.

Es gibt aber auch viele Argumente gegen die Deutung der Evolution als Fortschritt. Ein prominenter Kritiker ist Stephen Jay Gould (1941–2002). Er behauptet, dass es eine Komplexitätssteigerung zwar bei einigen Gattungen gebe, aber nicht in der gesamten Naturgeschichte. Ein wichtiges Gegenbeispiel sind die Bakterien, die sich über Milliarden von Jahren gar nicht verändert haben (Gould 1999, Teil 4). Auch eine zunehmende Unabhängigkeit von der Umwelt sei nicht feststellbar, auch keine allgemein verbesserte Anpassung, die Gould polemisch in

Anlehnung an eine Figur aus Voltaires *Candide* als Panglossismus bezeichnet. Das wichtigste Resultat evolutionärer Prozesse sei meistens nur die verbesserte lokale Anpassung einer bestimmten Population. Gould bezweifelt zudem, dass die Evolution in vielen kleinen Schritten verlaufe (Gradualismus). Zum einen gebe es lange zeitliche Abschnitte, in denen gar nichts passiere, also Stillstand herrsche (Stasis). Zum anderen komme es immer wieder einmal zu sehr kurzen Phasen, in denen sich der evolutionäre Prozess beschleunige, also das übliche Gleichgewicht unterbrochen sei (Punktualismus). Völlig abwegig sei auf jeden Fall eine teleologische Interpretation der Evolution. Denn der wichtigste Faktor in den naturgeschichtlichen Prozessen sei nichts anderes als der Zufall (Gould 1991). Insgesamt wird man wohl sagen können, dass die Evolution gerade durch das Zusammenspiel von Zufall und Notwendigkeit voranschreitet. In der menschlichen Welt kommen jedoch unsere Fähigkeiten zum individuellen und kollektiven Lernen hinzu.

Damit sind wir am Ende meiner Rekonstruktion der klassischen geschichtsphilosophischen Ideen angelangt. Das zuletzt dargestellte Aufstiegsmodell ist seit dem Ende des 18. Jahrhunderts am wirkungsmächtigsten gewesen. Aus ihm entwickelte sich, wie bereits erwähnt, die moderne Fortschrittsidee, die ich im übernächsten Kapitel ausführlich darstellen werde.

5.5 Fazit: die Komplexität des geschichtlichen Verlaufs

Das geschichtsphilosophische Denken der letzten zweieinhalb Jahrtausende hat, so wollte ich in diesem Kapitel deutlich machen, ein reichhaltiges Erbe hinterlassen, das wir nicht ausschlagen sollten. Allerdings kann man es auch nicht ohne Weiteres übernehmen. Generell sind die Modelle viel zu abstrakt, bedürfen also der inhaltlichen Konkretisierung in gehaltvollen Forschungsprogrammen und den entsprechenden Theorien. Zudem ist philosophisch zu reflektieren, wie solche Theorien in der historischen Forschung eingesetzt werden können.

Dabei werden sich, so ein weiterführender Gedanke, bestimmte *Affinitäten* zeigen zwischen den einzelnen Modellen und den verschiedenen sozialen Sphären, die die Soziologie mit ihren differenzierungstheoretischen Ansätzen herausgestellt hat. So besitzt das zyklische Modell, wie wir gesehen haben, weiterhin eine große Relevanz in den Wirtschaftswissenschaften, allerdings meist nur als Ergänzung zu Wachstumsvorstellungen. Das negativ-lineare Modell scheint bei kulturellen Entwicklungen am tragfähigsten zu sein; dort finden jedenfalls die Rousseauisten die meisten Indizien für ihren Pessimismus. Das statische Modell mit seiner anthropologischen und seiner geografischen Variante beharrt auf den inneren und äußeren Rahmenbedingungen sozialen Wandels; die menschliche Natur und die ökologischen Umstände dürfen nicht einfach übersprungen werden, weder in Gedanken noch in Taten. Das positiv-lineare Modell hat sich, ganz allgemein gesprochen, in Technik und Wissenschaft bewährt, denn die vom epistemisch-technischen Argument postulierten Effizienzsteigerungen lassen sich tatsächlich in vielen Bereichen aufzeigen. Weitergeführt wird das oben skizzierte Bacon-Projekt vor allem von dem quantitativ-utilitaristischen Fortschrittsmodell, das im übernächsten Kapitel zu erörtern ist. Das Projekt der Aufklärung umfasste aber auch den ästhetischen sowie den moralischen und politischen Fortschritt. So wurde es jedenfalls in der Mitte des 18. Jahrhunderts in Paris diskutiert. Aber erst Kant hat die epistemologischen und normativen Grundgedanken in einen kohärenten und gut begründeten Zusammenhang gebracht; auf ihn geht das deontologische Fortschrittsmodell zurück.

Schließlich sei ausdrücklich betont, dass sich die dargestellten Modelle keineswegs ausschließen, sondern sich sinnvoll verbinden lassen. Schon aus den schematischen Grundformen ergeben sich interessante *Kombinationen*. Beispielsweise kann man das statische und das positiv-lineare Modell so zusammenfügen, dass eine nach oben führende Treppe entsteht. Dem entsprechen die schon mehrfach erwähnten Stadienmodelle: Nach einer Zeit des raschen Wachstums (Aufstieg) folgt eine Plateauphase (Stillstand), dann wieder ein neuer Aufschwung usw. Vorstellbar ist aber auch eine nach unten führende Treppe, also die Verknüpfung des statischen mit dem negativ-linearen Modell. Ein anderes Beispiel ist die Verbindung von Aufstieg und Abstieg, was zu einer Zickzack-Linie führt und in ein zyklisches Modell einmündet. Überwiegt dabei das Aufstiegsmodell, kann man von einem positiv-dialektischen Modell sprechen: Es gibt Fortschritte, aber diese ereignen sich immer erst nach Krisen oder gar nach Katastrophen. Im Marxismus kommt der Gedanke hinzu, dass man in der Moderne den Aufstieg selbst befördern kann, durch eine Revolution. Im negativ-dialektischen Modell (nicht zu verwechseln mit Adornos „Negativer Dialektik") geht es bergab, aber nicht kontinuierlich, sondern in Sprüngen, die durch immer größere Desaster ausgelöst werden. Die dritte Variante wäre, dass Auf- und Abstieg als zwei Seiten einer Medaille zu betrachten sind; das bezeichne ich als Ambivalenz-Modell. Aber auch die zyklische und die lineare Idee lassen sich kombinieren: Dann entsteht eine Spirale. Ein Beispiel ist die Theorie der langen Wellen, die eigentlich eine Ergänzung des positiv-linearen Modells bildet, denn sie leugnet nicht, dass spätere Wellen auf einem höheren Niveau angesiedelt sind als frühere.

Wer also Geschichte verstehen will, muss mit komplexen Modellen arbeiten.

6 Das Rätsel Europa

Von Europa jedoch weiß niemand Genaues.

(Herodot, IV: 45)

So lautet der erste Satz, der über Europa formuliert wurde – und so könnte auch der letzte lauten. Denn Europa ist und bleibt ein Rätsel.
 Herodot behauptet aber nicht, dass man von Europa gar nichts wissen könne. Im Gegenteil, schon Herodot wusste viel; seine ethnographischen Leistungen wurden erst im Zeitalter der Aufklärung übertroffen. Wir Heutigen wissen noch viel mehr; unser Problem ist sogar, dass es zu viele Informationen und Meinungen gibt, diese allerdings oft vage, ungesichert und unverbunden sind. Die Lage verkompliziert sich noch dadurch, dass die zahlreicher werdenden wissenschaftlichen Disziplinen, die sich mit Europa beschäftigen, sich immer weiter spezialisieren. In dieser Situation kann eine synthetisch angelegte Geschichtsphilosophie eine große Hilfe sein.
 Deshalb soll dieses Kapitel einige geschichtsphilosophische Reflexionen zum Wesen Europas präsentieren. Ohne mich länger mit der Frage aufzuhalten, was eigentlich zu Europa gehört, möchte ich die weltgeschichtliche Rolle unseres Kontinents beleuchten. Im ersten Abschnitt zeige ich, dass Europa die längste Zeit relativ bedeutungslos war; jedenfalls bildete es nicht den Mittelpunkt der Welt. Das könnte tatsächlich eher das Land beanspruchen, das sich auch selbst als „Reich der Mitte" ansah, nämlich China (vgl. Frank 1998; dazu Menzel 2004: 74–90). Umso erstaunlicher ist es, dass Europa sich in einer bestimmten Epoche zum Herrn der Welt aufschwingen konnte. In grober Zuspitzung lassen sich die Jahre zwischen 1750 und 1945 als das „europäische Zeitalter" innerhalb der Weltgeschichte bezeichnen. Warum wurde Europa auf einmal so mächtig? Im zweiten Abschnitt werde ich einige Theorien vorstellen, die dieses Rätsel lösen möchten. Im abschließenden dritten Abschnitt erlaube ich mir noch, über die Zukunft unseres Kontinents im 21. Jahrhundert zu spekulieren.

6.1 Europas Rolle in der Weltgeschichte

Mit ‚Weltgeschichte' meine ich hier nicht etwa bloß die Geschichte der Schriftkulturen (seit etwa 5.000 Jahren), sondern die gesamte Geschichte der Menschheit. Wenn man diese überblickt, lassen sich einige Zäsuren feststellen, die (möglicherweise bedingt durch vorangegangene Krisenzeiten) die nachfolgende Entwicklung in anderen Bahnen verlaufen ließen. So ergeben sich acht Phasen der Menschheitsgeschichte, die in der folgenden Tabelle stichwortartig dargestellt seien:

	Beginn	Signatur der Epoche	führender geografischer Raum
1	vor 150.000 Jahren	Entwicklung unserer Art (Homo sapiens) und deren Ausbreitung über den gesamten Globus	Afrika (nach der weithin akzeptierten „out of Africa"-Hypothese)
2	vor 12.000 Jahren	„neolithische Revolution", d. h. Entwicklung von Ackerbau und Viehzucht sowie Sesshaftwerdung	„Fruchtbarer Halbmond" (Levante, Anatolien, Mesopotamien, auch Ägypten)
3	vor 5.000 Jahren	Hochkulturen mit Bewässerungslandwirtschaft, Schrift, Städten, Bürokratie u. a.	an großen Flüssen: – Nil – Euphrat und Tigris – Indus – Hwanghe (Gelber Fluss)
4	vor 2.500 Jahren (also 500 v.u.Z.)	Achsenzeit (in Europa: klassisch-griechische Antike)	in mehreren Kulturräumen – Griechenland – Südwestasien – Indien – China
5	ca. 600 n.u.Z.	in Europa: Mittelalter	islamische Welt (7. bis 12. Jh.) China
6	ca. 1400	in Europa: Renaissance und Reformation frühe Neuzeit	Gleichgewicht der Erdteile – Europa – islamische Welt – Indien – China
7	ca. 1750	Das europäische Zeitalter darin: Sattelzeit (1770–1830)	Europa
8	1945	Gegenwart	USA UdSSR (1945–1989) China (ab 2025?)

Über fast alles in dieser Übersicht kann man streiten: über die genauen Epochengrenzen, über die Namen der Zeitalter, ob diese überhaupt eine Einheit bilden oder sich noch einmal zergliedern oder eher zusammenfassen lassen, über die Führungsrollen der verschiedenen Erdteile usw. Aber ein Blick in die Kapiteleinteilungen umfassender historischer Darstellungen zeigt, dass die Meinungsverschiedenheiten insgesamt gar nicht so groß sind (Barraclough 1990, Demandt 2009, McNeill 1963, Mirow 2009).

Mir geht es hier ohnehin nur um einen relativ konsensfähigen Punkt: Europa betritt spät die Bühne der Weltgeschichte; viele Jahrtausende spielt es bestenfalls eine Nebenrolle. In gewisser Weise ist die Schlacht bei Marathon 490 vor unserer Zeitrechnung (= v. u. Z.), wie ein Historiker einmal feststellte, der Geburtsschrei Europas (zit. in Demandt 1986: 66). Zumindest kann diese Region der damaligen Weltmacht Persien überraschenderweise Paroli bieten. Im 5. und 4. Jahrhundert folgt die Blütezeit der griechischen Kultur, mit der Europa nach gängiger Auffassung zum Vorbild für die gesamte übrige Welt wurde. Ein herausragendes Beispiel, auf das ich mich beschränken muss, ist die „Erfindung" der Philosophie durch die alten Griechen. Gegen diese Auffassung, die der Kürze halber als *Klassizismus* bezeichnet sei, sind jedoch zwei Einwände geltend zu machen.

Erstens kann für diese Epoche noch gar nicht von Europa als einem Kulturkreis gesprochen werden, ein solcher war eher der *Mittelmeerraum*. Zwar wird man den alten Griechen ihre Verdienste um die Philosophie nicht absprechen können, aber diese entsteht im 6. vorchristlichen Jahrhundert gar nicht im heutigen Griechenland, sondern in zwei anderen Regionen: zunächst in der Stadt Milet in Ionien an der Westküste der heutigen Türkei (also sogar außerhalb der geografischen Grenzen Europas); dann auf Sizilien und in Süditalien, in erster Linie in der Stadt Elea. Was später für die USA gegenüber ihrer ehemaligen Kolonialmacht Großbritannien gelten wird, kann man schon hier beobachten: Der Sprössling übertrifft sein Herkunftsland. So hat Syrakus zeitweise erheblich mehr Einwohner als Athen und die ganze Region wird als Magna Graecia (Großes Griechenland) bezeichnet. Die bedeutsamste Phase der griechischen Philosophie und Kultur, das klassische Zeitalter des 5. und 4. Jahrhunderts, hat sein Zentrum jedoch in Athen. Nicht nur Sokrates, Platon und Aristoteles, auch Anaxagoras, Protagoras und Isokrates leben hier; später wirken Epikur und Vertreter der älteren Stoa in der heutigen Hauptstadt Griechenlands. Im hellenistischen Zeitalter (ab 320 v. u. Z.) verlagert sich das wissenschaftliche Zentrum wieder in eine Stadt außerhalb der geografischen Grenzen Europas, nämlich nach Alexandria im ägyptischen Ptolemäer-Reich. Dort gelingen unter anderem dem Mathematiker Euklid und dem Geografen Eratosthenes wissenschaftliche Leistungen wie die Systematisierung der Geometrie und die Berechnung des Erdumfangs, die bis weit in die Neuzeit hinein nicht übertroffen wurden.

Der zweite Einwand gegen die klassizistische Position ist interkultureller Art: Entgegen unserer eurozentrischen Sichtweise gab es vor zweieinhalbtausend Jahren nicht nur im griechischen Kulturraum einen bedeutenden Durchbruch, sondern gleichzeitig auch in anderen Regionen, vor allem in zwei Ländern, die bereits im vorangehenden Zeitalter führend waren, nämlich in Indien und in China. Diese These hat, wie schon mehrfach erwähnt, Karl Jaspers mit seinem Begriff der *Achsenzeit* auf den Punkt gebracht. Im 8. bis 3. vorchristlichen Jahrhundert, so Jaspers, sei es in mehreren Kulturkreisen zu sehr ähnlichen geistig-kulturellen Fortschritten gekommen (1949, 1. Teil). Worin diese genau bestehen, wird kontrovers diskutiert. Richtig ist aber sicherlich, dass Kongzi und die Begründer des Daoismus (Laozi, Zhuangzi) in China sowie Buddha und Vardhamana (genannt Mahavira, der Begründer des Jainismus) in Indien ungefähr zur selben Zeit lebten wie die frühen griechischen Philosophen. Sokrates, Platon und Aristoteles sind allerdings etwas später zu datieren.

Inwiefern auch Südwestasien, eurozentrisch meist als „Vorderer Orient" bezeichnet, in der Achsenzeit eine gleichrangige Rolle spielte, ist ebenfalls umstritten. Aber auf jeden Fall ist dieser geografische Raum das Heimatland einer weiteren bedeutenden Entwicklung, nämlich des *Monotheismus*. Zwar hat dieser bereits im alten Ägypten einen Vorläufer, nämlich in der Sonnenreligion des Echnaton (14. Jh. v. u. Z.). Aber erst im kleinen jüdischen Volk setzt sich der Monotheismus als Stammesreligion durch; zur Universalreligion weiterentwickelt wird er im ersten Jahrhundert in Israel (Jesus von Nazareth, Paulus von Tarsus) sowie auf neue Weise im siebten Jahrhundert auf der arabischen Halbinsel (Mohammed). Das Christentum, das Europa tief prägt, ist also eindeutig nicht-europäischen Ursprungs und es hatte dort zunächst auch gar keinen Schwerpunkt. Dafür seien nur zwei Belege angeführt: Zum einen stammt fast keiner der wichtigen Kirchenväter (Origenes, Augustinus, Johannes Chrysostomos usw.) aus Europa. Zum anderen gab es im 6. Jahrhundert fünf Patriarchate: Alexandria (Ägypten), Antiochia (Syrien), Jerusalem, Konstantinopel und Rom. Nur eine Metropole liegt also im heutigen Europa. Im 7. Jahrhundert wurde der Vordere Orient jedoch von den Muslimen erobert; es blieben Konstantinopel (Byzanz) und Rom, womit sich schon die Spaltung der Christenheit in eine orthodoxe und eine katholische Konfession abzeichnete.

Wie man also sieht, finden die wichtigsten geistesgeschichtlichen Ereignisse der Antike zwar im Mittelmeerraum statt, aber keineswegs nur auf dessen europäischer Seite. ‚Europa' ist ein Begriff, der sich für diesen Zeitraum eigentlich gar nicht eignet. Im Bewusstsein der Menschen, die in diesem geografischen Raum lebten, wurde Europa überhaupt erst seit dem 18. Jahrhundert ein wichtiger Bezugspunkt für die eigene Identität. Noch im Frieden von Utrecht, der 1714 den spanischen Erbfolgekrieg beendete, sprachen die verantwortlichen Politiker nicht von Europa, sondern von einer „Gemeinschaft der Völker der Christenheit" (zit. in Schulze 1998: 16). Zwar gab es vorher schon einige Versuche, die kontinentale Zersplitterung zu beseitigen; man denke an Karl V. oder Karl den Großen. Was aber diese Herrscher erstrebten, war nie die Einheit Europas, sondern eher ein Zusammenschluss aller Christen. Ein ausgeprägtes europäisches Bewusstsein entwickelt sich erst seit der Aufklärung.

Nachdem sich im 7. Jahrhundert am Südrand des Mittelmeeres der Islam etabliert hatte, kann man immerhin von einer kulturellen Einheit des christlichen Europas sprechen. Allerdings ist Europa gerade in dieser Epoche anderen Erdteilen in ökonomischer, technischer und kultureller Hinsicht unterlegen. Die bekannte Formel vom „finsteren Mittelalter" ist sicherlich übertrieben; richtig ist aber, dass andere Kulturräume, etwa die islamische Welt oder China, an diese Epoche ganz andere Erinnerungen haben. Seit dem Hochmittelalter ging es jedoch mit Europa wieder bergauf. Das 14. Jahrhundert, vor allem durch die Pestkatastrophe seit 1347, war noch einmal ein schwerer Rückschlag. Aber schon im 15. Jahrhundert erlebte Europa in vielen Bereichen enorme Fortschritte; erinnert sei nur an die in Italien beginnende Renaissance. Spanische Karavellen waren es denn auch, die seit 1492 die bisher fast vollständig abgeschnittene westliche Hemisphäre anliefen, nicht etwa chinesische Dschunken, wie man es zu Anfang des 15. Jahrhunderts hätte vermuten müssen.

Einige Historiker sind der Meinung, dass Europa bereits im 16. und 17. Jahrhundert den anderen Erdteilen voraus war. In manchen kulturellen Bereichen ist dies auch der Fall, aber nicht in zwei anderen Sphären. Zum einen musste Europa in *politisch-militärischer* Hinsicht in diesem Zeitraum noch einige herbe Niederlagen einstecken: Die Türken standen in dieser Zeit zweimal vor Wien, 1529 und 1683; 1698 hatten die Araber alle nordostafrikanischen Stützpunkte Portugals zurückerobert. 1638 wurden alle Europäer aus Japan vertrieben; 1662 verloren die Niederländer Formosa, das heutige Taiwan. Zum anderen zeigen auch die rekonstruierten *wirtschaftlichen* Daten noch keine Überlegenheit Europas. Seit 1498 waren zwar europäische Kaufleute in Indien präsent; aber sie klinkten sich eher in bestehende innerasiatische Handelskreisläufe ein, als dass sie diese aufbauten oder beherrschten. Noch um 1700 unterschied sich das durchschnittliche Pro-Kopf-Einkommen in Europa, China und Indien kaum voneinander; jedoch war wohl die soziale Ungleichheit in Europa geringer. Aber auch weitere ökonomische Faktoren wie Arbeitsteilung, Fernhandel, Marktintegration und Geldwirtschaft klaffen zwischen den wichtigsten Regionen Eurasiens nicht auseinander. Offensichtlich gab es zwischen dem 15. und 18. Jahrhundert noch ein *Gleichgewicht* zwischen Europa, den islamischen und den ostasiatischen Mächten. Das muslimische Mogul-Reich bescherte dem indischen Subkontinent eine neue Blütezeit, die man heute in Gestalt des Taj Mahal bewundern kann. Auch China war in dieser Zeit, etwa unter dem Kaiser Kangxi (1654–1722), so mächtig wie selten zuvor. Berühmt ist die Episode, dass noch am Ende des 18. Jahrhunderts eine britische Expedition vom chinesischen Kaiser ziemlich rüde abgefertigt wurde.

Allerdings zeigt sich die westliche Überlegenheit schon vor dem Einsetzen der industriellen Revolution. Die Epochenschwelle, mit dem das europäische Zeitalter endgültig beginnt, kann man in der Mitte des 18. Jahrhunderts ansetzen. Die alten

Hochkulturen aus Südwestasien, Indien und China können mit Europa technisch, wissenschaftlich, militärisch, ökonomisch und politisch nicht mehr mithalten. Ein wichtiges Datum ist der 23. Juni 1757. Bei Plassey in Bengalen findet „eine der wichtigsten Schlachten der Weltgeschichte" statt, in der die Briten mit geringem Aufwand ihre Hegemonie über Indien begründen (Landes 1999: 178). Bei anderen Zivilisationen sollte es noch etwas dauern: Im Opium-Krieg 1839 bis 1842 erlebte China wohl das größte Debakel seiner Geschichte; nach seiner Niederlage wurde es für die nächsten Jahrzehnte zum Spielball ausländischer Interessen; den europäischen Staatsmaschinen und der kapitalistischen Wirtschaft hatte es jedenfalls nichts mehr entgegenzusetzen. 1854 erzwangen US-amerikanische Schiffe die Öffnung Japans, das sich einige Jahrhunderte fast völlig von westlichen Einflüssen abgeschottet hatte.

Schon mit dem Ersten Weltkrieg hätte das europäische Zeitalter enden können. Berühmte Schriftsteller wie Paul Valéry und Hermann Hesse sprachen bereits vom „Untergang Europas" (vgl. Lützeler 1992: 301 ff.). Aber die USA, deren Kriegseintritt 1917 das mörderische Ringen letztlich entschieden hatte, zogen sich kurze Zeit später wieder auf eine isolationistische Außenpolitik zurück und traten beispielsweise nicht dem Völkerbund bei. Russland, dessen großes Potential schon lange sichtbar war, blieb nach der Oktoberrevolution viele Jahre mit sich selbst beschäftigt. So konnte Deutschland einen zweiten Versuch wagen, sich als Weltmacht zu etablieren und scheiterte endgültig erst 1945. Das vom Krieg erschöpfte Großbritannien hatte die Zeichen der Zeit erkannt und verzichtete schnell auf sein Weltreich; dessen Kernstück, Indien, wurde 1947 in die Unabhängigkeit entlassen. Die zweitgrößte Kolonialmacht Frankreich klammerte sich hingegen noch länger an seine wichtigsten Besitzungen (Indochina und Algerien); erst nach dem Zusammenbruch der vierten Republik 1958 fand es sich mit seiner Lage als europäischer Mittelmacht ab.

Zur Bestätigung meiner These, dass das europäische Zeitalter nur zwei Jahrhunderte (ca. 1750 bis 1945) währte, möchte ich noch ein Indiz anführen, und zwar *demografische Daten*, also Schätzungen zu den Einwohnerzahlen der jeweiligen Erdteile (McEvedy/Jones 1978). Gegen dieses Argument sind sicherlich zwei Einwände möglich: Zum einen sind die Zahlen sehr ungenau und nur schwach durch empirisches Material zu sichern. Zum anderen ist Quantität nicht Qualität; die Anzahl der Einwohner eines Landes sagt nichts aus über dessen politische, wirtschaftliche und kulturelle Macht. Dennoch ist ein Blick auf die zur Verfügung stehenden und von etlichen Experten berechneten Zahlen lehrreich. Das Ergebnis ist eindeutig: Sowohl China als auch Indien hatten fast immer mehr Einwohner als alle europäischen Länder zusammen, vor allem wenn man das größte europäische Volk, die Russen, nicht mitzählt. Der Anteil Chinas an der Weltbevölkerung schwankt wohl im Laufe der letzten Jahrtausende zwischen 20 und 30 %, derjenige Indiens zwischen 15 und 20%. Man kann also mit Recht sagen, dass wir es hier mit zwei „geborenen" Weltmächten zu tun haben (Habermas 2008: 121). Europa erreicht sein Maximum, den höchsten Anteil an der Weltbevölkerung, genau in dem Zeitraum, in dem auch seine politische, militärische, wirtschaftliche und kulturelle Macht am größten war, nämlich um 1900, als jeder vierte Erdenbürger ein Europäer war. Wohlgemerkt: ohne die aus Europa stammende Bevölkerung in Nord- und Südamerika, Australien und Neuseeland, Südafrika oder anderswo. Bereits vor dem Ersten Weltkrieg wachsen aber die Bevölkerungen der anderen Kontinente stärker und beginnen die europäischen Zuwachsraten zu sinken; ein Geschichtsphilosoph wie Spengler sah das damals schon als Zeichen des Niedergangs (Spengler 1972: 678 ff.). Seit vielen Jahren gibt es bekanntlich in den meisten Ländern Europas überhaupt keinen nennenswerten Anstieg der Einwohnerzahlen mehr, während wir uns für Asien und Afrika an den Ausdruck ‚Bevölkerungsexplosion' gewöhnt haben. So ist der prozentuale Anteil Europas von 25% im Jahr 1900 auf heute ca. 10% gesunken. 2060 wird Europa nur noch 6% der Weltbevölkerung stellen; zudem wird ein Drittel der Europäer dann älter als 65 Jahre sein. Die Demografie bestätigt also meine generelle These über die begrenzte weltgeschichtliche Rolle Europas.

An dieser Stelle sei, obwohl es eher einem Exkurs gleichkommt, ein Blick auf *Deutschland* erlaubt. Die Blütezeit des deutschen Sprachraums liegt natürlich innerhalb des europäischen Zeitalters, ja sie deckt sich weitgehend mit diesem. Allerdings lässt sich im Vergleich mit England und Frankreich, auch mit Portugal, Spanien und den Niederlanden eine mehrfache Verzögerung feststellen: die verspätete Nation, die ökonomische Rückständigkeit, die verzögerte Moderne. Auch das sind natürlich nur ganz vage Feststellungen. Für einen besonderen Bereich, nämlich die deutschsprachige Literatur, ist sogar behauptet worden, diese habe eigentlich nur zwei Blütezeiten erlebt, nämlich zum einen den Zeitraum 1770 bis 1830, also die Goethe-Zeit, und zum anderen den Zeitraum 1900 bis 1933, also die klassische Moderne in der Literatur (Schlaffer 2007). In anderen kulturellen Bereichen, etwa der Musik, der Philosophie und vielen empirischen Wissenschaften, war der deutsche Sprachraum allerdings bis 1933 durchgängig vorbildlich, von Johann Sebastian Bach über die Brüder Humboldt bis zu Albert Einstein. Welthistorisch spielt Deutschland jedoch eine geringere Rolle als England (das Mutterland der industriellen Revolution und die Weltmacht Nr. 1 im europäischen Zeitalter) oder Frankreich (das Land der großen Revolution von 1789 mit ihren weitreichenden Folgen).

Dennoch war Deutschland für den Beginn und das Ende des europäischen Zeitalters indirekt beziehungsweise direkt verantwortlich. Nicht sehr bekannt ist die indirekte deutsche Verantwortlichkeit für den *Beginn des europäischen Zeitalters* in der Mitte des 18. Jahrhunderts. Der damalige britische Premierminister

William Pitt der Ältere formulierte es so: Wir haben Amerika in Deutschland erobert (zit. in Schulze 1998: 98). Wieso? Als Friedrich II. von Preußen am 16.12.1740 in das österreichische Schlesien einmarschiert, löst er dadurch eine nur von kurzen Feuerpausen unterbrochene 23-jährige Kriegszeit aus, in die alle kontinentaleuropäischen Mächte verwickelt waren. Das gilt auch für den wichtigsten weltpolitischen Konkurrenten Großbritanniens, nämlich Frankreich, mit dem es in Kanada, in der Karibik, in Westafrika und in Indien zu militärischen Zusammenstößen kam. Weil die französischen Kräfte aber sehr viel stärker durch die von Preußen ausgelösten kontinentaleuropäischen Auseinandersetzungen beansprucht waren, konnte sich Großbritannien gerade in diesen Jahren auf der Bühne der Weltpolitik durchsetzen.

Am *Ende des europäischen Zeitalters* steht der zweite Dreißigjährige Krieg, also die Epoche der Weltkriege 1914–1918 und 1939–1945, wobei der Zweite Weltkrieg den Ersten fortsetzt und radikalisiert. Dass Deutschland für den Ersten Weltkrieg eine Mit- und für den Zweiten Weltkrieg die alleinige Verantwortung trägt, ist bekannt. Interessanterweise war der Zweite Weltkrieg zunächst ein relativ begrenzter europäischer Konflikt (J. Lukács 1978). Er wurde erst 1941 von Deutschland ohne Not ausgeweitet, zum einen mit dem Überfall auf die Sowjetunion am 22.6., zum anderen mit Hitlers Kriegserklärung an die USA in seiner Reichstagsrede vom 11.12.1941 (vgl. Haffner 1978: 147 ff.). Dadurch wurden die beiden großen Flügelmächte in den Krieg, den sie dann gewinnen sollten, überhaupt erst hineingezogen. Kein anderer Kontinent hat sich jedenfalls auf so brutale Weise selbst zerstört wie Europa in diesem zweiten Dreißigjährigen Krieg.

Fassen wir zusammen: In weltgeschichtlicher Perspektive ist Europa tatsächlich, wie es vielleicht zuerst Nietzsche auf den Punkt brachte, bloß eine „kleine Halbinsel" Asiens (KSA II: 650). Die neue postkoloniale Geschichtsschreibung betrachtet unseren Erdteil nicht zu Unrecht als „Provinz" (Chakrabarty 2010). Das wichtigste Ereignis des 20. Jahrhunderts sind vielleicht gar nicht die beiden Weltkriege, sondern ist vielmehr der Chinesische Bürgerkrieg: Er dauerte ein Vierteljahrhundert (1924 bis 1949) und kostete mehrere Millionen Opfer, aber im Ergebnis wurde das Land wieder geeint und von äußeren Mächten befreit, so dass es im 21. Jahrhundert erneut zur Weltmacht werden kann (Haffner 1966/2002: 20 f.). Bereits heute sind China und die anderen ostasiatischen Staaten aus der Weltpolitik nicht mehr wegzudenken (Khanna 2019, Zhao 2020). Die rätselhafte Rolle Europas besteht also in dem rasanten Aufstieg seit dem späten Mittelalter und der kurzen Dominanz im Zeitraum von 1750 bis 1945. Aus dem Blickwinkel früherer Epochen ist Europa im machtpolitischen Wettrennen der Weltgeschichte ein (zeitweiliger) Überraschungssieger. Wie lässt sich dieses Rätsel lösen?

6.2 Theorien über den Aufstieg Europas

Wenn ich im Folgenden einige Lösungsansätze darstelle, so muss wiederum vorausgeschickt werden, dass es hier allein um eine extrem vereinfachte Zusammenfassung gehen kann. Zudem beschränke ich mich auf drei der berühmtesten Konzeptionen. Keiner dieser Ansätze ist monokausal, alle sind bereits Synthesen unterschiedlicher Hypothesen, die heute im Rahmen komplexer Forschungsprogramme geprüft werden. Die folgende Tabelle gibt einen Überblick.

Name	Begründer	gegenwärtige Forschungsprogramme	entscheidender Faktor
klassisch-liberal	Adam Smith	ökonomisch fundierte Modernisierungstheorien	geregelte Freiheit
kapitalismuskritisch	Karl Marx	Weltsystemtheorien	gewaltsame Ausbeutung
kulturalistisch	Max Weber	Theorien der multiplen Moderne	religiös verankertes Ethos

(a) Der *klassisch-liberale* Ansatz lässt sich zurückverfolgen bis in die Aufklärungszeit, zumindest bis zu Adam Smith, der in seinem politisch-ökonomischen Hauptwerk die Ursachen erörtert, aus denen der Wohlstand der Nationen entspringt oder entspringen könnte. In dieser Tradition stehen heute die ökonomisch fundierten Entwicklungs- und Modernisierungstheorien sowie die neoklassischen und neoinstitutionalistischen Wirtschaftstheorien. Der Erfolg Europas beruhe demnach darauf, dass es bestimmte Freiheiten in einem geordneten Rahmen gibt (vgl. Jones 1991). Diese *geregelte Freiheit* lässt sich auf drei Ebenen erkennen.

Zunächst einmal bedarf es einer Vielzahl von Staaten und Volkswirtschaften, die miteinander in Konkurrenz stehen. Diese dürfen ihre Binnenwirtschaft nicht protektionistisch einmauern, sondern sollten die komparativen Kostenvorteile abschöpfen, die sich durch den Freihandel ergeben. Zentralisierte Imperien mit absoluten Herrscherrechten und einer strengen Kommandowirtschaft (wie in China) haben sich als weniger entwicklungsfähig erwiesen. Eine Vielzahl von Staaten schafft zudem ehrgeizigen Individuen die Möglichkeit, ihre Ziele durch Abwanderung zu erreichen; so konnte der aus Genua stammende Kolumbus zuerst nach Portugal und dann nach Spanien weiterziehen. Insofern war der Untergang des Römischen Reichs entgegen der Meinung der meisten Lateinlehrer ein Glücksfall für das heutige Europa.

Sodann hat es sich als vorteilhaft erwiesen, wenn es verschiedene, voneinander getrennte soziale Sphären gibt. In der Soziologie spricht man von funktionalen Differenzierungen, die die Moderne kennzeichnen, während die Gesellschaften früherer Epochen segmentär oder stratifiziert (geschichtet) waren. Die erste Differenzierung ist die zwischen Politik und Religion, die tief im Christentum angelegt ist, nicht jedoch im Islam. Dann ist die Freiheit der Wissenschaften zu erwähnen, die sich in eigenen Institutionen organisiert; die muslimischen Lehranstalten in Fes und Kairo sind zwar älter als die europäischen Universitäten in Bologna, Paris, Prag usw., aber sie konnten sich nie der staatlichen und religiösen Bevormundung entziehen. Seit dem 17. Jahrhundert bildeten die wissenschaftlichen Akademien und die bürgerlichen Salons sowie das umfangreiche Pressewesen einen weiteren wichtigen Vorteil Europas. Entscheidend ist die Herauslösung des ökonomischen Subsystems aus überschaubaren Hauswirtschaften, traditionalen Lebenswelten und politischen Reglementierungen. Allerdings darf der Staat nicht völlig verschwinden; Adam Smith beharrt auf wichtigen Staatsfunktionen wie dem Schutz nach außen, der Gewährleistung von Rechtssicherheit im Inneren und der Verantwortung für öffentliche Güter (Infrastrukturen, Bildungs- und Gesundheitswesen u. a.). Alle anderen Institutionen, etwa „Armengesetze" und Handelsbeschränkungen, seien überflüssig. Schließlich befürwortet Smith auch die politische Gewaltenteilung zwischen Legislative, Exekutive und Judikative (Smith 1978: 582, 611f., 785 u.ö.). Vielfalt allein reicht aber nicht: Im Vergleich zu Europa war Indien in mehrfacher Hinsicht noch pluralistischer. Noch wichtiger als die Differenzierung ist, wie die Soziologen sagen, die „Interpenetration", d. h. die gegenseitige Durchdringung der Sphären innerhalb eines Systems (vgl. Münch 1988, Kap. 7). In Indien waren die Bereiche des Religiös-Geistigen, des Politisch-Militärischen und des Ökonomischen, wie man am Kastenwesen sehen kann, so strikt getrennt, dass es zu keinem befruchtenden Austausch kommen konnte.

Schließlich sind die individuellen Freiheiten erwähnenswert. Bekanntlich begründet Adam Smith den Erfolg des Kapitalismus als erstes mit der Arbeitsteilung zwischen den Individuen: Jeder soll den Beruf wählen, in dem seine Fähigkeiten am besten zur Geltung kommen können. Darauf aufbauend verteidigt er das Recht jedes Einzelnen, in seinen Geschäften eigennützig zu Werke zu gehen. Voraussetzung dafür sind die von Locke proklamierten negativen Abwehrrechte, also die Freiheit von Leib, Leben und Eigentum. Damit konnte man sich gegen obrigkeitliche Willkür absichern, die jeden Zugewinn abschöpft oder zerstört. Auf der Grundlage solcher individuellen Freiheiten werden verbindliche Verträge geschlossen, entstehen Korporationen (Zünfte, Gilden, Genossenschaften etc.) und selbstverwaltete Kommunen („Stadtluft macht frei"). Die freien Städte haben sicherlich erheblich zum Aufstieg Europas beigetragen (vgl. Breuer 1998: 152–160).

(b) Während das klassisch-liberale Modell weitgehend im Reinen ist mit dem Aufstieg Europas, sieht die zweite Theorie eher die dunkle Seite. Dieser *kritische* Erklärungsansatz hat einen seiner Gründerväter in Karl Marx; der Gegenstand der Kritik ist nicht in erster Linie das politische System Europas, sondern der *Kapitalismus*. Unter den im weitesten Sinne neomarxistischen Positionen der Gegenwart ist insbesondere die von Immanuel Wallerstein seit den 1970er Jahren begründete Weltsystem-Theorie hervorzuheben (vgl. H.-H. Nolte 2005). Was das moderne Europa von seinen Konkurrenten unterscheidet, ist nach diesem Ansatz nicht die Marktwirtschaft, denn Märkte gibt es überall. Auf diesen werden aber materielle Güter gehandelt, nicht jedoch wie in Europa seit der frühen Neuzeit auch Arbeit und Boden. Die kapitalismuskritische These ist also: Ohne die gewaltsame Ausbeutung anderer hätte es Europa niemals so weit gebracht; das Unglück der anderen war die notwendige oder sogar die hinreichende Bedingung für das Glück des Aufsteigers. Dieser Ansatz kann in drei Varianten vertreten werden.

Zunächst einmal gibt es eine *internalistische* Fassung. Europas Siegeszug beruht demnach auf der gewaltsamen Ausbeutung der großen Mehrheit seiner Bevölkerung, sogar genau derjenigen Klassen und Schichten, die seinen Reichtum erwirtschaften. Die Bauern werden von ihrem Grund und Boden vertrieben, etwa um dort Schafe weiden zu lassen, deren Wolle man verkaufen kann. Nur so kommt, was Marx die „ursprüngliche Akkumulation" nennt, in Gang (MEW 23, Kap. 24). Die entwurzelten Bauern müssen in die Städte ziehen und ihre Arbeitskraft zum Verkauf anbieten. Sie werden dort erst formell, später reell unter die Gesetze der kapitalistischen Produktion subsumiert, was nichts anderes bedeutet, als dass Leib und Seele nach den abstrakten Mustern der großen Industrie zugerichtet werden. Diejenigen, die gleichsam draußen bleiben, bilden das Heer der Arbeitslosen, die „industrielle Reservearmee" (MEW 23: 657–675).

Nach der *externalistischen* Variante des kritischen Ansatzes sind die Leidtragenden weniger die Menschen innerhalb Europas als vielmehr diejenigen außerhalb, nämlich in der Semiperipherie und Peripherie des durch Europa dominierten neuen Weltsystems. Ein interessantes Beispiel ist der sogenannte Dreieckshandel, der vor allem im 18. Jahrhundert blühte (vgl. Williams 1944, Wirz 1984): Europäische Kaufleute fahren mit gut bewaffneten Schiffen an die afrikanische Westküste. Für Waffen und Eisenwaren sowie Schnaps und Glasperlen kaufen sie dort von den untereinander verfeindeten Völkern in großer Anzahl Sklaven. Diese werden, wobei ein hoher Prozentsatz elend ums Leben kommt, nach Amerika transportiert, wo die Schwarzen in der Plantagenwirtschaft der Karibik vor allem Zuckerrohr anbauen müssen; später kommen in den US-Südstaaten auch Tabak und Baumwolle hinzu. Mit diesen typischen „Kolonialwaren" fahren die Schiffe zurück nach Europa und verbuchen enorme Gewinnspannen.

Gewiss, ein vereinfachtes Modell, aber klar ist, dass die Gewinner vor allem die Reeder waren, die sicher in den englischen Hafenstädten saßen. Nur nebenbei sei bemerkt, dass zu den Verlierern auch die europäischen Konsumenten gehörten, die sich Karies und Lungenkrebs einhandelten. – Ein zweites Beispiel für einen ertragreichen Dreieckshandel stammt aus der ersten Hälfte des 19. Jahrhunderts: Großbritannien, damals die Werkbank der Welt, liefert Fertigwaren nach Indien, dessen Baumwollindustrie vorher niedergemacht wurde und wo nun Opium angepflanzt wird, das dann nach China geliefert wird, um dafür Tee zu kaufen, damit dieser in England um 5 Uhr nachmittags getrunken werden kann. Als der chinesische Kaiser den Opiumhandel unterbinden möchte, kommt es zum oben schon erwähnten Opiumkrieg.

In den letzten Jahrzehnten kam eine dritte Variante des kritischen Ansatzes hinzu, eine *ökologische:* Gewaltsam ausgebeutet werden, so hier die These, nicht nur die Menschen in Europa und Übersee, sondern auch die Natur. Der Aufstieg Europas war nur möglich durch eine Externalisierung der Kosten, indem Landschaften zerstört, in Hunderten von Millionen Jahren angewachsene natürliche Rohstoffe in wenigen Jahrzehnten ausgebeutet, Tier- und Pflanzenarten vernichtet sowie die Erdatmosphäre verpestet werden (weiter zu diesem Punkt in Kap. 7.4,1).

(c) Der dritte Ansatz geht auf Max Weber zurück. Dieser berühmte deutsche Soziologe hat sich viele Jahre lang mit dem Rätsel Europa beschäftigt; die „Vorbemerkung" zu seinen *Gesammelten Aufsätzen zur Religionssoziologie* (1920) fasst das Problem, um das es geht, auf unübertroffene Weise zusammen (Weber 2006: 11–22). Werkgeschichtlich war es so, dass Weber zunächst entdeckte, welche Relevanz bestimmte Strömungen des Protestantismus für den Aufstieg des Kapitalismus hatten. Daraufhin begann er mit vergleichenden religionssoziologischen Analysen zu den anderen Kulturräumen. Habermas hat in seinem Hauptwerk, der *Theorie des kommunikativen Handelns* (1981), die entsprechenden Überlegungen systematisiert. Eine interessante Weiterführung ist die von Shmuel Eisenstadt (2000) entwickelte Theorie der Vielfalt der Moderne („multiple modernities"). Der entscheidende Punkt, so kann man diesen *kulturalistischen* Ansatz verstehen, sind die unterschiedlichen, in Weltbildstrukturen verankerten Ethosformen.

Auch dieses Modell kann ich hier nur in ganz vereinfachter Form darstellen. In einer Variante wird es als erklärungsbedürftig angesehen, dass sich in Europa ein technischer Geist herausbildete, dessen Ziel die *Naturbeherrschung* war. Dafür werden vier der wichtigsten Weltbilder idealtypisch rekonstruiert, und zwar anhand zweier Leitdifferenzen. Zum einen kann man gegenüber der Welt eher positiv oder eher negativ eingestellt sein, im Sinne einer Weltbejahung oder einer Weltverneinung. Zum anderen kann das vorherrschende Praxismuster eher passiv oder eher aktiv sein; in der abendländischen Philosophie wird dementsprechend zwischen *vita contemplativa* und *vita activa* unterschieden. Durch die Kombination der zwei Leitdifferenzen ergeben sich vier idealtypische Gesamteinstellungen, denen in dem folgenden Schema bereits wichtige „Weltanschauungen" zugeordnet sind:

	passiv (Kontemplation)	aktiv (Intervention)
positiv (Weltbejahung)	griechische Metaphysik	Konfuzianismus
negativ (Weltverneinung)	Hinduismus	Protestantismus

Zur Erläuterung: Das beste und wirkungsmächtigste Beispiel für die antike Metaphysik ist das Denken des Aristoteles. Wie vorher schon die meisten frühgriechischen Philosophen hatte er ein positives Weltbild; der Kosmos ist, trotz aller Ungereimtheiten hier auf Erden, insgesamt zweckmäßig geordnet. Die vorherrschende Handlungseinstellung ist die Kontemplation; dem philosophischen Leben, dem *bios theoretikos*, so Aristoteles, gebühre der Vorrang gegenüber der Praxis, dem *bios politikos*. Der Konfuzianismus, die wichtigste Ethik des alten China, war ebenfalls weltbejahend, präferiert aber das tätige Leben; Kongzi selbst hat überhaupt keine theoretische, sondern nur eine praktische Philosophie entwickelt. Anders die Lage in Indien: Hier dominieren geistige Strömungen, die eher weltablehnend sind und daraus die Konsequenz ziehen, sich auf das eigene Innere zu konzentrieren, also die Mystik bevorzugen gegenüber einem Handeln, das in die Welt eingreift und diese verändern möchte. Letzteres ist aber die Einstellung des Protestantismus, zumindest (so Max Weber) in den calvinistischen, puritanischen und nonkonformistischen Strömungen des 17. und 18. Jahrhunderts: Die Welt sei zwar Gottes Schöpfung, aber nicht selbst heilig; durch die Erbsünde sei die gesamte Natur korrumpiert. Mit der Weltverneinung wird aber nicht die Abkehr von ihr kombiniert, sondern eine interventionistische Einstellung, mit der man sich die Natur untertan machen möchte. Genau ein solcher prometheischer Geist war förderlich für den wirtschaftlichen, militärischen und politischen Aufstieg Europas.

Eine andere Variante dieses Ansatzes stellt die Entwicklung des *Individualismus* in den Mittelpunkt. Dessen kulturelle Grundlagen werden ebenfalls aus religiös-weltanschaulichen Faktoren abgeleitet. In China, vor allem im seit dem 12. Jahrhundert dominierenden Neokonfuzianismus, spielt die Ahnenverehrung eine entscheidende Rolle. Jeder Mensch sieht sich als Glied einer langen Kette, wobei zwischen den direkten Bezugspersonen (Vater/Sohn, Mann/Frau, älterer/jüngerer Bruder usw.) klare Hierarchien existieren. Hingegen werden die Individuen in Erlösungsreligionen wie den indischen Systemen, dem Christentum und dem Islam stärker aus ihren hierarchisch-verwandtschaftlichen Verbindungen herausgelöst. In Indien bildet jedoch der verbreitete Glaube an die Seelenwanderung ein starkes Gegengewicht; philosophische Ansätze wie die Vedanta sind zwar individualistisch orientiert, propagieren aber die Aufhebung des Ich (Atman) in einem höheren Selbst (Brahman). Warum aber ist das (westliche) Christentum individualistischer als der (sunnitische) Islam? Zunächst einmal hat der Islam im Unterschied zum Christentum grundsätzlich eine positive Welteinstellung, die das individuelle Streben nach Erlösung abschwächt. Sodann kennt der Islam keine Sakramente. Weil es deshalb auch keine Taufe gibt, ist eine individuelle Entscheidung für den Glauben an Allah eigentlich nicht nötig. Schließlich haben sich patriarchalische Traditionen, die älter sind als der Islam, in diesem stärker erhalten als im christlichen Europa, wo wahrscheinlich die kleinbäuerlichen Wirtschaftsformen des frühen Mittelalters zur Auflösung der großfamiliären Abhängigkeitsverhältnisse beitrugen. Im muslimischen Kulturkreis, vor allem in der arabischen Welt, dominieren (wie im konfuzianischen China) patrilineare Abstammungsmodelle vertikaler Art. Hingegen hat das Christentum eher horizontale Modelle gefördert, etwa durch die Idee, dass sich alle Christen als (gleichberechtigte) Kinder Gottes ansehen können, während Allah im Koran nicht als Vater bezeichnet wird.

Die Herausbildung der spezifisch westeuropäischen Familienform einer „gattenzentrierten Kleinfamilie" hat noch eine weitere Folge, nämlich eine bessere Stellung der Frauen (vgl. Mitterauer 2003, Kap. 3). Aus heutiger Sicht kommt es uns so vor, als wenn sich deren soziale Situation erst in den letzten Jahrzehnten verbessert hätte. Tatsächlich hatten diese schon in den letzten Jahrhunderten in Westeuropa mehr Chancen und Rechte als in anderen Hochkulturen mit patrilinearen Abstammungslinien. Das drückt sich, scheinbar oberflächlich, darin aus, dass die väterlichen wie die mütterlichen Verwandten dieselben Bezeichnungen tragen (etwa der Vaterbruder und der Mutterbruder als „Onkel"), was im weltweiten Vergleich eher ungewöhnlich ist. So kommt es auch, dass Besuchern aus anderen Kulturkreisen das öffentliche Auftreten von Frauen in Europa immer schon aufgefallen war (vgl. Thies 2009).

So viel zu den drei Ansätzen, die den Aufstieg Europas verständlich machen wollen. Wahrscheinlich wird man diese wiederum kombinieren und gewichten müssen, unter Hinzufügung weiterer Faktoren. Vollkommen wird sich das Rätsel Europa aber wohl auch dann nicht lüften lassen.

6.3 Zur Situation Europas im 21. Jahrhundert

Nach diesem Galopp durch die Weltgeschichte sollten wir noch einen Blick in die Zukunft werfen und fragen, was aus Europa werden kann und soll. Ich möchte es wagen, vier mehr oder weniger wahrscheinliche Szenarien zu entwerfen, für die wir in Vergangenheit und Gegenwart einige Indizien entdecken können.

Das erste Szenario ist ein *romantisches:* Nach dem Ende des europäischen Zeitalters 1945 und einer Zwischenperiode, in der sich die beiden atomar bewaffneten Weltmächte USA und UdSSR auf europäischem Boden direkt gegenüberstanden, kommen wir Europäer jetzt in eine Epoche des Friedens. Während anderswo weiterhin blutige Kriege toben mögen, bittere Armut herrscht und sich andere Mächte (wie die USA und China) im pazifischen Raum um die Weltherrschaft streiten, führen wir Europäer ein schönes Leben in der Nische. Eine historische Analogie ist die Situation Griechenlands nach seiner klassischen Epoche unter der Hoheit des römischen Imperiums (Bender 2003). So wie die Griechen ihre beste Zeit schon hinter sich hatten, aber in der Kaiserzeit nun wenigstens in Frieden leben können, wird auch Europa bedeutsame Leistungen nicht mehr hervorbringen können, aber sich wenigstens nicht mehr selbst zerfleischen. Unsere Vorbilder könnten post-klassische Autoren wie Plutarch und Lukian sein, die sich mit ihrer umfassenden Bildung historisch und ironisch auf die Welt beziehen. Vielleicht wird auch einmal ein Weltherrscher nach Europa kommen (wie der römische Kaiser Hadrian nach Athen), aber weniger aus machtpolitischen, sondern vielmehr aus nostalgisch-kulturellen Gründen. – Leider ist dieses Szenario zu schön, um wahr zu sein. Europa ist viel zu stark weltwirtschaftlich verflochten. Die großen ökologischen Probleme des 21. Jahrhunderts wie die Erderwärmung oder die Ressourcenverknappung werden vor unserer Haustür nicht Halt machen. Aus ökonomischen, ökologischen oder politischen Gründen werden weiterhin viele Menschen nach Europa flüchten wollen. Schließlich sind wir durch eine universalistische Moral verpflichtet, uns auch um Probleme außerhalb der eigenen Grenzen zu kümmern.

Das zweite Szenario ist *pessimistisch.* Der Jugoslawien-Krieg der 1990er Jahre war kein Sonderfall, etwa gar bloß die Spätfolge des Zerfalls der Habsburger Monarchie und des Osmanischen Reiches, sondern ein Vorbote dessen, was kommen wird. Die Konflikte verschärfen sich, wenn die Kassen leerer, die Ressourcen knapper und die sozialen Unterschiede extremer werden. Wegen umstrittener Fischereirechte haben Länder wie Großbritannien, Spanien und Island schon einmal ihre Kriegsschiffe gegeneinander mobilisiert. Die gegenwärtigen Zerwürfnisse in der Europäischen Union wären nach diesem Szenario kein vorübergehendes Phänomen in ökonomischen Krisenzeiten, sondern würden sich verstärken. Nationale Ressentiments lassen sich, wie die Corona-Krise und manches Fußball-Länderspiel beweisen, schnell mobilisieren; stärker als die alten elektronischen sind die neuen digitalen Medien viel anfälliger für Desinformation, Kampagnen und Hetze. Die Fremdenfeindlichkeit könnte stark zunehmen und zu noch mehr Terroranschlägen, sogar Pogromen führen. Europa würde zurückstürzen in eine Zeit der Zwistigkeiten und Konflikte, ja der Gewalt. Dies war in der europäischen Geschichte der Normalfall. Die Europäische Union bietet keinen Schutz; auch innerhalb des Heiligen Römischen Reiches deutscher Nation gab es Kriege. Den Bürgerkrieg in Jugoslawien haben die Europäer allein nicht beenden können; dazu mussten erst die US-Amerikaner eingreifen. Muss also irgendwann Europa, damit es sich nicht erneut selbst zerfleischt, wieder von einer auswärtigen Macht, bevorzugt natürlich den USA, besetzt werden? – Es dürfte klar sein, dass wir diese Entwicklung nicht wollen können. Glücklicherweise scheinen die politischen Institutionen und die politische Kultur in Europa wohl inzwischen so weit entwickelt zu sein, dass zumindest eine Kriegsgefahr nicht wirklich besteht.

Das dritte Szenario ist ein *machtpolitisches*. Vom Niedergang Europas, etwa um 1980 unter dem Stichwort ‚Eurosklerose', war schon öfter die Rede; aber immer haben wir unsere Probleme lösen können. Tatsächlich stehen die Chancen nicht schlecht, dass Europa im 21. Jahrhundert wieder als Großmacht auftreten kann, etwa im engen Verbund mit den USA, eventuell sogar mit größerer Eigenständigkeit. Viele relevante Faktoren (ökologisch, militärisch, politisch, kulturell) gelten als solide (Nye 2011: 233–241). Vor allem besitzt Europa den größten Binnenmarkt der Welt und hat zusammen erheblich mehr Einwohner als die USA. Indien und China, ganz abgesehen von der islamischen Welt, Lateinamerika oder gar Afrika werden in den kommenden Jahrzehnten sicherlich viel größere Probleme zu bewältigen haben als Europa. Eine erneute Alleinherrschaft Europas wie zwischen 1750 und 1945 ist nicht zu erwarten; möglich wäre aber ein neues Konzert der Mächte wie zwischen 1815 und 1914, nur dieses Mal auf Weltebene. In der politikwissenschaftlichen Terminologie der Theorie der internationalen Beziehungen wäre dieses auf Machtgewinn angelegte Szenario als ein *realistisches* zu bezeichnen. – Aber wollen wir dieses Europa? Oder vielmehr: Stehen wir nicht vor Herausforderungen, die mehr verlangen als eine Fortsetzung des ewigen Kampfes um Macht und noch mehr Macht? Und schließlich: Sollten uns unsere normativen Überzeugungen nicht auch eine andere Welt nahelegen?

Deshalb möchte ich hier meine Sympathien für ein viertes Szenario bekunden, das man in der Theoriesprache der internationalen Politik als ein *idealistisches* bezeichnen müsste. Auch hier wird vorausgesetzt, dass Europa seine inneren Krisen überwindet, sich politisch einigt und weltweit mit einer Stimme spricht, aber nicht zum Zwecke des bloßen Machtgewinns, sondern im Sinne einer normativ orientierten Politik. Viele US-Amerikaner(inn)en, die von ihrem eigenen Land enttäuscht sind, setzen solche Hoffnungen auf Europa (etwa Rifkin 2004 und Piper 2018). Im Gegensatz zu den USA sei Europa noch nicht ganz dem Egoismus und Konsumismus verfallen, stelle Lebensqualität über die unbegrenzte Steigerung des Lebensstandards, sei Vorreiter in ökologischen Fragen, trete als ernsthafter Vermittler in politischen Konflikten und als effektiver Helfer in Armutsregionen auf. Nicht zuletzt sei Europa ein Hort der niveauvollen Kultur, der klassischen Bildung und des fairen Sports. Nicht nur Erdteile, die Europa aus unterschiedlichen Gründen stärker verbunden sind, etwa Lateinamerika oder Afrika, sondern auch Regionen wie Südostasien und sogar große Mächte wie Indien und China könnten daher vieles aus Europa übernehmen. Die Welt sollte sich in diesem Sinne nicht am Amerikanischen, sondern am Europäischen Traum orientieren.

7 Reflexionen zum Fortschritt

Keine Atempause. Geschichte wird gemacht. Es geht voran.

(Fehlfarben, LP „Monarchie und Alltag", 1980)

Jede philosophische Disziplin hat ihre Leitkategorien. Aus den im fünften Kapitel vorgestellten Modellen lassen sich mehrere solcher Grundbegriffe ableiten. Aber seit der Aufklärung, in der überhaupt erst die Geschichtsphilosophie als Disziplin entstand, dominiert die Idee des Fortschritts, wenn auch manchmal nur als Angriffsfläche für ihre Gegner. Zudem waren einige Zeiträume fortschrittsgläubiger als andere. Besonders stark war die Euphorie vielleicht in den Jahren um 1900, die man in Frankreich als Belle Époque und in den USA als Gilded Age bezeichnet. Auch in den 1960er Jahren und den 1990er Jahren war der Optimismus größer als in den nachfolgenden Dekaden.

Eng verbunden mit der Idee des Fortschritts ist der Begriff der *Moderne*; in einigen Konzeptionen bestimmen sich die beiden Konzepte gegenseitig. Obwohl immer wieder Zweifel auftauchten, blieb die Verknüpfung von Moderne und Fortschritt bis heute erhalten, zumindest in Abgrenzung gegen die Vor- und die Nachmoderne. Zugespitzt kann man sagen: In der Vormoderne, also bis ins 18. Jahrhundert, verkannte man geschichtliche Tendenzen des Fortschritts. In der Nachmoderne wähnt man sich jenseits des Fortschritts, weil man entweder jegliche Maßstäbe ablehnt (Postmoderne) oder weil man die künftige Geschichte für unbeeinflussbar hält (Posthistoire). Wer also eine Theorie der Moderne entwickelt, verwendet auch ein Fortschrittsmodell, zumindest implizit.

Gewiss sind viele alte Fortschrittsziele heute passé, hochfliegende Hoffnungen haben sich nicht erfüllt. Vor allem ist der Fortschritt keine politische Religion mehr (vgl. Loewenstein ²2015). Aber entsprechende Konzeptionen gehören immer noch zu den Hintergrundüberzeugungen unserer Zeit: In der Ökonomie ist Wachstum ein fast unhinterfragter Wert, in der Technik geht es um ständige Verbesserungen und Effizienzgewinne, den Sport bestimmt das „citius – altius – fortius", in der modernen Kunst gilt das Neue weithin als das Bessere. Aber auch im Politischen: Wir wollen, dass die Zukunft besser ist als die Gegenwart und die Vergangenheit, von der wir oft nur dunkle Vorstellungen haben. In Deutschland sind wir uns beispielsweise überwiegend einig, dass die jetzige Situation besser ist als in der DDR, im „motorisierten Biedermeier" der frühen BRD und vor allem in der NS-Zeit, die als absoluter Kältepol begriffen wird. Auch frühere Zeiten erwecken keine Nostalgie mehr. Also doch Fortschritt als Leitideologie?

Im Folgenden entwickle ich nach einigen Bemerkungen zum Wort „Fortschritt" den modernen Begriff des Fortschritts (1). Wenn man nach den dafür erforderlichen normativen Fundamenten sucht, gelangt man zu zwei philosophischen Varianten, dem utilitaristischen (2) und dem deontologischen Modell (3). An Einwänden mangelt es nicht, wobei zunächst interne Einwände dargestellt werden, die zumindest eine Abschwächung der genannten Ansätze erfordern. Danach präsentiere ich eine Reihe von externen Einwänden: Externalisierungen, Ambivalenzen, Diskontinuitäten (4). Dabei geht es mir nicht um eine Widerlegung der Fortschrittsidee. Die kritischen Argumente führen nicht dazu, eine andere Idee zu favorisieren, also Stillstand, Kreislauf oder Niedergang. Ziel meiner Überlegungen ist vielmehr ein anderer Status des Fortschritts. In diesem sollten wir nicht das Wesen der Geschichte sehen, sondern ihn primär als politisches Projekt begreifen (5).

7.1 „Fortschritt" als Wort und Begriff

In der deutschen Sprache ist „Fortschritt" ein junger Ausdruck, nämlich ein seit dem 18. Jahrhundert nachweisbares Lehnwort zum französischen „progrès". Das Adjektiv „fortschrittlich" wird sogar erst im 19. Jahrhundert gebräuchlich. Das französische Wort geht zurück auf das lateinische „progressus" (oder „progressio"). Alternativ gab es im Lateinischen auch noch das Wort „profectus", das sich eher in christlichen Texten findet. Die entsprechenden Ausdrücke im alten Griechisch, entweder „prokopē" oder „epidosis", beziehen sich meistens auf den inneren Fortschritt eines einzelnen Menschen, seit Platon (Politeia 518d) vor allem auf den Aufstieg der Seele. Eine normative Vervollkommnung halten aber die meisten für unmöglich; ein Mensch sei entweder moralisch oder unmoralisch (Diogenes Laertius VII, 127). Verbesserungen gebe es nur im äußeren Bereich, also in den letztlich irrelevanten sichtbaren Verhaltensweisen.

Auch das englische Wort „progress" wurde noch im 18. Jahrhundert primär auf Individuen bezogen. Berühmte Beispiele sind *The Pilgrim's Progress* (1678) von John Bunyan sowie später die Bilderzyklen *The Harlot's Progress* (1731/32) und *The Rake's Progress* (1735) von William Hogarth. Lichtenberg übersetzt das noch am Ende des 18. Jahrhunderts einfach mit „Weg" im Sinne von „Lebensweg" oder „Lebenslauf" (vgl. Sommer 2006: 423). Eine andere Übersetzungsmöglichkeit wäre „Fortgang" gewesen. In der Sattelzeit setzt sich dann aber das Wort „Fortschritt" durch und wird, ideengeschichtlich lange vorbereitet, vom Individuum auf die Gattung übertragen. Zudem werden die vielen „Fortschritte" zu dem einen „Fortschritt" zusammengefasst, zu einem „Kollektivsingular" (Koselleck 1979: 21, 54, 133, 362; ders. 2006: 330, vgl. Koselleck/Meier 1975). Wichtige Belege für diesen Begriffswandel finden sich nicht zuletzt beim späten Kant (XI: 169 u. 366).

Eigentlich wäre das Wort „Vorschritt" besser. Denn die Vorsilbe „fort" bedeutet „weg von", das Präfix „vor" aber „hin zu", wie in „vorwärts" (Demandt 2011: 344). Auch zu dem Antonym „Rückschritt" würde „Vorschritt" besser passen. Tatsächlich wird dieses Wort bei Herder und Goethe unbefangen verwendet. Franz Grillparzer schreibt 1860 sogar: „Der Fortschritt schreitet fort vom Ort; / Doch liegt oft seitwärts Hier und Dort – / Der Vorschritt wäre das rechte Wort." (1892: 67). Auch Nietzsche kontrastiert „Fortschritt" und „Vorschritt": Fortschritt heiße, sich unermüdlich gemeinsam von der Stelle zu bewegen, also nicht stehen bleiben zu können – Vorschritt hingegen wäre: „sich selbst immer wieder zurücklassen" (KSA III: 324). Noch um 1900 ist oft nicht von „fortschrittlichen", sondern von „vorgeschrittenen" Verhältnissen die Rede, beispielsweise bei Georg Simmel (1989: 504, 510, 620, 637 u. ö.). Darüber hinaus fragt man sich angesichts des Tempos der Veränderungen, ob statt vom Fortschritt, also einem Schreiten, nicht besser vom Laufen die Rede wäre, also vom Fortlauf – oder noch besser vom Fort-Rennen oder Fort-Hetzen. Aber wie dem auch sei, seit der Sattelzeit hat sich das Wort „Fortschritt" sprachlich so eingebürgert, dass man es nicht mehr ausweisen kann.

Es müssen jedoch „Differenzierungen im Begriff Fortschritt" (vgl. Bloch 1956) vorgenommen werden. Normalerweise sprechen wir von Fortschritten, wenn wir gerichtete Veränderungen positiv bewerten. Es gibt also zwei konstitutive Merkmale: Zum einen muss gezeigt werden, dass es sich um einen linearen Prozess handelt, nicht um einen sprunghaften bzw. spontanen Durchbruch oder nur eine kurze Aufstiegsperiode in einem zyklischen Prozess. Zum anderen stellt sich die Frage nach den normativen Maßstäben, anhand derer wir die gerichtete Entwicklung positiv beurteilen und nicht negativ. Das Werturteil, bezogen auf einen begründeten Maßstab, ist nicht zu tilgen.

Systematisch lässt sich der Begriff „Fortschritt" folgendermaßen explizieren: S verbessert sich von t_1 über t_2 zu t_3 in der Dimension n nach dem Maßstab M. Es handelt sich also um einen 4-stelligen Begriff, dessen Relata S, t, n und M sind. Gehen wir diese konstitutiven Elemente durch.

S ist das *Subjekt*, von dem der Fortschritt prädiziert wird. Von den Stoikern bis in die frühe Neuzeit war es, wie eben erwähnt, das menschliche Individuum. Im 19. und 20. Jahrhundert sprach man hauptsächlich vom Fortschritt einzelner Nationen und Staaten. In der Geschichtsphilosophie ist das Subjekt aber immer die Menschheit, jedoch, wie im zweiten Kapitel erläutert, nicht als Handlungs-, sondern als Referenzsubjekt. Verschiedene Differenzierungen sind möglich, vor allem räumlich (geografisch) und sachlich (funktional). So kann eine Gesellschaft oder ein Kontinent fortschrittlicher als andere sein, also als Avantgarde für die gesamte Menschheit dienen. Im 19. Jahrhundert war es Europa, im 20. Jahrhundert Nordamerika, im 21. Jahrhundert wird es vielleicht Asien sein. Ebenso ist eine

Differenzierung nach Sphären oder Sektoren möglich (Wirtschaft, Technik, Politik, Kultur usw.). Auch hier kann ein Funktionsbereich, etwa die kapitalistische Produktionsweise, weiter vorangeschritten sein als die anderen, die wohl oder übel nachziehen müssen. Zum selben Zeitpunkt befinden sich also verschiedene Regionen und Subsysteme auf einem unterschiedlichen Entwicklungsstand. Aus der Sicht einer allgemeinen Fortschrittstheorie analysierte Bloch 1935 solche gleichzeitigen „Ungleichzeitigkeiten" (1985: 104–126).

Oft sprechen wir von Fortschritten, die abgeschlossen in der Vergangenheit liegen, wie beispielsweise mögliche Verbesserungen der Malerei in der Renaissance (vgl. Gombrich 2002: 8–23), oder die sich bis in die Gegenwart erstrecken („von der Steinschleuder zur Megatonnenbombe", Adorno 1962: 629), manchmal sogar tief in die Naturgeschichte zurückreichen („von der Amöbe zu Einstein", Popper 1998: 257, 360 u. ö.). Gemäß dem geschichtsphilosophischen Dreieck sind *alle drei Zeitdimensionen* auf ihre spezifische Art einzubeziehen. Bezogen auf unsere obige Definition muss also t_1 in der Vergangenheit liegen, t_2 ist die Gegenwart und t_3 bezieht sich auf die Zukunft. Wie weit man in die Vergangenheit zurückgeht, ist offen; prinzipiell kann die gesamte Menschheitsgeschichte seit dem Jungpaläolithikum einbezogen werden. Allerdings wird man sinnvollerweise wohl kürzere Abschnitte wählen, in denen sich Tendenzen ausmachen lassen, die bis in die Gegenwart reichen. Was die Zukunft betrifft, geht die Geschichtsphilosophie über politische Projekte einer Wahlperiode und selbst einer Generation hinaus. Der geschichtsphilosophische Begriff des Fortschritts ist als generationsübergreifendes Projekt zu verstehen, das über mehrere Jahrzehnte in die Zukunft hineinreicht, ja auf eine Zeit verweist jenseits der Lebensspanne derjenigen, die das Projekt betreiben. Wer Geschichtsphilosophie betreibt, transzendiert innerweltlich die eigene Geburt und den eigenen Tod.

Was ist n? Mit n bezeichne ich die *Dimension*, in der nach Fortschritten gesucht wird. Da wir in einer universalistischen Geschichtsphilosophie die Menschheit als Referenzsubjekt postulieren, bezieht sich dies auf die globale Situation, ihre Vorstufen und Aussichten. Wichtige Kandidaten für n, die ich gleich erörtern werde, sind Glück, Moral, Wohlstand, Gerechtigkeit und Demokratie. Wir müssen, ausgehend von lebensweltlichen Relevanzen, die Dimensionen bestimmen, die wichtig sind und für die wir begründete *Maßstäbe*, nämlich M, besitzen.

In einem relativistischen oder wertskeptizistischen Ansatz wird behauptet, dass wir M nicht bestimmen können. Es gebe keine gerechtfertigten Maßstäbe. Der profilierteste Vertreter dieser Position ist Max Weber, der in grandioser Klarheit die aus seiner Sicht nicht überschreitbaren Grenzen der Wissenschaften dargelegt hat (1988: 518–530, 592–613). Fortschritt gebe es immer bloß bezogen auf die Mittel zu einem Zweck; über die Mittel könne man wissenschaftlich fundierte Auskunft geben, die letzten und höchsten Zwecke jedoch seien nicht begründbar und beliebig wählbar. So ließen sich problemlos technische Fortschritte messen, wobei der Begriff „technisch" hier sehr weit gefasst ist (ebd. 530). Diese Position ist deshalb so plausibel, weil das Aufstiegsmodell, wie wir im fünften Kapitel gesehen haben, am besten durch das epistemisch-technische Argument und die ziellose Evolution gestützt wird. Es gebe sogar einen generellen Fortschritt an Effizienz. Was aber effizienter werde, die technische Kriegsmaschinerie oder die Sicherung des Friedens, müsse offenbleiben. Weber stellt ausdrücklich Bellizismus und Pazifismus auf eine Stufe (ebd. 600f.). Alle gerichteten Entwicklungen seien positiv zu beurteilen nur im Hinblick auf ihren instrumentellen Wert M', nicht ihren intrinsischen Wert M.

Diesen Wertskeptizismus müssen wir nicht übernehmen. Betrachten wir das eben genannte Beispiel: Krieg oder Frieden? Für jeden anständigen Menschen ist intuitiv klar, was normativ zu bevorzugen ist; man kann sehr wohl begründen, mit unterschiedlichen Argumenten, warum die Sicherung des Friedens moralisch besser ist als die Perfektionierung des Krieges, auch wenn sich manchmal militärische Aktionen oder sogar Kriege rechtfertigen lassen, aber wiederum mit dem Ziel des Friedens. Es gibt sogar eine philosophische Disziplin, die die Ablehnung des Wertskeptizismus zu ihrer Geschäftsgrundlage gemacht hat und an die wir uns vertrauensvoll wenden können – nämlich die *Ethik*. Wir hatten oben bereits herausgearbeitet, dass eine reflexiv-praxisorientierte Geschichtsphilosophie, wie sie Kant vorbildlich entwickelte, „parasitär" arbeitet und ihre normativen Grundlagen aus der praktischen Philosophie bezieht. Sicher, das macht die Sache nicht einfacher. Fast alles ist umstritten. In der Ethik konkurrieren verschiedene Positionen miteinander, neue Ansätze kommen hinzu, Synthesen werden vorgelegt und wieder zurückgewiesen. Aber weitgehend unbestritten ist, dass utilitaristische und deontologische Konzeptionen wichtig sind. Beide setzen die Aufklärung fort und reflektieren deren normative Voraussetzungen. Ohne hier auf Details und die unzähligen Kontroversen einzugehen, möchte ich mich daran orientieren.

Ausgehend von den normativen Maßstäben lassen sich deshalb zwei Fortschrittsmodelle erörtern, ein utilitaristisches und ein deontologisches. In beiden Fällen beginne ich mit einem sehr anspruchsvollen Maßstab (Glück bzw. Moral), der sich nicht zureichend ausweisen lässt. Deshalb sind im nächsten Schritt jeweils bescheidenere Richtwerte zu wählen (Wohlstand bzw. Recht). Aber auch gegen diese gibt es starke Einwände, deren gedanklicher Kern herauszuarbeiten ist. Dabei stütze ich mich an verschiedenen Stellen auf Statistiken, Rechtsdokumente und politische Fakten, die nicht einzeln belegt werden, aber problemlos recherchierbar sind (Löchel 2018, Wikipedia).

7.2 Das utilitaristische Fortschrittsmodell

Das normative Prinzip des klassischen Utilitarismus ist das größte Glück der größten Zahl oder, besser, das größte Glück aller. Lässt sich dementsprechend die Menschheitsgeschichte als *Fortschritt des Glücks* deuten? Das war die erste große Hoffnung der Aufklärung (vgl. Gauthier 1967).

Dagegen lassen sich zwei Argumente vorbringen. Das erste ist methodologischer Art und besagt, dass sich Glück nicht im erforderlichen Maße exakt bestimmen lasse. Tatsächlich wollte der Begründer des Utilitarismus, Jeremy Bentham, seinen Ansatz, ganz im Sinne der szientifischen Aufklärung, auf gesicherte *quantitative* Fundamente stellen. Diesem Ziel diente sein hedonistisches Kalkül, das mit sieben messbaren Kriterien operieren soll: Intensität des Glücks, Dauer des entsprechenden Zustands, Gewissheit (mit der die lustvolle Befriedigung erfolgt), zeitliche Nähe, Fortsetzbarkeit durch Empfindungen ähnlicher Art, Reinheit (also Unvermischtheit mit Unlust und nachfolgender Unlust) sowie – normativ entscheidend – der Wirkungsradius, also die Zahl der betroffenen glücksfähigen Lebewesen (Bentham 1992: 79 f.).

Aber lassen sich die Lustzustände zahlloser Menschen wirklich berechnen und auch noch miteinander vergleichen? Bereits der späte Bentham hat erwogen, den unklaren Begriff des Glücks durch Geldwerte zu ersetzen (Birnbacher 2003: 219). Insofern ist es nicht erstaunlich, dass der Utilitarismus im 20. Jahrhundert in die Wirtschaftswissenschaften eindrang, vor allem in eine mit mathematischen Mitteln operierende Wohlfahrtsökonomie. Kann man nicht doch die materielle Zufriedenheit oder den individuellen Stand der Bedürfnisbefriedigung quantitativ erfassen? Dafür werden von der empirischen Glücksforschung immer wieder neue und immer kompliziertere Parameter vorgeschlagen. Bekannte Beispiele sind der vom Königreich Bhutan propagierte Glücksindex und der von einer prominenten Arbeitsgruppe entwickelte World Happiness Report (vgl. Sachs 2008). Allerdings wird in den meisten Fällen der anspruchsvolle Begriff des Glücks abgeschwächt. Es geht weder um andauernde Glückseligkeit noch um überschwängliche Augenblicke, also nicht um Eudämonismus und nicht um Hedonismus. Quantifiziert werden soll vielmehr die zustimmungsfähige *Zufriedenheit*. Meistens liegen die skandinavischen Länder in solchen Statistiken auf den ersten Plätzen; im Dänischen gibt es sogar ein eigenes und schwer übersetzbares Wort für den erstrebenswerten Zustand: *hygge*.

Aber selbst in dieser nüchternen Form ist der philosophische Status solcher Indizes fraglich. Man muss nämlich zwei Perspektiven unterscheiden, die Beobachter- und die Akteursperspektive. Bei den erwähnten Indizes setzen sich die Individuen zu sich selbst in eine Beobachterperspektive, um ihre Lebenssituation quantitativ und damit möglichst objektiv zu erfassen. Als ethische Grundposition soll aber der Utilitarismus die handelnden Subjekte orientieren und richtet sich deshalb auf erwartbare Effekte, die diese aus ihrer Akteursperspektive erfassen können. Empirisch-quantitative Prognosen sind aber so nicht möglich, vor allem nicht in Bezug auf die Konsequenzen, die das eigene Handeln für das Glück der anderen hat. Diese epistemische Unbestimmtheit lässt sich nicht überwinden. Entsprechendes gilt für die Geschichtsphilosophie, die sogar räumlich und zeitlich weit entfernt lebende Menschen einbezieht. Das stellt zwar die Qualität der Glücksindizes nicht völlig in Frage, scheint mir aber dagegen zu sprechen, sich an diesen normativ zu orientieren.

Der zweite Einwand argumentiert mit dem Fortschritt selbst. Dieser führt seit der Sattelzeit dazu, dass in der modernen Lebensform unsere Erfahrungen und unsere Erwartungen auseinanderklaffen (Koselleck 1979: 349–375). Der Wert der Erfahrungen sinkt, aus ihnen lässt sich für Gegenwart und Zukunft immer weniger ableiten. Dagegen steigen aufgrund der beschleunigten Veränderungen unsere Erwartungen, sowohl quantitativ als auch qualitativ; alles soll mehr und besser werden. Das wirkt sich aber, so denke ich, negativ auf Glück und Zufriedenheit aus. Denn anscheinend ist es ein konstitutiver Aspekt menschlichen Wohlbefindens, in Harmonie mit sich, seinen Mitmenschen und der Welt zu leben. Aber in der modernen Fortschrittswelt wird es immer schwieriger, eine solche Balance zwischen sich und seiner Lebenswelt stabil zu halten. Die Kluft zwischen erworbenen Fähigkeiten und bevorstehenden Herausforderungen, zwischen gewachsenen Bedürfnissen und veränderten Situationen ihrer Befriedigung wird immer größer. Kaum noch jemand will sich mit dem zufriedengeben, was früher als normal galt; die Ansprüche liegen auf einem höheren Niveau. Darüber hinaus wachsen die Befürchtungen, dass die erreichten Fortschritte verloren gehen könnten, schleichend oder plötzlich. Die Fallhöhe ist extrem gestiegen. Diese paradoxe Situation bezeichnet die empirische Glücksforschung als *hedonistische Tretmühle:* Man strengt sich an und ist durchaus erfolgreich, kommt aber in Bezug auf das subjektive Wohlbefinden nicht von der Stelle (vgl. Binswanger 2010: 287 ff.). Zumindest wird man wohl festhalten können, dass alle Fortschritte im materiellen Bereich die Menschen nicht so glücklich machen, wie man eigentlich erwarten könnte.

Was folgt aus diesen Überlegungen für die Geschichtsphilosophie? Das große Ideal, dass die Menschen morgen glücklicher sein mögen als heute und gestern, muss man nicht aufgeben. Aber es kann nicht als direkte Orientierung dienen. Wir sollten uns nicht auf das konzentrieren, was direkt Glück erzeugt, sondern was es ermöglicht. In der Ethik entspricht dem ein *indirekter Utilitarismus*, aus dem eine bescheidenere Fortschrittskonzeption folgt, die nicht das Glück verbessern will, sehr wohl aber dessen gesellschaftliche Bedingungen. Diese lassen sich im Begriff des *Wohlstands* zusammenfassen. Menschen, die im Wohlstand leben, so meint man, werden nach aller Voraussicht dann auch glücklicher sein.

Aber was ist Wohlstand? Das erste mögliche Kriterium ist der Lebensstandard. Dieser wird üblicherweise gemessen anhand materieller Güter. Da es in der Geschichtsphilosophie um den Fortschritt der Menschheit geht, ist nicht das Bruttoinlandsprodukt (früher Bruttosozialprodukt) gefragt, sondern das Bruttoweltprodukt. Eine etwas anspruchsvollere Version ist die *Lebensqualität*, für die es verschiedene Begriffsbestimmungen gibt. Hier wäre vor allem der weltweit verwendete „Human Development Index" zu nennen, der neben dem materiellen Lebensstandard auch die Lebenserwartung und die Bildungshöhe einberechnet. Wir können auch von einer minimalen Lebensqualität sprechen (vgl. Sen 2002). Gehen wir die drei Säulen dieses Modells kurz durch.

Die erste Säule ist der in Geld messbare Wohlstand im engeren Sinne, aber bezogen auf jeden Menschen, also als *Pro-Kopf-Einkommen*. Selbstverständlich wäre es sinnvoll, eine Version zu haben, die Kaufkraftunterschiede berücksichtigt. Solche Berechnungen liegen vor. Dieses Pro-Kopf-Einkommen ist im Laufe der letzten Jahrzehnte weltweit und relativ kontinuierlich gewachsen. Absolute Armut und Hunger wurden zurückgedrängt. Im Vergleich zu uns sind alle Menschen früherer Zeiten arm; selbst Könige und Päpste verfügten früher nicht über unseren Wohlstand. Zudem können wir mit dem gestiegenen Einkommen etwas anfangen: Die gegenwärtigen Gesellschaften sind ungeheure Ansammlungen von Waren. Zwar kann sich nicht jeder alles leisten, aber was sich fast jeder kaufen kann, hätte die Vorstellungskraft früherer Generationen weit überstiegen (vgl. Deaton 2017).

Die zweite Säule ist die durchschnittliche *Lebenserwartung*. Diese hat sich weltweit innerhalb eines knappen Jahrhunderts verdoppelt; sie stieg, nach einigen Statistiken, von 34 Jahren (1913) auf 71 Jahre (2005). Vor der Sattelzeit gab es zwar auch schon sehr alte Menschen. Aber noch im 18. Jahrhundert überschritten selbst die meisten Mitglieder der europäischen Eliten, ob adlig oder bürgerlich, kaum das 40. Lebensjahr (Osterhammel 2009: 257). Hingegen liegt die durchschnittliche Lebenserwartung heute selbst in den ärmsten Staaten der Welt, also denen, die unter Kriegen und Bürgerkriegen extrem leiden wie Afghanistan und die Zentralafrikanische Republik, bei über 50 Jahren. Zudem ist das Leben sicherer geworden, und zwar weltweit. Die alten Geißeln „Pest, Hunger und Krieg" wurden zurückgedrängt; es gibt weniger zum Tode führende Krankheiten und weniger dramatische Hungersnöte, vor allem weniger Kriege, die zudem nicht mehr so lange dauern und weniger Menschenleben kosten. Zwar lassen sich Kriege schlecht vergleichen und jeder gefallene Soldat oder hingeschlachtete Zivilist ist einer zu viel. Aber so schlimm der Krieg in Syrien seit 2011 auch sein mag, er fordert weniger Opfer als der Vietnamkrieg und dieser wiederum weniger als der Zweite Weltkrieg. Auch die Zahl der Morde und sonstigen Gewaltdelikte scheint abzunehmen, nicht nur relativ (prozentual), sondern auch absolut (Pinker 2011). Wer erst einmal geboren ist, hat also mit sehr großer Wahrscheinlichkeit ein langes Leben vor sich. Das Leben ist keine Lotterie mehr.

Die dritte Säule ist *Bildung*. Mit diesem Begriff sind hier nur die elementaren Kulturtechniken der Alphabetisierung gemeint; gesucht wird also der Grad an formaler Bildung. Wer kann lesen und schreiben und rechnen? Um 1800 mögen dies 10 % der Weltbevölkerung gewesen sein, um 1900 lag die Quote wohl noch unter 20 %, dann 1960 schon bei 60 %, heute bei 85 %. Erwartungsgemäß ist diese Tendenz korreliert mit dem Schulbesuch: Um 1820 gingen 80 % der Menschen nicht zur Schule – heute besuchen 80 % eine elementare Bildungseinrichtung dieser Art. Dabei haben einige Regionen, etwa die arabische Welt, in wenigen Jahrzehnten ähnliche Steigerungsraten erzielt wie europäische Länder im Laufe von Jahrhunderten. Auch die zunehmende Gleichheit von Mädchen und Jungen beim Schulzugang, sogar bei sekundären und tertiären Bildungseinrichtungen wurde weltweit erreicht, wie es auch die UN-Milleniumsziele vorsahen (Pinker 2018: 306).

Zusammenfassend kann man also festhalten, dass es in allen drei Bereichen (Pro-Kopf-Einkommen, Lebenserwartung, Bildung) große Verbesserungen gab. Das scheint für das utilitaristische Fortschrittsmodell zu sprechen. Dennoch verstummen die Gegner nicht. Aus der Fülle der Kritikpunkte greife ich nur einen sehr gewichtigen heraus: den *Gerechtigkeitseinwand*. Man kann ihn folgendermaßen formulieren: Auch wenn es Fortschritte in den drei genannten Dimensionen gäbe, so sind diese global sehr ungleich verteilt – und diese Ungerechtigkeit nimmt nicht ab, sondern zu. Damit wird ein weiteres riesiges Fass herangerollt, das wir kurz anstechen wollen.

Gerechtigkeit ist ein normatives Prinzip, das sich, ähnlich wie Gleichheit, Fairness oder Solidarität, nicht auf Einzelpersonen bezieht, sondern auf das Verhältnis der Individuen zueinander, letztlich aller Menschen weltweit. Mit solchen „strukturellen Werten" hatte der Utilitarismus immer schon Probleme (Birnbacher 2003: 233 ff.). Dazu wäre viel zu sagen. Kann man den Gerechtigkeitsbegriff möglicherweise aus dem utilitaristischen Grundprinzip ableiten? Soll man ihn ganz aufgeben? Auf diese philosophischen Fragen kann ich hier nicht eingehen.

Stattdessen greife ich einen wichtigen Aspekt heraus: die weltweite *soziale Ungleichheit* und deren Entwicklung. Wenn wir Ungleichheit als schlecht und Gleichheit als gut bewerten, so stellt sich die Frage, ob es in dieser Dimension eine Fortschrittstendenz gibt, die sich sogar in die Zukunft hinein verlängern lässt oder nicht. Ungleichheit kann es in allen sozialen Sphären geben. In den letzten Jahrzehnten hat bei der Lebenserwartung und im Bildungsbereich weltweit eine starke Angleichung stattgefunden. Das ist weitgehend unstrittig. Anders ist die Situation bei der ersten Säule, also beim Pro-Kopf-Einkommen bzw. dem materiellen Lebensstandard. Hier gibt es eine unüberschaubare Debatte und unzählige Studien (Deaton 2017, Milanović 2016, Milanović 2017, Piketty 2014, Stiglitz 2015). Auch die Wirtschaftsdaten früherer Jahrhunderte wurden gut rekonstruiert (Maddison 2007). Für die quantitative Erfassung der relativen Ungleichheit wird dabei der Gini-Koeffizient verwendet: Besitzt in einer Gesellschaft eine Person alles, liegt er bei 1; besitzen alle gleich viel, steht er bei 0. Die Erhebungs- und Berechnungsmethoden sind zwar umstritten, aber etwas Besseres ist derzeit nicht zu haben.

Wie also steht es um die Entwicklung der weltweiten sozialen Ungleichheit? Mit Bezug auf neuere Literatur sei an dieser Stelle nur eine gängige Theorie erörtert, nämlich die des russisch-amerikanischen Ökonomen Simon Kuznets (1901–1985). Er behauptete, dass sich bei der materiellen Ungleichheit eine säkulare Tendenz abzeichne, die die Form eines umgedrehten und abgeflachten U besitzt; wir sprechen heute von der *Kuznets-Kurve*. Es lassen sich drei Phasen unterscheiden: Zuerst herrscht Gleichheit, weil alle arm sind – dann entsteht Ungleichheit, aber verbunden mit der Zunahme des allgemeinen Reichtums – schließlich nimmt die Ungleichheit wieder ab, obwohl der Wohlstand weiter steigt, wenn auch langsamer. Kuznets erklärte die zunehmende Ungleichheit der zweiten Phase vor allem durch den Übergang von der Agrar- zur Industriegesellschaft, der bewältigt werden müsse (Kuznets 1955). Stimmt das? Er selbst bezog sich nur auf die westlichen Gesellschaften. Finden wir überall die Kuznets-Kurve?

Geschichtsphilosophisch stellt sich die Situation folgendermaßen dar. Die Wildbeuter-Horden und die ersten Dörfer waren materiell weitgehend egalitär (vgl. Morris 2020, Kap. 2). Aber es gab auch kaum etwas zu verteilen. Noch bis ins 18. Jahrhundert waren alle Menschen aus heutiger Sicht arm; es gab zwar materielle Ungleichheiten, aber diese waren nicht besonders groß. Vielleicht waren Europäer im Mittelalter und in der frühen Neuzeit sogar im Durchschnitt ärmer als die Menschen anderswo, aber dafür war die soziale Ungleichheit geringer als im chinesischen Kaiserreich und vor allem in der indischen Kastengesellschaft (vgl. Osterhammel 2009, Teil V). Erst mit der Sattelzeit beziehungsweise der ersten Kondratjew-Welle, also seit dem Ende des 18. Jahrhunderts, kam das Ende der vermeintlich unüberwindbaren Armut. Aber der große Ausbruch war zugleich der Beginn der großen Divergenz. Es öffneten sich zwei Scheren: Zum einen nahm die soziale Ungleichheit innerhalb Europas gerade in den Ländern zu, die durch die industrielle Revolution reicher wurden, also zuerst in England. Zum anderen aber öffnete sich die Schere zwischen den armen und den reichen Gesellschaften; im europäischen Zeitalter, dem langen 19. Jahrhundert, holten Europa und Nordamerika einen riesigen Vorsprung heraus. Die Industrialisierung führte also zu einer doppelten Ungleichheit, nämlich innerhalb der westlichen Gesellschaften und im weltweiten Vergleich mit den nicht-westlichen Gesellschaften. Hinsichtlich der ersten beiden Phasen hat Kuznets also recht.

Entscheidend sind aber die Aussagen zur dritten Phase. Sinkt die materielle Ungleichheit wieder? Betrachten wir zunächst die westlichen Gesellschaften für sich. Tatsächlich nahm in ihnen, wie Kuznets postulierte, die Ungleichheit vom Ersten Weltkrieg bis in die 1970er Jahre wieder ab. Dafür verantwortlich sind wohl Faktoren zweierlei Art: zum einen maligne (schlechte) wie Kriege und schwere Wirtschaftskrisen, zum anderen benigne (gute) wie bessere Allgemeinbildung, progressive Besteuerung und sinnvolle Sozialtransfers. Dann jedoch kam es zu einer Wende: Seit den 1980er Jahren stieg die soziale Ungleichheit wieder. Diese Tendenz zeigte sich in allen westlichen Gesellschaften, vor allem in den USA und in Großbritannien, wo die neoliberale Wende besonders ausgeprägt war und auch in späteren Jahren nicht maßgeblich korrigiert wurde. Kuznets ahnte also nicht, dass es noch eine vierte Phase geben würde, durch die seine Kurve zu einer *Welle* verlängert wird (Milanović 2016: 10, 59 u. ö.). Vielleicht ist die vierte Phase bedingt durch den Übergang von der Industrie- zur Dienstleistungsgesellschaft.

Unsere geschichtsphilosophischen Überlegungen richten sich aber auf die Menschheit insgesamt. Entgegen dem eben skizzierten Trend kam es weltweit in der ersten Hälfte des 20. Jahrhunderts nicht zu einem Rückgang der materiellen Ungleichheit. Diese wuchs sogar noch in den Jahrzehnten nach dem Zweiten Weltkrieg. Wahrscheinlich erreichte die globale soziale Ungleichheit ihren Höhepunkt in den 1970er Jahren, also genau in der Dekade, in der die materiellen Differenzen innerhalb der westlichen Gesellschaften relativ gering waren. Aber dann wendete sich das Blatt und es begann die dritte Phase: Zwar hatten schon Japan und die kleinen ostasiatischen „Tiger" (Südkorea, Taiwan, Hongkong, Singapur) einen wirtschaftlichen Aufschwung erlebt, der aber wegen der vergleichsweise geringen Bevölkerungszahl dieser Gesellschaften weltweit kaum ins Gewicht fiel. Erst der große Aufstieg Chinas nach den Wirtschaftsreformen der Deng-Ära machte sich bemerkbar. Bekanntlich erreichte China viele Jahre lang historisch einmalige Wachstumszahlen, die zwar auch die absolute Ungleichheit im Lande erhöhten, aber doch Hunderte Millionen Menschen im weltweiten Vergleich nach oben beförderten. In geringerem Maße gilt dies ebenso für Indien, Südostasien und Lateinamerika. Im Ergebnis nimmt seit einigen Jahrzehnten die globale soziale Ungleichheit wieder ab. Für die globale Situation hatte Kuznets also recht, zumindest bis jetzt: Es gibt dieses umgedrehte und abgeflachte U. Eine vierte Phase ist noch nicht in Sicht.

Unsere Rekonstruktion ist sehr allgemein, denn sie bezieht sich auf mehrere Milliarden Menschen. Auf jeden Fall gibt es Gewinner und Verlierer. Man kann, wiederum ganz grob, *jeweils zwei Gruppen von Gewinnern und Verlierern* unterscheiden. Die erste Gewinnergruppe ist die sehr kleine Gruppe der Superreichen in den besonders ungleichen westlichen Gesellschaften. Manche sprechen von dem „einen Prozent", tatsächlich sind es sehr viel weniger. Die zweite Gewinnergruppe ist die zahlenmäßig sehr große Mittelschicht der nicht-westlichen Gesellschaften, vor allem in China, aber nicht nur dort. Dem steht drittens aber die Mittelschicht der westlichen Gesellschaften gegenüber, die keine materiellen Zuwächse erzielt hat, oft in prekäre Verhältnisse abrutschte und zumindest Statusverluste erleiden musste. Es ist schwer, hier quantitativ genau zu sein, aber die Zahl der Gewinner ist viel größer als die Zahl der Verlierer. Aus universalistisch-utilitaristischer Sicht ist diese Entwicklung also positiv zu beurteilen. Schließlich gibt es, neben der abgesackten Mittelschicht des Westens, noch eine zweite Verlierergruppe: Selbst wenn es gelungen ist, die schlimmsten Formen von Armut in den vergangenen Jahrzehnten zu verringern, sogar zu halbieren, bleibt eine Milliarde von Menschen, die in äußerst unglückseligen Umständen leben müssen (Collier 2007). Bei ihnen kommen viele Benachteiligungen zusammen: Sie leben oft in Regionen mit Krieg oder Bürgerkrieg, die Wirtschaft liegt am Boden, die ökologischen Bedingungen sind schlecht, das Gesundheitssystem ist marode, Frauen sind besonders benachteiligt. Jenseits einer Dritten Welt, von der man früher sprach, gibt es also noch eine Vierte oder sogar Fünfte Welt. Zwar sind auch dort Lebenserwartung und Alphabetisierungsrate gestiegen, aber nicht in demselben Maße wie anderswo.

Insgesamt könnte der weltweite Gini-Koeffizient gesunken sein. Dieser Fortschritt betrifft aber nur die *relative* Ungleichheit. Denn wie bei der Thematisierung der Armut kann man relativ oder absolut vorgehen. Die *absolute* Ungleichheit ist die quantitative Spanne zwischen der untersten und der obersten Schicht in der Welt, den ärmsten und den reichsten Menschen. Es ist gar keine Frage, dass diese Differenz noch niemals so groß war. 2014 besaßen die 85 reichsten Männer der Welt so viel wie die gesamte ärmere Hälfte der Menschheit, also unvorstellbare 3½ Milliarden Menschen. Drei Jahre später reichte schon das Vermögen der acht reichsten Männer der Welt (Oxfam 2017). Sicher sind die Zahlen umstritten. Aber dass eine winzige Minderheit der Menschheit in den letzten Jahren einen unvorstellbaren Reichtum angehäuft hat, während auf der anderen Seite ungefähr eine Milliarde Menschen, wie eben geschildert, in extremer Armut lebt, ist ein moralischer und politischer Skandal. Dieser wird dadurch noch größer, weil wir als Menschheit in kognitiver, organisatorischer und technischer Hinsicht viel weiter sind als früher. Dadurch sind die objektiven Möglichkeiten, etwas gegen die schlechten Lebensumstände so vieler Menschen zu tun, sehr viel größer als früher. Immerhin engagieren sich einige der Superreichen für ihre Antipoden, etwa für deren medizinische Versorgung. Notwendig wären aber kollektive politische

Anstrengungen. Festhalten können wir jedoch, dass es im Hinblick auf die absolute materielle globale Gleichheit keinen Fortschritt gibt, sondern einen Rückschritt.

7.3 Das deontologische Fortschrittsmodell

Kommen wir jetzt zum zweiten Ansatz. Aus der Sicht des deontologischen Modells wäre ein Fortschritt nicht an Glück, sondern ein *Fortschritt an Moral* zu postulieren. Werden wir im Laufe der Geschichte zu besseren Menschen und setzt sich diese Tendenz künftig sogar noch fort? Das war die zweite große Hoffnung der Aufklärung.

Auch hier gibt es zunächst einen methodologischen Einwand: Ähnlich wie Glück kann man auch Moral nicht zuverlässig messen. Nach deontologischer Ethik ist die *Moralität* eines Menschen in seiner Innenwelt zu finden, bei den rational geprüften Maximen, die man in die Tat umzusetzen versucht. Aber wir können diese guten Intentionen bei anderen nicht irrtumsfrei erkennen, nicht einmal bei uns selbst. Immer könnte eine raffinierte Täuschung vorliegen oder ein vor uns selbst verborgener Selbstbetrug. Wenn man also Motive und Absichten nicht erfassen kann, muss man sich doch auf die geäußerten moralischen Urteile oder die sichtbaren moralischen Handlungen konzentrieren. Deren empirische Erforschung hat in den letzten Jahrzehnten einen starken Aufschwung erlebt, auch im Hinblick auf die begrifflichen Grundlagen. Man denke an entwicklungspsychologische Untersuchungen (Kohlberg 1996) und die neueren Ansätze der Moralpsychologie (Haidt 2012). Dennoch ist man von zuverlässigen und gut bestätigten empirischen Aussagen, zumal für die gesamte Menschheit, weit entfernt.

Ein zweiter Einwand entspricht der *Paradoxie* des Glücksfortschritts: Könnte nicht der allgemeine Fortschritt die Moral selbst gefährden? Um diese kontraintuitive Idee plausibel zu machen, denke man an große Vorbilder der jüngeren Vergangenheit, etwa Dietrich Bonhoeffer und Janusz Korczak oder Václav Havel und Nelson Mandela. Sie werden bewundert, weil sie sich gegen eine unmoralische Welt auflehnten. Letztlich haben sie und ihre Verbündeten sogar gewonnen, denn der Nationalsozialismus sowie andere totalitäre und rassistische Regime sind überwunden. Wenn aber die schlimmsten Ungerechtigkeiten beseitigt sind, gibt es auch keine moralischen Ausnahmeerscheinungen mehr. Eine friedliche Welt wird keine Friedensnobelpreise verleihen müssen. Die Erfüllung unserer moralischen Pflichten würde uns viel leichter fallen, supererogatorische Handlungen wären in einer absolut gerechten Welt gar nicht mehr erforderlich. Wenn es also viele moralische Helden gibt, ist dies auch ein Indiz für einen schlechten

Zustand der Welt. Das meint auch die Titelfigur aus Brechts *Leben des Galilei* mit dem berühmten Satz: „Unglücklich das Land, das Helden nötig hat." (erste Fassung 1938/39, Ende der 13. Szene, in: Werke, Bd. V)

So wie das utilitaristische Fortschrittsmodell sich nicht auf Glück, sondern auf Wohlstand konzentriert, brauchen wir auch hier eine *indirekte* Variante der Deontologie: Nicht die Moral selbst, sondern die Bedingungen für Moral und Moralität sind zu verbessern. Am besten eignen sich dafür befriedete soziale Verhältnisse, die sich aus den juridisch fassbaren normativen Strukturen unseres Zusammenlebens ergeben. Deshalb postuliert die deontologische Geschichtsphilosophie einen *Rechtsfortschritt*. Menschen, die in einer Rechtsordnung leben, so meint man, werden nach aller Voraussicht dann auch moralischer sein.

Dass sich politische Macht an das Recht binden sollte (rule of law, Nomokratie), ist keineswegs nur eine westliche Idee, sondern wurde schon früh auch in der islamischen Welt und im alten China vertreten; man denke dort vor allem an die Schule der Legalisten (Schleichert 1990, Kap. IV). Dennoch sind die Konzeptionen der neuzeitlichen europäischen Philosophie vorbildlich. Für unsere geschichtsphilosophischen Überlegungen zum deontologischen Fortschrittsmodell können wir vor allem auf Kants Rechtslehre zurückgreifen. Wir orientieren uns an seiner Dreiteilung des öffentlichen Rechts in Staatsrecht, Völkerrecht und Weltbürgerrecht (VIII: 429).

Zunächst also zum *Staatsrecht*. Ein erster großer Fortschritt ist, dass es überhaupt den modernen Territorialstaat mit seinem Gewaltmonopol gibt. Philosophisch findet sich dieses Fundament bei Hobbes, Locke steht für den Rechtsstaat, Montesquieu für eine vernünftige Gewaltenteilung und Rousseau für den Gedanken der Volkssouveränität. Die Idee des demokratischen Verfassungsstaates lässt sich auf Kant zurückführen. Uns interessiert hier aber nicht die Entwicklung eines Gedankens, sondern dessen reale Durchsetzung. Seit der Sattelzeit lässt sich tatsächlich ein Fortschritt in der schubweisen *Ausbreitung der Demokratie* feststellen (in Anlehnung an Huntington 1991: 13–26). Demokratische Ansätze in akephalen Sozialverbänden und bürgerschaftlich regierten Städten müssen vernachlässigt werden; es geht nur um moderne Territorialstaaten.

Die *erste Welle* finden wir in den USA und Großbritannien, in denen die Demokratie eine lange Geschichte hat. Eine wichtige Zäsur bilden in beiden Ländern die Jahre um 1830. In den USA hebt der populistische Präsident Andrew Jackson viele Wahlrechtsbeschränkungen auf, so dass aus einer elitären Demokratie der großen Grundbesitzer das werden kann, was in Mitteleuropa noch lange als Massendemokratie abgelehnt wird. Dem entspricht in Großbritannien die Reform Bill von 1832, der 1867 und 1884 weitere Wahlrechtsreformen folgen. Andere Staaten wie die Schweiz oder Frankreich gehen ihre eigenen Wege, ermöglichen aber auch politische Partizipation und freie öffentliche Debatten.

Die *zweite Welle* hat einen engeren zeitlichen Rahmen, nämlich die Jahre 1917 bis 1919. Als Folge des Ersten Weltkriegs setzt sich in vielen europäischen Staaten die Demokratie durch, die aber fast überall schon nach wenigen Monaten (Russland 1917) oder Jahren (Italien 1922, Deutschland 1930) wieder zerstört wurde. Die *dritte Welle* hebt mit dem Ende des Zweiten Weltkriegs an; die Verlierer Italien, (West)Deutschland und Japan werden zu relativ stabilen Demokratien, ebenso einige neue Nationalstaaten wie Indien und Israel. Demokratisierungsprozesse finden wir auch in Afrika und Lateinamerika. Aber wie in der Zwischenkriegszeit sind die Militärdiktaturen bald wieder auf dem Vormarsch, wie die Beispiele Pakistan 1958, Brasilien 1964, Indonesien 1965/66, Griechenland 1967 und Chile 1973 zeigen. Auch in den älteren Demokratien kommt es noch zu schweren Krisen; erwähnt sei nur der Wechsel von der vierten zur fünften Republik in Frankreich 1958.

Mitte der 1970er Jahren beginnt eine *vierte Welle*, zuerst in Portugal. Der Anfang lässt sich genau angeben: Am 24. April 1974, 22:55 Uhr, wird im portugiesischen Rundfunk ein Schlager ausgestrahlt und damit das Signal für die „Nelkenrevolution" gegeben. Erstaunlicherweise geht es dann Schlag auf Schlag; innerhalb weniger Monate folgen Griechenland und Spanien. Die Welle breitet sich mit zeitlicher Verzögerung nach Lateinamerika aus (1983ff.), später nach Afrika und Asien, etwa Südkorea. Die *fünfte Welle* ist besonders erfolgreich: Sie besteht aus den „samtenen Revolutionen" in Osteuropa im Jahr 1989, als deren Spätfolge man die „Farbenrevolutionen" in einigen Nachfolgestaaten der Sowjetunion (Ukraine, Georgien, Kirgisien) ansehen kann. Eine *sechste Welle* hätte der arabische Frühling von 2011 sein können, der aber nur in Tunesien nicht gescheitert ist.

Die Einzelheiten sind aus geschichtsphilosophischer Sicht nicht so wichtig. Die Tendenz zur Durchsetzung der Demokratie lässt sich durch folgende Gegenüberstellung verdeutlichen: 1941 sah es ganz düster aus. Es gab überhaupt nur noch eine Handvoll demokratischer Staaten, von denen sogar einer, nämlich Finnland, mit Hitler-Deutschland verbündet war; zwei andere, Schweden und Schweiz, wären nach dem Sieg des Nationalsozialismus verloren gewesen. 1970, eine Generation später, war immerhin schon ein Drittel aller Staaten der Erde demokratisch. Die beiden anderen Drittel waren Militärdiktaturen oder staatskommunistische Einparteienregime. Wiederum drei Jahrzehnte später, um die Jahrtausendwende, waren zwei Drittel der Staaten demokratisch. Das ist sicher ein erstaunlicher Fortschritt, auch wenn die Frage bleibt, wie es 2030 aussehen wird.

Die zweite Beleggruppe betrifft die *internationale Ordnung*. Die Anfänge des Völkerrechts reichen weit zurück. Einen großen Schub bringt innerhalb Europas die frühe Neuzeit. Der Westfälische Friede von 1648 ist eine wichtige Zäsur. Kant lehnt einen Weltstaat ab, fordert aber einen Völkerbund (XI: 42, 209), der 1919 gegründet wird. Im Briand-Kellogg-Pakt von 1928 verpflichten sich die unterzeichnenden Staaten zum ersten Mal, mit dem berühmten Diktum von Clausewitz zu brechen und den Krieg nicht mehr als politisches Mittel einzusetzen. Den Zweiten Weltkrieg hat das bekanntlich nicht verhindert, aber 1945 wurde der gescheiterte Völkerbund durch die wesentlich robusteren Vereinten Nationen (UN) ersetzt – ganz so wie in Deutschland auf die Weimarer Republik die Bonner Republik folgte. Inzwischen gibt es viele weitere internationale und transnationale Organisationen. Erwähnt seien die Weltbank, der Internationale Währungsfond (IWF) und das UN-Flüchtlingshilfswerk (UNHCR). Nach der Epochenschwelle 1989/91 kamen unter anderem die Welthandelsorganisation und der Internationale Strafgerichtshof hinzu. Überhaupt wurden viele kleine, aber nicht unwichtige Fortschritte erzielt, beispielsweise die UN-Milleniumserklärung aus dem Jahr 2000, die Beschlüsse des UN-Sicherheitsrats zur Schutzverantwortung von 2006 und das Pariser Klimaschutzabkommen von 2015. Sicher gibt es überall Verbesserungsmöglichkeiten und Vollzugsdefizite, meist handelt es sich bloß um „soft law", aber dennoch existierte niemals zuvor in der Menschheitsgeschichte ein so dichtes Netz völkerrechtlicher Regelungen. Optimistisch ist vor allem die an Kant angelehnte These, dass Demokratien keine oder zumindest weniger Kriege gegeneinander führen (vgl. Stahl 2014: 178–187).

Schließlich fordert der Kosmopolit Kant ein Weltbürgerrecht. Dieses soll sich auf ein Recht beschränken, das Gastrecht (Hospitalität, XI: 213). Das ist gewiss zu wenig. Dennoch kann man in diesem Punkt einen Ansatz für die Idee der *individuellen Menschenrechte* sehen. Heute werden oft drei Klassen von individuellen Rechten unterschieden, denen sich geschichtsphilosophisch, wiederum in sehr grober Gliederung, drei Phasen zuordnen lassen: Im 18. Jahrhundert wird für bürgerliche Abwehrrechte gekämpft, im 19. Jahrhundert für politische Mitwirkungsrechte und im 20. Jahrhundert für soziale Leistungsansprüche (vgl. Marshall 1992). Die Dreiteilung orientiert sich an Großbritannien, beginnend mit der Habeas-Corpus-Akte 1679, dann den schon erwähnten Wahlrechtsreformen und schließlich der Wohlfahrtspolitik nach dem Ende des Zweiten Weltkriegs. Das Schema ist insgesamt sicher zu grob, was man daran sehen kann, dass in den USA das Recht auf eine allgemeine staatliche Krankenversicherung immer noch umstritten ist, während in Deutschland in der Bismarck-Zeit ein solches soziales Recht vor den politischen verwirklicht wurde. Aber die Fortschrittstendenz ist deutlich erkennbar. Zudem werden nicht nur die individuellen Rechte immer anspruchsvoller, auch der begünstigte Personenkreis erweitert sich: Auf die alten weißen reichen Männer folgen die Arbeiter, dann emanzipieren sich die Frauen, schließlich werden weitere Bevölkerungsgruppen einbezogen: Kinder, Homosexuelle und andere Geschlechter. Wichtige globale Wegmarken sind die Allgemeine Erklärung der Menschenrechte vom 10.12.1948 und die beiden UN-Zivilpakte von 1966, die damals kaum beachtet wurden. Habermas hat sogar einen „linearen Fortschritt" konstatiert: „In einer funktional immer weiter ausdifferenzierten Gesellschaft erwerben immer mehr Personen immer umfassendere Rechte auf Zugang zu und Beteiligung an immer mehr Teilsystemen" (1992: 104).

Wie wir sehen, zielt das deontologische Fortschrittsmodell auf Demokratien, die in eine internationale Rechtsordnung eingebunden sind und zumindest liberale Abwehrrechte garantieren. Doch wie beim utilitaristischen Fortschrittsmodell gibt es auch hier zahllose Einwände. So wird in den letzten Jahren wieder viel von einer Krise der Demokratie gesprochen, von deren Regression zu defekten, illiberalen und technokratischen Systemen sowie einer drohenden Postdemokratie. Die empirisch-politikwissenschaftliche Forschung ist sich bei der Deutung der aktuellen Entwicklungen noch unsicher, zumal auch viele begrifflich-theoretische Probleme nicht gelöst sind (vgl. W. Merkel 2016). Das gilt insbesondere für das Aufkommen des Populismus. Aus geschichtsphilosophischer Sicht sei zu diesen Debatten nur ein Aspekt beigesteuert, der ein vages Äquivalent in der Formalismus-Kritik an Kants Deontologie besitzt: Hegel hatte behauptet, der Kategorische Imperativ sei eine so leere Formel, dass sich aus ihm alles ableiten lasse, sogar der Umschlag ins Böse naheliege (VII: 260 ff.). Dementsprechend, so können wir folgern, sei eine Demokratie als bloße Regierungsform mit Mehrheitswahlrecht immer in der Gefahr, zu einer Diktatur zu werden.

Die klassische Zeit des antiken Griechenlands gilt als Geburtsstunde der Demokratie. Aber sie konnte sich in Athen nur einige Jahrzehnte halten, in anderen Stadtstaaten waren es sogar nur wenige Jahre. Sowohl Platon (Politeia, 8. Buch) als auch Aristoteles (Politik 1305 a7 u. 1310 b14, dagegen aber 1286 b8–22) haben den *Umschlag der Demokratie in Tyrannis* beobachtet und vorhergesagt. Bei Polybios (VI 4–9) wird aus der Demokratie erst eine Ochlokratie (Pöbelherrschaft), dann eine Monarchie, aber letztlich auch eine Tyrannis. Wie ist das zu erklären? Blicken wir auf Platon, für den sich, erstaunlich modern, eine Demokratie durch die Freiheit und Gleichheit ihrer Bürger auszeichnet (Politeia 555b-562a). Aber die Freiheit verkommt zur Zügellosigkeit, zum endlosen Streben nach Geld und Vergnügungen (ebd. 359c, vgl. Gorgias 518e). Die Gleichheit pervertiert zur Gleichgültigkeit; alle Hierarchien, auch in Erziehung und Schule, werden abgelehnt; alles gilt gleich viel, so dass man sich in „bacchischer Begeisterung" (Politeia 561a) von seinen Launen treiben lassen kann. Die Demokratie entwickele sich somit zu einer „buntscheckigen" Gesellschaft (558c) mit einer „Theatrokratie", einer schlechten Herrschaft der Zuschauer (Nomoi 701a, vgl. ebd. 876b). Dem entspricht die Strukturlosigkeit der Seele des demokratischen Menschen. Ein entscheidender Fehler sei die Einführung eines Bürgerheers gewesen; Sokrates empfiehlt stattdessen eine Berufsarmee, aus der sich der Wächterstand entwickeln könne (Politeia 374a). Auch die Außenpolitik der attischen Demokratie wird von Platon (versteckt) kritisiert; sie neige zu unnötigen Kriegen und Imperialismus (Menexenos 243d ff., vgl. Hösle 1984: 610 ff.). Entscheidend ist aber die Zuneigung des Volkes zu großen starken Männern, zu „Volksführern", die sich zu Tyrannen entwickeln, was Aristoteles bestätigt (Politik 1304b 20). Aus Sicht des Thukydides (II 65) war Athen überhaupt nur dem Namen nach demokratisch, tatsächlich aber immer nur die Herrschaft eines einzigen Mannes, nämlich des Perikles. Gewisse Parallelen zur gegenwärtigen Situation sind nicht zu übersehen (vgl. Sullivan 2016).

Auch Spengler hatte das Aufkommen solcher Volksführer unter dem Begriff des Cäsarismus prophezeit (1972: 1081, 1101, 1125, 1143 f., 1193 u. ö.). Sein historisches Paradebeispiel ist der Untergang der Römischen Republik, die nach schrecklichen Bürgerkriegen zu einem monarchisch regierten Imperium wurde (vgl. D. Engels 2014, Hösle 2019: 125–128). Bessere Belege finden sich nach der zweiten Welle der Demokratisierung: Figuren wie Mussolini und Hitler wären in stabilen Monarchien oder Oligarchien nie zur Macht gekommen; das war nur in zerrütteten Demokratien wie Italien 1922 und Deutschland 1933 möglich. Auch Lenins Machtübernahme 1917 setzte den Sturz des Zaren und die kurzzeitige Etablierung einer bürgerlichen Regierung voraus. Warum soll so etwas nicht heute wieder passieren?

Die geschichtsphilosophischen Zweifel an der Demokratie implizieren aber nicht, dass andere Staatsformen besser wären. Andere Herrschaftssysteme können ebenfalls zu einer Tyrannis führen. Massenmörder wie Stalin und Mao sind keine Produkte demokratischer Gesellschaften; dass Hitler die Macht ergreifen konnte, war zwar durch demokratische Verfahren bedingt, aber durch mangelhafte. Im Grunde hat es schon Platon sehr gut auf den Punkt gebracht. Im Dialog *Politikos* (303a/b) entwickelt er systematisch das Schema der sechs Regierungsformen, das später auch Aristoteles und Polybios verwenden. Die drei guten sind Monarchie, Aristokratie und (die gute) Demokratie; die drei schlechten sind (die schlechte) Demokratie, Oligarchie und Tyrannis. Gut sind Herrschaftssysteme, die sich an einer idealen Gesetzesordnung orientieren; schlecht sind diejenigen, die solche Maßstäbe nicht besitzen. Platons Fazit lautet: Unter den guten Staatsformen ist die Demokratie die schlechteste, unter den schlechten aber die beste. Aber welchen Stellenwert haben die Idealstaaten, wie auch immer sie aussehen? Eine geschichtsphilosophische Lehre ist doch, dass wir uns von abstrakten Utopien, wie sie Platon in der *Politeia* und den *Nomoi* entwickelt, nicht irritieren lassen dürfen. Regierungsformen sind in gewisser Weise immer schlecht und unter den schlechten ist die Demokratie eben doch am besten. Ein fernes Echo findet diese Auffassung Platons in der Rede, die Winston Churchill am 11.11.1947 im britischen Unterhaus hielt und aus der folgendes berühmtes Zitat stammt: „No one pretends that democracy is perfect or all-wise. Indeed, it has been said that democracy is the worst form of government except all those other forms that have been tried from time to time."

7.4 Weitere Einwände

Aber wir sind mit den Kritikpunkten noch lange nicht am Ende. Gegen beide Fortschrittsmodelle, ja gegen die gesamte Fortschrittsidee, sind viele weitere Einwände möglich. Ich sortiere diese in drei Gruppen: Externalisierungen (in zwei Varianten), Ambivalenzen, Diskontinuitäten (in zwei Varianten).

7.4.1 Externalisierungen

Der erste Einwand lautet, dass es zwar einen Fortschritt (ob utilitaristisch oder deontologisch) geben mag, dieser aber teurer erkauft sei. Wir wälzen nur die Kosten in andere Sphären ab. Diese *Externalisierungen* seien nicht sichtbar, könnten sich zu einem späteren Zeitpunkt jedoch auf verheerende Weise bemerkbar machen. Ein solches Argument wurde oben schon gegen den Aufstieg Europas vorgebracht: Dieser war nur möglich und wurde immer begleitet von der Versklavung und Unterdrückung der Minderprivilegierten außerhalb und innerhalb Europas; die vielen Jahrzehnte friedlicher Koexistenz im 19. Jahrhundert sind korreliert mit Kolonialkriegen und imperialistischer Herrschaft in Übersee. Da es hier aber um die Menschheitsgeschichte geht, sind die nicht-europäischen Völker ohnehin einbezogen. Die Verschiebung findet auf andere Weise statt, wobei zwei Positionen zu unterscheiden sind, die grüne und die konservative.

Die *grüne Kritik* führt das ökologische Argument weiter, das Klages bereits 1913 auf so eindrucksvolle Weise vortrug (siehe Kap. 5, Abschnitt 3): Die Kosten des Fortschritts werden der Natur aufgeladen. Ob nun das Bevölkerungswachstum, ein destruktiver technischer Fortschritt, der globalisierte Kapitalismus oder das kulturell erzeugte Anspruchsniveau zur *Krise der Natur* führt, ist an dieser Stelle nebensächlich. Entscheidend ist, dass die Verbesserungen der einen Seite, des menschlichen Lebens, durch massive Verschlechterungen der anderen Seite, der Natur, erkauft sind.

Das erste Opfer sind die *Tiere*. Man denke an das Schicksal unserer Nutztiere, die seit Jahrtausenden als Arbeitssklaven und als Fleischproduzenten gehalten werden. In den letzten Jahrzehnten ist die Tierhaltung industrialisiert worden. Es kursieren unvorstellbare Zahlen: Weltweit werden jährlich wohl bis 100 Milliarden Nutztiere getötet, davon vielleicht drei Viertel geschlachtetes Geflügel (Hühner,

Enten, Gänse usw.). Bei Tierversuchen kommen jährlich vielleicht 100 Millionen Tiere ums Leben. Zahlreiche Tierarten sind durch Menschenhand bereits in den letzten Jahrhunderten ausgerottet worden; wahrscheinlich werden täglich über hundert Pflanzen- und Tierarten durch menschliche Eingriffe vernichtet, etwa bei der Zerstörung der tropischen Regenwälder. Große Säugetiere wie Elefanten, Löwen und Nashörner sind in ihrem Bestand erheblich dezimiert; sogar unsere nächsten Verwandten, die Affen, sind gefährdet, weil ihr Lebensraum verschwindet. Verantwortlich sind wir Menschen, deren Zahl und deren Bedürfnisse immer weiter wachsen. Aber auch wir werden geschädigt: Ohne den Handel mit lebenden Wildtieren wäre höchstwahrscheinlich die Corona-Pandemie 2020 nicht ausgebrochen.

Ein zweiter Beleg ist der *anthropogen verstärkte Treibhauseffekt*, der zu einer Erwärmung der Atmosphäre mit unabsehbaren Folgen führt. Man befürchtet den Anstieg des Meeresspiegels, die Verschiebung der Klimazonen und die Vermehrung von Naturkatastrophen. Einmalige Biotope wie Korallenriffe sind gefährdet. Küstenregionen wie in Ostbengalen und Inseln wie die Malediven könnten vollständig überflutet werden. Ein starker Temperaturanstieg würde zu neuen Hungersnöten und Verteilungskämpfen führen, zu „Klimakriegen". Auf jeden Fall werden unzählige Menschen ihre Heimat verlassen müssen. Die Zahlen schwanken von Jahr zu Jahr stark, aber 2010 waren es wohl 42 Millionen. Die UN-Organisation für Migration prognostiziert, dass es im Jahr 2050 schon 200 Millionen Menschen sein könnten. Aber auch die Zahl der Toten wird steigen, etwa bei extremen Wetterlagen, durch größere Sommerhitze und mehr Infektionskrankheiten. Bereits jetzt sollen jährlich ungefähr 300.000 Menschen weltweit durch den Klimawandel uns Leben kommen.

Der Klimawandel ist nur eines der ökologischen Probleme des 21. Jahrhunderts. Die Weltgesundheitsorganisation WHO errechnete bereits für das Jahr 2006 ungefähr 13 Millionen Tote durch verschmutztes Wasser, verpestetes Land und vergiftete Böden. Es gibt bald keine echte Wildnis mehr, Chemikalien und Plastik lassen sich nicht mehr zurückführen, neue Krankheiten verbreiten sich rasend schnell (Diamond 2006). Droht insgesamt der menschlichen Zivilisation ein Kollaps?

Fortschritt, so die grüne Kritik, ist eine Ideologie, der nicht die gegenwärtigen Menschen zum Opfer fallen, sondern die Tiere und die künftigen Generationen. Wie kann man diesen Externalisierungen begegnen? Durch Internalisierung! Wie schon herausgestellt, darf man allein aus geschichtsphilosophischen Einsichten keine normativen Schlüsse ziehen. Aber die Ethik ist darauf auch nicht angewiesen, denn in vielen gegenwärtigen Konzeptionen sind solche Erweiterungen bereits vorgenommen worden. Ein markantes Datum ist das Jahr 1979, in dem sowohl Peter Singers *Practical Ethics* als auch Hans Jonas' *Das Prinzip Verant-*

wortung erschienen. Aus diesen Ansätzen folgt, dass die anderen leidensfähigen Lebewesen und die künftigen Generationen in unsere normativen Reflexionen aufzunehmen sind. Auf der politischen Ebene zeigen die Externalisierungen an, dass eine nur an faktischen Interessen orientierte Demokratie zu kurz greift. Der geschichtsphilosophische Blick kann helfen, zeitlich weit über Legislaturperioden hinauszudenken.

Aus diesen Überlegungen folgt damit aber auch, dass wir die Tiere und die Natur *innerhalb der Geschichtsphilosophie* stärker berücksichtigen müssen. Betrachten wir zunächst das Verhältnis der Menschen zu den (anderen) Tieren. Eine grobe Periodisierung an diesem Leitfaden kennt *vier Epochen*. In der ersten Epoche, in archaischen Zeiten, sind Menschen und Tiere normativ nicht deutlich getrennt; es gibt Lebewesen, die in der Goldenen Kette der Wesen sogar über den Menschen stehen und als heilige Tiere verehrt werden. Charakteristische Beispiele aus agrarischen Zivilisationen sind der Himmelsstier des Gilgamesch-Epos, das Goldene Kalb des Alten Testaments, der minoische Stierkult und die heiligen Kühe der Hindus. In der zweiten Epoche, vor allem im antiken Griechenland, kommt es zu einer Ablehnung der Tiergottheiten und damit zu einer Aufwertung des Menschen, was sich auch in den großen Kunstwerken der klassischen Zeit spiegelt. Charakteristisch ist eine werthafte Hierarchie des Lebendigen, in der der Mensch ganz oben steht und die Tiere in Staffelung folgen (scala naturae). Erst in einer dritten Epoche entsteht eine unüberbrückbare Kluft zwischen Mensch und Tier. Im Gegensatz zur aristotelischen Sichtweise besitzt für Christen nur der Mensch eine Seele. Descartes vergleicht die Tiere sogar mit empfindungslosen Automaten (1637, V 10 u. 11); man denke auch an Kant, der mit seinem Verrohungsargument nur indirekte Pflichten gegenüber Tieren zulassen möchte (Kant VIII: 578 f.). Seit Darwin wird der Mensch zwar deskriptiv wieder ins Tierreich eingeordnet (wertfreier Gradualismus), normativ behalten die Menschen als Personen aber einen Sonderstatus, während man alle (anderen) Tiere den Sachen zuschlägt. Erst in den letzten Jahrzehnten, somit der vierten Epoche, deutet sich ein Umdenken an: Die Menschenwürde ist nicht in Frage zu stellen, aber es gilt, die Tiere gleichsam zu uns hochzuziehen. Auch Singers Absicht ist es, „den Status der Tiere zu heben, nicht aber, den der Menschen zu senken" (Singer 2013: 130). Wie Bentham schon 1789 andeutet, ist die industrielle Tierhaltung der vorindustriellen Sklaverei vergleichbar (vgl. Singer 2013: 100 f.). So wie wir nicht mehr begreifen, dass Sklaverei vor drei Jahrhunderten noch völlig akzeptiert war, so werden (hoffentlich) die Menschen des 22. Jahrhunderts unser Verhalten gegenüber empfindungsfähigen Tieren nicht mehr verstehen.

Auf der *rechtlichen* Ebene gibt es einige Indizien für einen solchen Fortschritt. Das deutsche Tierschutzgesetz, übrigens als eigenständiges Gesetz im November 1933 unter den Nazis eingeführt, wurde mehrfach verbessert und verschärft. Seit

1990 heißt es im Bürgerlichen Gesetzbuch ausdrücklich: „Tiere sind keine Sachen. Sie werden durch besondere Gesetze geschützt." (§ 90a) Die Avantgarde ist wohl Neuseeland, das 1999 als erster Staat den großen Affen subjektive Abwehrrechte zusprach. Unter bestimmten Umständen könnte man einen Menschen, der einen Schimpansen verletzt, nicht mehr nur wegen Tierquälerei, sondern wegen Folter anklagen. Interessanterweise war Neuseeland auch das erste Land der Welt, damals noch als britische Kolonie, das 1893 das Frauenwahlrecht einführte und vorher schon 1867 seiner vorkolonialen Bevölkerung, den Maori, Wahlrecht und Parlamentssitze zusprach. Darüber hinaus hat Neuseeland 2017 dem Whanganui, einem Fluss auf der Nordinsel, ebenfalls Personenrechte zugesprochen, weil er von den Maori als Lebewesen angesehen wird. Wenn ihn jemand verschmutzt, kann dies als Körperverletzung juristisch verfolgt werden.

Damit sind wir bei der zweiten geschichtsphilosophischen Überlegung, die aus der grünen Kritik folgt und ebenfalls eine andere Epocheneinteilung impliziert. Sie orientiert sich an den dominierenden Energiearten. Es seien nur drei Phasen unterschieden. Bis zur industriellen Revolution lebte die Menschheit im *hölzernen* Zeitalter. Denn Holz, das verbrannt werden konnte, war der wichtigste Energieträger, unentbehrlich für Ernährung und Kälteschutz. Im 18. Jahrhundert wurde aber Holz so knapp, dass man in Europa begann, den „unterirdischen Wald" (Sieferle 1982) zu nutzen, nämlich die im Boden seit geologischer Vorzeit gelagerten natürlichen Abbauprodukte von toten Pflanzen und Tieren: Erdöl, Erdgas, Steinkohle und Braunkohle. Deshalb ist die Moderne das *fossile* Zeitalter. Damit ist das moralische Problem verbunden, dass wenige Generationen von Menschen in wenigen Ländern die Energievorräte „verheizen", die auf der Erde in einer halben Milliarde Jahren entstanden sind. Der Rest der Menschheit hat von diesen wertvollen Ressourcen wenig gehabt oder ist sogar geschädigt worden. Aber die fossilen Ressourcen sind ohnehin endlich, weshalb der Übergang in eine neue Epoche gelingen muss. In den ersten Jahrzehnten nach dem Zweiten Weltkrieg meinte man noch, dass 1945 das *atomare* Zeitalter begonnen hätte und man die Menschheit mit der friedlichen Nutzung der Kernenergie in eine strahlende Zukunft führen könne. Davon sind wir inzwischen abgerückt. Alternativ ist seit vielen Jahren von einem künftigen *solaren* Zeitalter die Rede, also der Dominanz der sauberen Sonnenenergie.

Man kann aber noch größere Zeiträume nehmen: Der Meteorologe Paul Crutzen hat den Begriff des *Anthropozäns* ins Spiel gebracht (Weizsäcker/Wijkman 2017: 46 ff.). Seit ungefähr 12.000 Jahren leben wir, so die geologische Standardauffassung, im Holozän, das zusammen mit dem Pleistozän das vierte große Erdzeitalter (Quartär) bildet. Aber seit der Sattelzeit, also seit zweieinhalb Jahrhunderten, ist der menschliche Einfluss so stark geworden, dass man von einem neuen Äon sprechen kann, in dem nicht mehr geophysikalische Kräfte, sondern wir Menschen selbst das Geschehen auf der schmalen Erdkruste bestimmen, die unseren Globus umgibt.

Kann man die Fortschrittsidee mit der grünen Kritik versöhnen? Ist also eine Art Paradigmenwechsel möglich, der die ökonomische Entwicklung von der Naturzerstörung entkoppelt? Das wird die schwerste Aufgabe künftiger politischer Anstrengungen im globalen Rahmen sein. Folgendes *Dilemma* ist zu lösen: Auf der einen Seite ist der „westliche Lebensstil" nicht universalisierbar. Denn der ökologische Fußabdruck eines Menschen in reichen Ländern wie Katar, den USA oder Deutschland liegt weit über dem, was ökologisch universalisierbar ist. Das gilt sogar für den Weltdurchschnitt, der ebenso wie das Pro-Kopf-Einkommen lange gestiegen ist und jetzt bei 2,8 ha steht. Ökologisch universalisierbar sind aber bestenfalls 1,8 ha (vgl. Weizsäcker/Wijkman 2017: 91–98 u. ö.). Die Menschheit verbraucht also mehr, als sie es sich leisten kann. Auf der anderen Seite ist der „südliche Lebensstil" normativ nicht hinnehmbar. Der ökologische Fußabdruck eines Menschen in einem armen Land liegt im Durchschnitt weit unter dem Wert von 1,8 ha. Aber es ist ungerecht, dass so viele Menschen, man denke nur an die oben bereits erwähnte „unterste Milliarde", unter so schlechten Bedingungen leben müssen; in mancherlei Hinsicht ist es schlicht inakzeptabel und eine Schande für die ganze Menschheit. Würden aber die Vierte und Fünfte Welt auf das westliche Wohlstandsniveau gelangen, wäre eine massive Verschärfung der globalen ökologischen Krise die Folge, mit der Gefahr einer Katastrophe oder sogar eines Kollapses. Wie lässt sich dieses Dilemma lösen? Als Vorschlag für eine Konvergenz von westlichen und südlichen Ansprüchen dient die Idee der *nachhaltigen Entwicklung*, die schon 1992 auf der UN-Konferenz in Rio de Janeiro beschlossen wurde. Fast drei Jahrzehnte später ist aber die Weltgemeinschaft von einer tragfähigen Umsetzung dieser Idee immer noch weit entfernt.

Es drängt sich sogar folgender *Nachtgedanke* auf: Könnte es sei, dass Wohlstand und Demokratie, also die beiden Ideale der utilitaristischen und deontologischen Fortschrittsmodelle, sich in der westlichen Welt überhaupt nur haben verwirklichen lassen, weil sie auf einer Ausbeutung der Natur beruhten, die wir uns bald nicht mehr leisten können? In den 1920er Jahren, in einer Zeit schwerer Wirtschaftskrisen, konnte sich die Demokratie in Deutschland nicht stabilisieren. Das war erst in einer Zeit eines starken ökonomischen Wachstums möglich, in den 1950er Jahren (West) und den 1990er Jahren (Ost). Dieses setzt aber möglicherweise die Vernutzung natürlicher Ressourcen voraus, die bloß in einer befristeten Zeitspanne möglich war (vgl. Sieferle 2010: 11). Sind demokratische Wohlfahrtsgesellschaften also gebunden an das fossile Zeitalter, das bald zu Ende geht? Dann wären sowohl das utilitaristische als auch das deontologische Fortschrittsmodell gescheitert.

Neben der grünen Kritik gibt es noch eine ganz andere Variante des Externalisierungseinwandes. Ich meine die *konservative Kritik* am Fortschritt, die ihren Ursprung im kulturpessimistischen Argument zum Abstiegsmodell hat, etwa bei Rousseau 1750. Beim Ausdruck „konservativ" steht der Wortsinn „bewahren" im Vordergrund: Was bewahrt werden soll, sind hier bestimmte konstitutive Elemente unserer Lebensform. Im Unterschied zur grünen Kritik behauptet die konservative Kritik, dass die Kosten des Fortschritts nicht nach außen, sondern *nach innen* abgeschoben werden, ins Innere der Gesellschaft, ja des Menschen (vgl. Spaemann 1980). Gefährdet ist, kurz gesagt, unser gemeinsames Seelenleben.

Eine gemäßigte Variante dieses Ansatzes finden wir in der These von der „Kolonialisierung" der *Lebenswelt* (Habermas 1981, Kap. VIII). Die verselbständigten gesellschaftlichen Subsysteme, das ökonomische und das administrativ-politische, dringen wie eine Kolonialmacht in unser alltägliches Leben ein und unterwerfen es ihren Steuerungsmedien Geld und Macht. Die soziale Integration über den verständigungsorientierten Einsatz der Sprache wird ersetzt durch eine systemische Integration, die nicht auf unseren eigenen Handlungsabsichten beruht, sondern auf funktionalen Effekten. Ein kommunikativ gestaltetes Leben findet nicht mehr statt. Endpunkt dieser Veränderungen ist eine Welt, in der es nur noch Subsysteme und Individuen gibt. Letzteren mag es gut gehen, aber langfristige und tiefe soziale Bindungen sind nicht mehr möglich, weil sich alles bloß um Geld und Macht dreht.

Eine zweite Variante befürchtet den Zusammenbruch der *Privatsphäre*. Ein privates Leben, das Räume und Zeiten schuf, in denen die Individuen sich aus sozialen Zusammenhängen zurückziehen konnten, war in früheren Epochen nur einer schmalen Oberschicht möglich. Erst in der bürgerlichen Gesellschaft separieren sich private und öffentliche Sphäre, wobei die öffentliche Sphäre auch für den kommunikativen Austausch über allgemeine Angelegenheiten genutzt wurde. In der Öffentlichkeit spielen technische Medien eine wichtige Vermittlerrolle. Das galt schon für den Buchdruck im 15. und 16. Jahrhundert. Einen Strukturwandel der Öffentlichkeit bewirken im 20. Jahrhundert die elektronischen Massenmedien Radio und Fernsehen. Im 21. Jahrhundert treten an deren Stelle zunehmend multi-mediale Netze, durch die jedes Individuum zu jeder Zeit und an jedem Ort in ein globales Kommunikationssystem eingebunden ist. Einerseits wird dieses digitale Weltsystem aber von Superkonzernen oder Staaten kontrolliert, so dass diese unsere Privatsphäre so massiv infiltrieren wie noch niemand zuvor. Andererseits sind offenbar sehr viele Menschen bereit, Privates über die neuen indiskreten Medien publik zu machen. Welche Folgen ein solches Ende der Privatsphäre für ein selbstbestimmtes und demokratisches Leben haben könnte, ist momentan noch nicht abzusehen.

Noch dramatischer ist eine dritte Variante. Ihre frühen religiösen Vertreter befürchten die Zerstörung der *Seele*. Wenn man sich nicht mehr an Gott orientiere, sondern am innerweltlichen Fortschritt, zerbreche unser inneres Gleichgewicht. So zitiert Kierkegaard in *Entweder-Oder* (1843) mehrfach den schönen Satz des Matthäus-Evangeliums (NT, Matth. 16: 26): „Was hülfe es dem Menschen, wenn er die ganze Welt gewönne und nähme doch Schaden an seiner Seele." (1998: 178, 187, 233 ff.) In der modernen Gesellschaft, ob man nun ästhetisch-hedonistisch oder ethisch-bürgerlich lebt, so Kierkegaard, verkümmere die Seele. Das steigert sich noch, so können wir fortfahren, im technischen Zeitalter und erst recht in der digitalen Welt. Als wichtige Belege gelten in der Existenzphilosophie negative Stimmungen: Verzweiflung, Schwermut, Angst (unterschieden von Furcht), Schuld, Einsamkeit, Verlust des Zeitgefühls, Langeweile, existenzieller Ekel und Erfahrungen des Absurden. Auch marxistische Begriffe wie Entfremdung und Verdinglichung deuten in diese Richtung: Die kapitalistischen Gesellschaften haben die Natur besiegt und verfügen über eine bisher nie gekannte Menge an Waren, aber die Menschen sind sich wechselseitig fremd geworden und behandeln alles als Ware, nicht nur alle Dinge, sondern auch andere Menschen und die eigenen Fähigkeiten. Auch schwere psychische Erkrankungen, denen sich die Psychiatrie zuwendet, können als Belege herangezogen werden: Depressionen, Süchte, Zwangsstörungen, Burn-out, Panikattacken usw.

Noch weiter gehen die Befürchtungen der vierten Variante, die schon Dostojewski meisterhaft darstellte, zuerst 1864 in den *Aufzeichnungen aus dem Kellerloch* (vgl. Thies 2005: 8 ff.): Der Fortschritt macht die Seele nicht nur krank, sondern bringt sie sogar gänzlich zum Verschwinden. Für eine mathematisierte Wissenschaft, die nur mit euklidischer Vernunft operiert, gibt es weder Gott noch Moral, aber auch keine Seele, kein irgendwie abgrenzbares Ich und erst recht keine Willensfreiheit. Wir haben auch keinen privilegierten Zugang zu unserem Inneren, unseren physischen Zuständen und psychischen Befindlichkeiten (Harari 2017: 443 f.). *Das Ich ist nicht zu retten.* Aus Sicht der euklidischen Vernunft bräuchten wir es auch gar nicht, weil die digitalen Netze klüger sind als wir. Wenn sie erst alles auswerten können, die Kommunikation in sozialen Netzwerke, sämtliche Handy-Daten und die Aufzeichnungen allgegenwärtiger Videokameras, werden sie aufgrund meiner digitalen Profile früher als ich selbst wissen, ob ich krank, depressiv oder schwanger bin. Nach dieser Auffassung sind die menschlichen Individuen nichts anderes als eine Ansammlung biochemisch verpackter informationsverarbeitender Systeme, die sich durch Zufall und Notwendigkeit in langen evolutionären Prozessen entwickelt haben. Deshalb könne aber auch alles durch Gentechnik und Reproduktionsmedizin, durch Big Data und umfassende Vernetzung umgebaut und verbessert werden. Wäre eine durch lernende Algorithmen kontrollierte Welt nicht sogar besser, stabiler und lustvoller als die jetzige?

Wichtig ist, dass diese vier genannten Veränderungen sich nicht negativ auf die utilitaristischen Glücksbilanzen oder die deontologischen Rechtsfortschritte auswirken. Die Individuen registrieren subjektiv gar nicht, dass die menschliche Lebensform ihren Kern verloren hat. Materiell geht es ihnen gut, wahrscheinlich zu gut; politisch können sie mitreden, ohne doch wirklich mitzubestimmen. Wenn sie einmal ein psychisches Leiden spüren, wollen sie es nicht zugeben. Denn in einer Gesellschaft, in der nur der Erfolg zählt, will keiner eingestehen, dass er nicht mithalten könne und nicht zufrieden sei. Umso wichtiger ist es für eine dialektische Geschichtsphilosophie, nicht nur die Kosten des Fortschritts für die Natur, sondern auch dessen Kosten für unser gemeinsames Seelenleben zu betonen. Auf das Recht des Individuums gegen die Geschichte komme ich ganz am Ende noch einmal kurz zu sprechen.

7.4.2 Ambivalenzen

Die zweite Gruppe von Einwänden betont die *Zweischneidigkeit* wichtiger geschichtlicher Verläufe. Mit einer Tendenz seien zugleich Licht und Schatten verbunden, Vorteile und Nachteile, positive und negative Aspekte. Es handelt sich also um eine Kombination des Fortschritts- und des Niedergangmodells. Manche sprechen von Ambivalenzen, andere von Paradoxien oder einer Dialektik. Damit ist kein Pendeln zwischen zwei Polen gemeint (das wäre zyklisch), ebenso nicht der Hinweis auf ignorierte Nebenkosten wie beim Externalisierungseinwand. Auch die Spaltung in Gewinner und Verlierer, also die soziale Ungleichheit als Fortschrittsfolge, haben wir schon unter einem anderen Punkt behandelt. Deutlich abzugrenzen sind die Ambivalenzen zudem von den in hegelmarxistischen Ansätzen beliebten Widersprüchen oder Antagonismen (wie dem Klassenkampf oder dem Konflikt von Produktivkräften und Produktionsverhältnissen), die sich auf höherer Ebene „aufheben" und somit versöhnen ließen. Denn wie es weitergeht und was sich aus den Ambivalenzen machen lässt, weiß man nicht. Sicher haben nicht alle charakteristischen Phänomene unserer Zeit zwei konträre Aspekte. Aber die heuristische Maxime, wichtige Merkmale unserer Gesellschaft möglichst von zwei Seiten zu betrachten, positiv und negativ, hat sich bewährt.

Vor allem die Soziologie nutzt diese Perspektive (vgl. van der Loo/van Reijen 1992). Schon deren Gründerväter Émile Durkheim, Georg Simmel und Max Weber beschreiben die Entwicklungen der modernen Gesellschaft als zweischneidigen Prozess. Max Horkheimer und Theodor W. Adorno bringen dies sogar im Titel ihres berühmten Buches zum Ausdruck: *Dialektik der Aufklärung* (1944/47). Die neuere Frankfurter Schule nutzt den Begriff der Paradoxie, um anspruchsvolle kritische Forschungsprogramme zu konzipieren (Honneth 2002, Honneth/Sutterlüty 2011). Bei Zygmunt Bauman (1992, 1995) kennzeichnet der Begriff der Ambivalenz den gesamten theoretischen Ansatz. Seine zentrale These lautet, dass die Moderne solche doppelwertigen Phänomene notwendigerweise hervorbringe. Die totalitären Irrwege der Moderne, vor allem Nationalsozialismus und Bolschewismus, wollten solche Ambivalenzen beseitigen. Tatsächlich aber ermöglichten diese überhaupt erst unsere Freiheit; sowohl kognitiv als auch normativ müssten wir stark genug sein, Ambivalenzen auszuhalten. Ihm folgt Ulrich Beck in seiner Diagnose der „Dialektiken der Moderne" (Beck 2008: 375). Man kann sogar alle wichtigen Prozessbegriffe, mit denen die Soziologie moderne Gesellschaften erfassen will, als Analyseschemata für solche Ambivalenzen ansehen: Rationalisierung, Modernisierung und Differenzierung.

Hier sei nur kurz auf einen anderen wichtigen Prozessbegriff der gegenwärtigen Soziologie eingegangen: *Individualisierung.* Damit werden die gesellschaftlich bedingten Veränderungen der Lebenssituation von Individuen in der modernen Welt bezeichnet (vgl. Thies 1997). Auch diese haben zwei Seiten: Vieles wird besser, wirft aber zugleich neue Probleme auf; etliche Vorzüge der modernen Welt haben ihre Kehrseite. Vor allem kann man beide Seiten nicht ohne Weiteres voneinander trennen. Unter Rückgriff auf die soziologischen Klassiker seien einige dieser Ambivalenzen dargestellt.

Max Weber befürchtete schon 1905, die moderne „Kulturentwicklung" könnte zu „Fachmenschen ohne Geist, Genußmenschen ohne Herz" führen (Weber 2006: 181). Was bedeutet diese zweiteilige Diagnose? „Fachmenschen" sind Personen, die viel wissen, aber nur über ihr Fach. Spezialisierung und Expertentum werden tatsächlich immer wichtiger; viele Lebensbereiche werden professionalisiert, weil sie nur noch von Fachmenschen bewältigt werden können. Der „Geist" hingegen ist das, was uns befähigt, in die Weite und in die Tiefe zu blicken, somit das Ganze zu erfassen oder zumindest das Verbindende zu erkennen. Die allgemeine Tendenz ist jedoch, dass es immer mehr Fachwissen gibt, aber das „geistige Band" verloren ist. Wir wissen immer mehr über immer kleinere Wissensgebiete; diese Spezialisierung ist angesichts der Komplexitätszunahme unvermeidlich und charakteristisch auch für das moderne Wissenschaftssystem. Das bewirkt aber, dass der fachkundige Austausch über die Spezialgebiete hinweg immer schwieriger wird und niemand mehr das gesamte Leben im Blick hat. Vom Ganzen der Welt weiß jede einzelne Person heute weniger als früher, obwohl sie in ihrem Fachgebiet sogar mehr weiß.

Der zweite Teil der Diagnose bezieht sich auf andere Phänomene: „Genußmenschen" sind Personen, die vieles genießen können; sie sind materiell in der Lage, sich viele positive sinnliche Empfindungen zu verschaffen, auch in ganz unterschiedlichen Lebensbereichen: gutes Essen und Trinken, Besuche von kulturellen Veranstaltungen, weite Reisen und anregende Gespräche. Aber kaum etwas berührt sie im tiefsten Inneren; im „Herzen" regt sich nichts; die sinnlichen Erlebnisse und gelungenen Bedürfnisbefriedigungen verändern nicht das Leben und die eigene Persönlichkeit.

Eine besondere Ambivalenz betrifft die *Freiheit der Individuen* in der modernen Welt, die Georg Simmel bereits in seiner *Philosophie des Geldes* (1900) treffsicher analysierte. Die Geldwirtschaft befreit die Individuen aus vielen traditionalen Abhängigkeiten – aber sie schafft auch viele neue. Mit Geld haben wir sehr viel mehr Möglichkeiten, Waren zu erwerben. Aber wir müssen überhaupt erst einmal Geld besitzen und nur das, was monetär klassifizierbar ist, interessiert uns noch. Was in gewisser Hinsicht als ein Gewinn an Freiheit erscheint, ist zugleich ein Verlust. Was vor allem verschwunden sei, so zumindest eine gängige Diagnose, sind soziale Bindungen, die nicht durch Geld stabilisiert sind. Die Zunahme an Optionen wird erkauft durch den Verlust von Ligaturen (Dahrendorf 1979: 50–55; ders. 1994: 25–31, 41–45).

Schließlich ist die Freiheit selbst zu einem Zwang geworden: Wir müssen frei sein; wir sind, wie vor allem die Existenzphilosophie betonte, verurteilt zur Freiheit (Sartre 2000: 155). Das betrifft auch neue Versionen individueller Freiheit, etwa das Streben nach Selbstverwirklichung und Authentizität. Deren Protagonisten richten sich teilweise gegen andere Freiheitsideale, vor allem das der Autonomie. Diese sei bloß formal und unterwerfe das lebendige, besondere und konkrete Ich den allgemein-abstrakten Normen der Moral. Aber bald zeigt sich wieder die Ambivalenz: Die authentische Selbstverwirklichung wird zu einem neuen Zwang, dem sich jede Person unterwerfen muss, ob es nun passt oder nicht. Auf jeden Fall kann Freiheit auch als Überforderung wirken (Thies 1997: 165–173). Manchmal erscheint die Freiheit deshalb als etwas, das man eher fürchten und flüchten muss.

Weitere Ambivalenzen ließen sich nennen. Eine dialektische Geschichtsphilosophie wird diese in den Mittelpunkt ihrer Zeitdiagnose stellen. Das Fazit ist nicht, dass es keine positiven Tendenzen gebe, sondern dass diese alle direkt mit negativen Entwicklungen verbunden sind. Was von der einen Seite nach Fortschritt aussieht, ist von der anderen ein Rückschritt.

7.4.3 Diskontinuitäten

Die moderne Fassung des positiv-linearen Aufstiegsmodells postuliert geschichtliche Abläufe, die längerfristig und relativ kontinuierlich zum Besseren führen. Diese Tendenzen werden aber, so die dritte Gruppe von Einwänden, immer wieder gebrochen. In der Menschheitsgeschichte gibt es nämlich positive wie negative *Diskontinuitäten*.

Was sind positive Diskontinuitäten? Früher hielten viele die *Revolutionen* für solche Sprünge nach vorne oder nach oben. Das Paradebeispiel ist die Französische Revolution von 1789. Die letzten Ereignisse, die wir so bezeichnen, gehören jedoch eher zum Typ einer *nachholenden* Revolution, weil sie den Vorsprung führender Gesellschaften auf friedliche Weise mit einem Schlag wettmachen wollten (vgl. Habermas 1990: 179 ff.). 1989 ist dies größtenteils gelungen, 2011 nicht. In beiden Fällen wollte man aber nicht über die Moderne hinaus. Das 20. Jahrhundert kennt jedoch solche Fälle, nämlich den Sowjetkommunismus und den Nationalsozialismus. Die Vordenker beider politischen Ideologien beabsichtigten, das Gehäuse der modernen Welt durch die revolutionäre Tat zu sprengen.

Der *Sowjetkommunismus* akzeptierte prinzipiell die Fortschrittslinie der Moderne, möchte aber eine ganze Stufe überspringen, um schnell in einer Art *Hypermoderne* zu gelangen. Dafür steht nicht Lenins Revolution vom Herbst 1917, die eher ein Staatsstreich war. Was ich meine, ist der Versuch, eine ganze Gesellschaft in die Zukunft zu schleudern. Das war die Idee hinter den brutalen Modernisierungen in Russland in den 1930er Jahren (vgl. Schlögel 2008) und in China in den 1950er und 1960er Jahren. Mao Zedong sprach 1958 sogar ausdrücklich von einem „Großen Sprung nach vorn". Würde man erst eine bestimmte Schwelle überschritten haben, so die marxistische Annahme, könnte man endgültig die Knappheitsbedingungen und die Klassenkämpfe der bisherigen Weltgeschichte überwinden. Tatsächlich führten diese Maßnahmen sowohl in der Sowjetunion als auch in China aber zu extremen Hungersnöten und brutalen Terrorwellen.

Der *Nationalsozialismus* möchte hingegen nicht über die Moderne hinweg-, sondern aus ihr herausspringen (vgl. Clark 2018, Kap. 4). Zwar hatte er auch Anhänger, die zurück in eine germanische Bauernwelt wollten. Maßgeblich waren aber andere Vorstellungen: Die moderne Wirtschaftsform und die neueste Technik sind zu übernehmen, jedoch eingebettet in eine rassisch fundierte Lebensform, die auch Politik, Religion, Kunst und Wissenschaften bestimmen wird. Eigene Geschichtsgesetze gebe es nicht, stattdessen herrschten die ehernen Prinzipien einer gnadenlosen Natur. Deshalb würde der Rassenkampf ewig weitergehen. Wie könne man in eine solche *Gegenmoderne* gelangen? Dafür brauche es radikale Maßnahmen wie eine totale Mobilmachung und eine Endlösung. Hitler wollte wohl den großen Ostkrieg für einen solchen Bruch mit der bisherigen Geschichte nutzen.

Die Vorstellung, die Gegenwart durch einen Sprung zu verlassen, ähnelt dem religiösen Erlösungsgedanken. Im Unterschied zur monotheistischen Eschatologie werden aber nicht alle erlöst, sondern nur künftige Generationen. Die heutige

Generation, so meinten die jeweiligen Führer, dürfe geopfert und (fast im wahrsten Sinne des Wortes) verbrannt werden. Hitler, Stalin und Mao hielten es für legitim, etliche Millionen Menschen sterben zu lassen, durch Hunger und in Gaskammern, durch Verschleppung und Terror. Diese schrecklichen Projekte sind aus heutiger Sicht ein *Zivilisationsbruch* (Diner 1988: 9 u. 31), der uns noch im 21. Jahrhundert daran erinnert, dass Geschichte nicht kontinuierlich zum Besseren verläuft. Mögen wir in Zukunft von neuen Versuchen, positive Diskontinuitäten ins Werk zu setzen, verschont bleiben.

Kommen wir zu den negativen Diskontinuitäten. Wenn es Fortschritt gäbe, so hier der Einwand, dann nur für begrenzte Zeiträume, vielleicht wenige Jahrzehnte. Die Geschichte aber lehre, dass sich irgendwann wieder eine *Katastrophe* ereigne.

Katastrophen stehen zwischen Krisen und Kollapsen (vgl. Thies 2017). Eine *Krise* ist ein geschichtlicher Zustand, der Oszillationen des linearen Verlaufs bewirkt; am wichtigsten sind politische Krisen wie das Zerbrechen einer Regierungskoalition und ökonomische Krisen wie eine Rezession. In der Moderne sind Krisen der Normalzustand. Ein *Kollaps* ist hingegen keine Oszillation und keine Unterbrechung, sondern das Ende eines geschichtlichen Verlaufs. Beispiele dafür sind die Zusammenbrüche ganzer Zivilisationen wie des Aztekenreiches oder der Gesellschaft der Osterinseln (vgl. Diamond 2006). Aber selbst der Untergang des Weströmischen Reiches oder die Implosion der Sowjetunion sind kein Kollaps, sondern eher eine Katastrophe, denn viele kulturelle und soziale Elemente beider Gesellschaften haben den Zusammenbruch überdauert. Nach der Katastrophe ist ein Neuanfang möglich, nach einem Kollaps nicht.

Manche Katastrophen kann man gut vorhersagen, andere nicht. Dass eine krisenhafte Entwicklung katastrophal enden wird, weil man keine Gegenmaßnahmen kennt oder ergreifen kann, lässt sich gelegentlich prognostizieren. Es gibt aber auch Katastrophen, die ganz plötzlich und unerwartet eintreten. So kann es auch in modernen Lebenswelten manchmal zu einem spontanen Ausbruch großflächiger Gewalt kommen, mit dem keiner mehr gerechnet hatte. Ein Vergleich aus der Meteorologie bietet sich an: Hurrikans lassen sich relativ präzise prognostizieren, Tornados fast überhaupt nicht. Manche Katastrophen sind also wie Hurrikans, auf die man sich einstellen kann; andere gleichen eher den Tornados oder sogar dem extrem unwahrscheinlichen „schwarzen Schwan" (Taleb, vgl. Roubini/Mihm 2010, Kap. 1). Einige ökologische Tendenzen, etwa die oben erwähnte Erderwärmung durch den anthropogen verstärkten Treibhauseffekt, laufen allmählich auf eine Katastrophe zu. Es könnte aber auch unerwartete Kipppunkte geben, in denen gleichsam Quantität plötzlich in Qualität umschlägt.

In der Moderne stehen normalerweise die Katastrophen im Vordergrund, die primär durch *menschliches Handeln* zustande kommen, entweder unintendiert oder intendiert: schwere Unfälle, Zusammenbrüche der technischen Infrastruktur, Terroranschläge usw. Ein beliebtes Horrorszenario sind ursprünglich vom Menschen geschaffene Superintelligenzen, die sich selbständig weiterentwickeln und die Macht übernehmen (vgl. Bostrom 2014).

Aber die schlimmsten Katastrophen dieser Art sind und bleiben *Kriege*. Ein sehr gutes Beispiel ist der Erste Weltkrieg. In den Jahren um 1900 dominierte das positiv-lineare Modell; nichts schien den technischen, den ökonomischen, den politischen und den kulturellen Fortschritt aufhalten zu können. Auch die Krisen und Kriege seit 1905 rissen die Menschen noch nicht aus ihrem Schlaf: Sie waren „wachsam, aber blind, von Albträumen geplagt, aber unfähig, die Realität der Gräuel zu erkennen, die sie in Kürze in die Welt setzen sollten" (Clark 2013: 718). Der Erste Weltkrieg wurde dann die „Urkatastrophe des 20. Jahrhunderts", wie später George Kennan formulierte. Vielfach wird der gesamte Zeitraum von 1914 bis 1945 als zweiter Dreißigjähriger Krieg bezeichnet (siehe Kap. 6).

Die bange Frage ist nun, ob sich in naher Zukunft wieder eine solche gewaltige Katastrophe ereignen könnte. Nach der Epochenwende von 1989/91 waren fast alle guter Hoffnung. Die USA waren als einzige Supermacht übriggeblieben. Zwar gab es kleine Konflikte, auch mit hohen Opferzahlen wie in Jugoslawien oder Ruanda. Dennoch glaubten in den 1990er Jahren viele Menschen daran, dass sich solche Kriege bald vermeiden oder zumindest begrenzen ließen; entweder durch die globale Hegemonialmacht USA oder völkerrechtlich legitimiert durch die Vereinten Nationen. Inzwischen hat sich jedoch die weltpolitische Situation grundlegend geändert. Einige meinen sogar, die Urkatastrophe des 21. Jahrhunderts schon identifiziert zu haben – den Irakkrieg von 2003. Die Anschläge vom 11.9.2001 wären dann das Äquivalent zu den Morden von Sarajewo. Für den Irakkrieg besaßen die USA und ihre Verbündeten keine überzeugende normative Legitimation. Zudem waren sie zu schwach, um sich militärisch durchzusetzen. Innenpolitisch sind die USA seitdem sogar zu einem oft irrational agierenden Isolationismus zurückgekehrt. Vor allem aber ist ihnen mit China ein weltpolitischer Gegenspieler erwachsen, der mit verschiedenen Mitteln seine Macht zu erweitern sucht.

In der Menschheitsgeschichte wird immer wieder eine etablierte Macht durch einen aufstrebenden Widersacher herausgefordert. Das klassische Beispiel ist der Konflikt zwischen Athen und Sparta im antiken Griechenland. Sparta als etablierte Landmacht wollte nicht hinnehmen, dass Athen sich mit seinem Seebund zur Hegemonialmacht aufgeschwungen hatte. Das führte zum Peloponnesischen Krieg und endete wenige Jahrzehnte später mit dem Niedergang aller griechischen Stadtstaaten, die der neuen Macht Makedonien nichts mehr entgegenzusetzen hatten. Thukydides hat diese Situation unübertroffen analysiert: Der Konflikt zwischen einer etablierten und einer aufsteigenden Macht führt fast immer zu einem verheerenden Krieg. Die entsprechende Konstellation wird deshalb als

Thukydides-Falle bezeichnet (Allison 2015). Die Geschichte der folgenden zweieinhalb Jahrtausende, gerade in Europa, scheint diese Gefahr zu bestätigen. Der schlimmste Fall ist der Aufstieg Deutschlands, das 1870/71 in einem kleinen Krieg die bisherige Kontinentalmacht Frankreich bezwingen konnte, aber dann wesentlich zum Ausbruch eines großen Weltkriegs beitrug; weil es die Niederlage nicht akzeptieren wollte, wurde noch ein zweiter Versuch unternommen. Wir leben jetzt im 21. Jahrhundert. Wie wird sich der Konflikt zwischen den USA und China entwickeln? Zu bedenken ist natürlich, dass bei einem großen Krieg auch atomare, biologische, chemische und digitale Waffen eingesetzt werden würden; die Opferzahl wäre unermesslich hoch. Läuft die Menschheit dennoch erneut in die Thukydides-Falle? Das wäre eine Diskontinuität, die allen Fortschritt zunichte machen würde.

Aus deutscher Perspektive sieht die Sache so aus: In der Mitte Europas gab es in der Neuzeit zwei lange Friedenszeiten: 1871 bis 1914 (43 Jahre) und davor 1555 bis 1618 (63 Jahre). Die dritte lange Friedenszeit begann in Deutschland nach 1945 und sie dauert glücklicherweise bis heute an. Die zweitbeste Marke, also die Zeit von Bismarcks Reichsgründung bis zum Ausbruch des Ersten Weltkriegs, wurde übertroffen im Jahr 1989 (!), ein neuer Rekord dann 2009 aufgestellt – und der Frieden dauert an, jetzt also schon 75 Jahre. Das scheint ein starkes Fortschrittsargument zu sein. Aber auf die ersten beiden Friedensperioden folgten Dreißigjährige Kriege. Wir wollen nicht hoffen, dass uns ein neuer bevorsteht. Aber auch die Menschen in den beiden genannten Zeiträumen hatten mit den Schrecken, die ihrer harrten, nicht gerechnet.

Außer von Kriegen wird die Menschheitsgeschichte immer wieder durchlöchert von *naturbedingten* Katastrophen: Erdbeben, Vulkanausbrüche, Überschwemmungen, Meteoriteneinschläge, Hungersnöte usw. Früher waren die Menschen diesen relativ hilflos ausgeliefert. Heute haben sich die Möglichkeiten verbessert, solchen Katastrophen vorzubeugen, rechtzeitige Warnungen auszusprechen und die Schäden zu verringern. Man kann zeigen, dass naturbedingte Katastrophen, trotz gestiegener Bevölkerungszahl, in hochentwickelten Ländern zu weniger Opfern führen als in unterentwickelten (Norberg 2017: 121 ff.). Umso schlimmer ist es, wenn ein Land wie die USA so schlecht mit den Folgen eines Wirbelsturms wie Katrina im Jahr 2005 umgeht. Die schrecklichsten Katastrophen dieser Art sind *Pandemien*.

Eine Pandemie, die sich ins Gedächtnis der Menschheit eingebrannt hat, ist die Pest, die als der „Schwarze Tod" bezeichnet wird. Sie brach wohl 1320 in der zentralchinesischen Provinz Hubei aus (Menzel 2020). Im Jahr 1347 erreichte der Pestbazillus dann Europa; am schlimmsten betroffen war zunächst der Norden Italiens. In wenigen Jahren starb mindestens ein Drittel der damaligen Bevölkerung Europas. Das Ende der hochmittelalterlichen Kultur wurde beschleunigt. Aber die

Folgen waren global: Ein Jahrhundert vorher war nämlich durch die Mongolenherrschaft das erste ökonomische Weltsystem entstanden, das Asien, Nordafrika und Europa umfasste. Das Zentrum des europäischen Subsystems war Genua, das vor allem vom Handel am Schwarzen Meer profitierte. Aber die Pax Mongolica, die die Reisen europäischer Kaufleute auf der Seidenstraße bis nach China ermöglichte, verfiel schon zu Beginn des 14. Jahrhunderts; die Pest führte dann zum Zusammenbruch des gesamten Weltsystems. In China kam es wohl 1325 zu einer großen Hungersnot, die zum Ende der Yuan-Dynastie beitrug. Genua verlor seine hegemoniale Stellung in Europa an Venedig. Es dauerte viele Jahrzehnte, bis sich die weltweite Wirtschaft wieder erholt hatte (Menzel 2015, Kap. 3 u. 4).

Wiederholt sich die Geschichte? Denn am Ende des Jahres 2019 ist erneut die Provinz Hubei mit ihrer Hauptstadt Wuhan der Geburtsort einer Pandemie; dieses Mal handelt es sich wahrscheinlich um einen von einer Fledermaus auf den Menschen übergesprungenen Corona-Virus. In Zeiten der hypertechnisierten Globalisierung des 21. Jahrhunderts braucht dieser nicht mehr ein Vierteljahrhundert, sondern nur noch wenige Wochen, bis er Europa erreichte; wieder trifft es Norditalien zunächst am stärksten. Der technisch-wissenschaftliche Fortschritt zeigt sich daran, dass der Pestbazillus erst 1894 entdeckt wurde, das neue Corona-Virus SARS-CoV-2 jedoch schon Mitte Januar 2020. Welche Folgen diese Corona-Krise für die ohnehin abflauende fünfte Kondratjew-Welle und das gegenwärtige Weltsystem mit seinem Zentrum im Silicon Valley (USA) haben mag, ist beim Schreiben dieser Zeilen noch völlig ungewiss.

7.5 Bilanz

In diesem letzten Abschnitt wird ein kleines geschichtsphilosophisches Fazit versucht, das auch frühere Kapitel einbezieht. *Was bleibt vom Fortschritt?*

Erstens sind alle philosophischen Ansätze abzulehnen, die einen metaphysischen Sinn der Geschichte behaupten, etwa gar eine eschatologische Ausrichtung. Zwar halte ich die Frage nach Ursprung und Ziel der Geschichte für berechtigt, für denkende Menschen sogar für unvermeidlich, aber eine gut begründete Antwort kenne ich nicht. Möglich ist nur eine *negative Metaphysik* der Geschichte, die dazu anleiten kann, die Opfer der Geschichte zu betrauern und sich angesichts der Winzigkeit der Menschheit gegenüber dem Kosmos in Demut zu üben.

Zweitens sollte man essentialistische und historizistische Auffassungen zurückweisen. Eine substantialistische Geschichtsphilosophie im klassischen Sinne ist nicht möglich; diese muss in eine den modernen Ansprüchen genügende Form *transformiert* werden. Die Kollektivsingulare „Fortschritt" und „Geschichte" werden wir sprachlich nicht wieder auflösen können, sollten uns aber bewusst sein, dass sich hinter diesen semantischen Konstruktionen unzählige Fortschritte und Geschichten verbergen. Unberechtigt sind vor allem die Behauptungen, dass der Fortschritt das Wesen der Geschichte oder eines ihrer Gesetze sei. Es existieren überhaupt keine historischen Notwendigkeiten im strengen Sinne; die Historie wird sich nicht den Naturwissenschaften angleichen lassen.

Drittens: Stattdessen sollte die Geschichtsphilosophie mit *Modellen* arbeiten, die heuristischen und interpretativen Zwecken dienen. Aber auch dann wäre der Fortschritt nicht die dominierende Tendenz der Geschichte. Es gibt immer auch Stillstand, zyklische Abläufe und Rückschritte. Je nach Epoche, Kulturkreis und Subsystem überwiegt einmal die eine, einmal die andere Verlaufsform. Vieles lässt sich auch gar nicht auf eine Formel bringen: Wichtige Ereignisse und Verläufe sind im doppelten Sinne irrational, sie sind eigentlich nicht zu verstehen und offensichtlich auch nicht durch menschliche Vernunft geleitet. Geschichte ist ein komplexer und multidimensionaler Prozess.

Viertens: Dennoch lassen sich *mächtige Fortschrittstendenzen* identifizieren, etwa die Steigerung der Effizienz (technischer Fortschritt), noch wichtiger aber in der Zunahme der Lebensqualität (utilitaristischer Fortschritt) und der Ausbreitung rechtsstaatlicher Zustände (deontologischer Fortschritt). Das sind aber nur wenige Tendenzen von mehreren.

Fünftens ist nämlich die umfangreiche *Gegenrechnung* zu beachten. Hingewiesen wurde auf die große materielle Ungleichheit in der Welt, ob diese nun zunimmt oder nicht, sowie die Gefahr, dass die Demokratie zu einer Tyrannis wird, zu einer populistischen Autokratie. Sodann sind viele Fortschritte in sich ambivalent: Was auf der einen Seite einen Vorteil bringt, erzeugt auf der anderen Seite einen Nachteil. Darüber hinaus gibt es externe Kosten, nämlich die massiven ökologischen Zerstörungen und die vielleicht nicht weniger bedeutsamen Schäden an unserer Seele.

Sechstens könnte die Epoche der genannten Fortschrittstendenzen jäh enden; die Geschichte lehrt uns, dass schlimme Katastrophen wie große Kriege und schreckliche Pandemien oft alles Gewonnene wieder zerstören. Manche Entwicklung führt sogar zu einem Kollaps.

Insofern gibt es sehr wohl Fortschritt, aber dieser sieht größer aus als er ist (vgl. Wittgenstein 1984: 229). Das ist der wichtigste Ertrag historischer Skepsis sowie einer empirisch informierten und phänomenologisch treffenden Zeitdiagnose. Dennoch bleiben die normativen Forderungen bestehen. Ob nun utilitaristisch, deontologisch oder anders begründet, in jedem Fall sind Menschheitsverbrechen zu verhindern und die Würde jedes Menschen zu respektieren. Es ist auch klar, dass wir dafür materiellen Wohlstand und eine Rechtsordnung brauchen.

Was bleibt also? Fortschritt ist als *politisches Projekt* aufzufassen. Dabei vermittelt der Begriff des Fortschritts zwischen Gegenwart, Zukunft und Vergangenheit. Auf der Ebene der politischen Praxis wird man aber das eine Fortschrittsprojekt in unzählige kleine Unternehmungen zergliedern müssen.

Das gilt zum einen für die *Seite des Subjekts:* Träger des gesamten Projekts ist zwar die Menschheit, aber diese ist nicht Handlungs-, sondern nur Referenzsubjekt der Geschichte. Die Akteure können nur die Menschen der Gegenwart sein, wir mit unseren Leiden und Leidenschaften. Es gibt aber auch höherstufige Subjekte wie Familien, Gemeinschaften, Staaten, Staatenverbünde und supranationale Institutionen, die in einem übertragenen Sinne ebenfalls handlungsfähig und rechenschaftspflichtig sind. Zum anderen sind auf der *Objektseite* ebenfalls Differenzierungen erforderlich. Man könnte jetzt die Themen durchgehen, die in diesem Kapitel bereits angesprochen wurden: Verbesserung der Lebensqualität, gerade bei der untersten Milliarde; Weiterentwicklung von Staatsrecht, Völkerrecht und Menschenrechten, insbesondere zur Absicherung gegen interne Gefährdungen der Demokratie; Maßnahmen gegen Naturzerstörung und zum Tierschutz; Achtsamkeit für den inneren Kern unserer menschlichen Lebensform, damit dieser nicht der Beschleunigung, Ökonomisierung und Digitalisierung der Welt zum Opfer fällt; Reflexion auf die ambivalenten Wirkungen jeglichen gesellschaftlichen Fortschritts; institutionelle Reformen, um Katastrophen jeglicher Art besser verhindern zu können, vor allem Kriege und Pandemien. In allen Fällen ist politisch zu fragen, welche Rahmenbedingungen herrschen, welche Tendenzen in welche Richtung gehen und welche Mächte in einem komplexen Kräfteparallelogramm mitwirken. Wie dies alles konkret geschehen soll, kann hier nicht erörtert werden.

Im Endergebnis bleibt der Begriff des Fortschritts zentral für die Geschichtsphilosophie. Zunächst einmal folgt aus einer theoretisch angeleiteten, empirisch informierten und philosophisch reflektierten Gegenwartsdiagnose, dass unausgeschöpfte Potentiale existieren. Es gibt *objektive Möglichkeiten:* Man könnte die absolute Armut beseitigen und demokratisch-rechtsstaatliche Strukturen verbessern. Sodann kann man durch historische Interpretationen zeigen, dass Fortschritte *keine Illusion* sind. Es lassen sich geschichtliche Prozesse aufweisen, die aus der Vergangenheit bis in die Gegenwart reichen und eine Verbesserung darstellen, ob an Wohlstand oder/und an Rechtsstaatlichkeit. Diese Tendenzen gilt es fortzusetzen. Wenn wir schließlich die Gegenwart an berechtigten Maßstäben messen, sehen wir, dass Fortschritte in einem praktischen Sinne notwendig sind. Fortschritt ist eine *normative Forderung*, die erfüllbar ist. Oder besser im Plural: Fortschritte sollen sein.

8 Furcht und Hoffnung

Für den reflexiv-praxisorientierten Ansatz der Geschichtsphilosophie lautet seit Kant die *Leitfrage:* „Was darf ich hoffen?", etwas ausführlicher formuliert: Was dürfen wir (als Menschen) mit guten Gründen innerweltlich hoffen?

Was aber ist *Hoffnung?* Hoffnungen sind mentale Zustände, die kognitive, normative und affektive Komponenten enthalten. Mit einer Hoffnung ist die Überzeugung verbunden, dass sich irgendetwas in Zukunft einstellen könnte oder einstellen wird. Dieser Zustand wird positiv bewertet, als wünschenswert angesehen, zumindest als besser als die gegenwärtige Situation. Damit verbunden ist eine positive emotionale Stimmungslage. Hoffnungen sind mit dem menschlichen Streben nach Glück verbunden und äußern sich in Wünschen.

Die kognitiven und normativen Komponenten von Hoffnungen lassen sich kritisch prüfen (vgl. Birnbacher 2009). Allerdings könnte es sein, dass diejenigen Hoffnungen am wirkmächtigsten sind, deren kognitive Komponenten unhinterfragt bleiben. Die Chance, im Lotto oder anderen Glücksspielen zu gewinnen, ist äußerst gering, aber viele Menschen bedenken das nicht und opfern vieles für eine letztlich unberechtigte Hoffnung. Auch in der Geschichte spielen irrationale Hoffnungen eine große Rolle. Gerade deshalb bedarf es der Geschichtsphilosophie.

Es gibt Hoffnungen ganz verschiedener Art, die sich auf einem Spektrum nach Größe sortieren lassen. An dem einen Pol steht die außerweltliche *religiöse* Hoffnung. Sie richtet sich auf das ewige Leben, absolute Gerechtigkeit und allumfassende Versöhnung. Insbesondere die Frage, wie die unschuldigen Opfer der Geschichte gerettet werden können, hat sensible Denker bewegt. In Form einer negativen Metaphysik werden auch religiöse Atheisten solche großen Hoffnungen ernst nehmen, die aber primär ein Thema der Religionsphilosophie sind und deshalb hier weitgehend ausgeklammert wurden. Den anderen Pol bilden die vielen kleinen *privaten* Hoffnungen, die jeder Mensch hat: dass man heute Morgen noch den Bus erreichen wird, dass der Arbeitstag nicht zu stressig wird, dass der favorisierte Fußballverein ein wichtiges Spiel gewinnt. Wichtiger sind die Hoffnungen, dass man gesund bleibt, dass sich die große Liebe erfüllen wird, dass die Kinder glücklich werden, dass sich der berufliche Erfolg noch einstellen möge usw. Eine Philosophie der Lebenswelt mag davon, mit anthropologischer und sozialwissenschaftlicher Hilfe, handeln. Niemand kann ohne solche Hoffnungen leben, niemand darf die Hoffnungen anderer ignorieren oder gar mutwillig zerstören.

In der Geschichtsphilosophie geht es um Hoffnungen mittlerer Größe, um *politische* Hoffnungen. Sicher waren die Erwartungen einiger Aufklärer und einiger Marxisten viel zu groß, ja überschwänglich. Das Schlaraffenland wird sich so wenig verwirklichen lassen wie die kommunistische Gesellschaft oder ein ewiger Friede, jedoch auch nicht die Rückkehr in Paradiese, die nie existierten, oder halkyonische Zeitalter, die stürmischer waren als unseres. Eine andere Welt ist nicht möglich, aber eine bessere! Darauf richten sich die begründeten Fortschrittshoffnungen der Gegenwart, die kollektive politische Projekte orientieren und motivieren. Zwar kann die Menschheit nicht als ein Handlungssubjekt agieren, aber dennoch bilden wir alle, wie jede neue Krise zeigt, im gegenwärtigen Weltsystem eine Schicksalsgemeinschaft. Deshalb sind politische Anstrengungen auf supranationaler, ja suprakontinentaler Ebene erforderlich.

Dass es in der antiken Welt an einer tragfähigen Geschichtsphilosophie fehlte, zeigt sich auch daran, dass damals die Hoffnung eher negativ bewertet wurde. Charakteristisch dafür ist Hesiods Erzählung von Pandora (Werke und Tage, 81 ff.): Die Hoffnung sei eigentlich das größte Übel, weil sie dazu führe, dass wir Menschen uns an die vielen kleineren Übel gewöhnen; dass es radikal besser werden könne, sei aber gar nicht möglich. Große Hoffnungen hegen hingegen Juden und Christen: Die Juden erwarten den Messias und damit eine plötzliche Wendung zum Besseren; für die Christen ist dieser bereits erschienen, so dass wir uns jetzt in innerer Ruhe auf das Jüngste Gericht vorbereiten können. Das sind Hoffnungen religiöser Art, wenn auch mit tiefgreifenden Wirkungen auf die historische Sicht der Dinge, wie schon bei Joachim von Fiore deutlich wird (siehe Kap. 5, Abschnitt 4). Innerweltliche Hoffnungen wurden in Europa vor allem durch die Fortschritte der frühen Neuzeit genährt.

Philosophischen Rang erreicht der Begriff der Hoffnung aber eigentlich erst bei Kant (vgl. Höffe 2004: 297 ff. u. ö.). Auch bei ihm vermittelt dieser Begriff kognitive Einsichten, normative Überzeugungen und affektive Stimmungslagen. Sofern sie philosophisch relevant ist, richtet sich bei Kant die Hoffnung nur auf einen Gegenstand, nämlich das höchste Gut (summum bonum). Dieses bestimmt er im Unterschied zu klassischen Ansätzen nicht als Glückseligkeit (eudaimonia), sondern als Einheit von Glückseligkeit und Glückswürdigkeit, von Glück und Moral. In seinem Rigorismus lehnt Kant jedoch einen Kompromiss ab; am absoluten Vorrang der Moral darf nicht gerüttelt werden. Wie dem auch sei, wegweisend ist der Gedanke, dass die innerweltlichen Hoffnungen unsere moralische Motivation indirekt stärken können (Kap. 3, Abschnitt 5; vgl. Thies 2007). Wer den Fortschritt auf seiner Seite weiß, so scheint Kant zu denken, wird eher bereit sein, sein individuelles sinnliches Glück für eine allgemeine berechtigte Sache hintanzustellen.

Hoffnungen können passiv oder aktiv sein. Im ersten Fall kann oder muss man zum Zustandekommen der Hoffnungen nichts beitragen; es geschieht alles durch göttliche Gnade, durch mächtige Tendenzen oder die Tat anderer. Im zweiten Fall sind wir imstande, etwas beizutragen, ob wenig oder viel. Bei berechtigten Hoffnungen ist dies sogar normativ gefordert. Es muss aber, wie Bloch sagt, eine entsprechende *Latenz* existieren (1959: 17, 336, 1576, 1625 u. ö.). Was es also geben muss, sind objektive und subjektive Möglichkeiten, unausgeschöpfte Verwirklichungschancen und bereitliegende Handlungspotentiale. Deshalb bleiben die geschichtlichen Hoffnungen auf eine Zeitdiagnose und historische Studien angewiesen, aber auch auf die Reflexion des eigenen Standpunkts.

Was ist das Gegenteil von Hoffnung? Es gibt zwei Antipoden. Der eine Gegenspieler ist die *Verzweiflung*. Wer überhaupt keine Hoffnungen mehr hegt, ist verzweifelt. Hoffnung und Verzweiflung sind keine Affekte, sondern lang andauernde Stimmungslagen mit kognitiven und normativen Komponenten. Insbesondere die Verzweiflung hat eine existenzielle Tiefe, bei der ein affektives Übermaß zu emotionaler Abstumpfung geführt hat und handlungsunfähig macht. Sanguiniker neigen zur Hoffnung, Melancholiker zur Verzweiflung, Phlegmatiker sind passiv, Choleriker agieren unbedacht. Aber solche Temperamente gibt es nur in Mischungsverhältnissen, zudem sind sie durch empirische, normative und pragmatische Überlegungen beeinflussbar. Gegen den Melancholiker kann man argumentieren, dass es so schlimm nicht sei und sich doch noch etwas bewegen lasse. Handlungsunfähigkeit ist zu vermeiden.

Der andere Antipode der Hoffnung ist die *Furcht*. Im Unterschied zur existenziellen Stimmungslage der Angst, die keinen konkreten Bezug hat, richtet sich die Furcht auf zukünftige Ereignisse und Prozesse. Wie bei der Hoffnung geht es hier nur um Befürchtungen mittlerer Größe, die eine politische Komponente haben. Auch bei der Furcht können wir fragen, inwiefern sie berechtigt ist. Irrationale Befürchtungen können panische Reaktionen hervorrufen und mehr Schaden anrichten als der Gegenstand der Furcht selbst. Bei der kritischen Erörterung der Fortschrittsidee haben wir gesehen, dass die Befürchtungen, es könne wieder abwärts gehen oder sogar zu einer Katastrophe kommen, nicht leicht von der Hand zu weisen sind. Gegen diese Risiken und Gefahren sind also Vorkehrungen zu treffen. Nicht nur die Hoffnung, auch die Furcht (nicht aber die Angst) motiviert und kann politische Projekte initiieren. Furcht ist wie Verzweiflung ein Übel, aber das kleinere, denn Verzweiflung führt in der Regel nur zu unüberlegten Taten; Furcht kann hingegen ein guter Ratgeber sein. Begrifflich sind Hoffnung und Furcht gleichberechtigt; die entsprechende seelische Balance ist jedoch schwer herzustellen, erst recht in sozialen Gemeinschaften.

Daraus ergibt sich eine Korrektur an Kants Geschichtsphilosophie. Obwohl er viele Gegenargumente kannte, war er als Kind der Aufklärung zu einseitig an der Fortschrittsidee orientiert. Wenn wir außer den Hoffnungen auch die Befürchtungen berücksichtigen müssen, ist neben seine dritte Frage „Was darf ich hoffen?" noch eine andere zu stellen: „Was muss ich befürchten?" – oder ausführlicher: Was müssen wir (als Menschen) aus guten Gründen innerweltlich befürchten?

Das Recht gegen die Geschichte

Alle meine Überlegungen laufen darauf hinaus, dass Geschichte wichtig ist – aber, so muss man am Ende sagen, so wichtig doch auch wieder nicht. Die Geschichtsphilosophie bleibt abhängig von anderen Diskursen, empirisch von verschiedenen Wissenschaften, insbesondere normativ von der praktischen Philosophie. Ja, es gibt sogar ein *Recht gegen die Geschichte*.

Das letzte Wort hat dazu Heinrich Heine (1797–1856). Als Dichter muss er keine Theorien entwickeln und seine Aussagen nicht philosophisch begründen. Heine ist sogar das Paradebeispiel einer Person, die sich gar nicht festlegen wollte. Er blieb wechselhaft und unentschieden, meistens in ästhetischer Distanz und mit Ironie. Die Geschichtsphilosophie stand zu seinen Lebzeiten hoch im Kurs. Einerseits schrieb er: „Ja, ich sage es bestimmt, unsere Nachkommen werden schöner und glücklicher sein als wir. Denn ich glaube an den Fortschritt, ich glaube, die Menschheit ist zur Glückseligkeit bestimmt" (1835, III: 519). Andererseits kritisiert er solche Auffassungen, etwa bei den Autoren des Jungen Deutschlands. Im Herbst 1833, vielleicht aus Enttäuschung über den Ausgang der Juli-Revolution, vergleicht Heine in einem kurzen Text, der damals unveröffentlicht blieb, *zwei Geschichtsauffassungen* (III: 19–23). Zum einen gebe es das zyklische Modell, das zu seiner Zeit, wie er meint, von der „Historischen Schule" und den „Poeten aus der Wolfgang Goetheschen Kunstperiode" vertreten werde. Sie „sehen in allen irdischen Dingen nur einen trostlosen Kreislauf; im Leben der Völker wie der Individuen" (21). Politisch-ideologisch lasse sich diese Geschichtsauffassung gegen alle Freiheitsbestrebungen einsetzen; mental neigen die Anhänger zur Gleichgültigkeit. Zum anderen gebe es aber auch die ursprünglich religiöse Vorstellung, „wonach alle irdischen Dinge einer schönen Vervollkommnenheit entgegenreifen". Diese Fortschrittsidee werde von der „Humanitätsschule" vertreten, aber auch von den Anhängern einer philosophischen Schule, nach der ein idealer und vernünftiger Staat „die Menschheit in letzter Instanz veredeln und beglücken soll". Das ist sicher eine Anspielung auf Hegel. Diese „lichtere" Ansicht scheint Heine lieber zu sein (22).

Aber es folgt ein dritter Teil, in dem er seine Vorbehalte gegen beide Ansichten deutlich macht: „wir wollen auf der einen Seite nicht umsonst begeistert sein und das Höchste setzen an das unnütz Vergängliche; auf der anderen Seite wollen wir auch, daß die Gegenwart ihren Wert behalte und daß sie nicht bloß als Mittel gelte, und die Zukunft ihr Zweck sei." Beide Geschichtsauffassungen seien also falsch, sie „wollen nicht recht mit unseren lebendigsten Lebensgefühlen übereinklingen" (ebd.). Weiter heißt es: „Das Leben ist weder Zweck noch Mittel; das Leben ist ein Recht." (III: 23)

Dieses Recht ist ein individuelles, ein Recht jedes einzelnen Menschen. Bereits im dritten Teil der *Reisebilder* (Kap. XXX, II: 378) gibt es einen entsprechenden Gedanken. Bei Marengo im Piemont besichtigt Heine 1828 die Schlachtfelder, auf denen die napoleonischen Truppen am 14. Juni 1800 einen wichtigen Sieg gegen das reaktionäre Bündnis der Russen und Österreicher errungen hatten. Dass sich die Errungenschaften der Französischen Revolution nach Mitteleuropa ausbreiten, wird von ihm begrüßt. Dennoch schreibt er: „Aber ach, jeder Zoll, den die Menschheit weiterrückt, kostet Ströme Blutes; und ist das nicht etwas zu teuer? Ist das Leben eines Individuums nicht vielleicht eben so viel wert wie das des ganzen Geschlechtes? Denn jeder einzelne Mensch ist schon eine Welt, die mit ihm geboren wird und mit ihm stirbt, unter jedem Grabstein liegt eine Weltgeschichte".

Literaturverzeichnis

Adorno, Theodor W. (1962): Fortschritt. In: ders.: *Gesammelte Schriften*, Bd. 10.2: Kulturkritik und Gesellschaft. Frankfurt am Main 1977, 617–638.
Albrecht, Michael von (2012): *Geschichte der römischen Literatur. Von Andronicus bis Boethius und ihr Fortwirken.* Berlin/Boston.
Allen, Amy (2019): *Das Ende des Fortschritts. Zur Dekolonisierung der normativen Grundlagen der kritischen Theorie* (engl. 2016). Frankfurt/New York.
Allison, Graham (2015): The Thucydides Trap. Are the U.S. and China Headed for War? In: *The Atlantic*, 24.9.2015.
Amalrik, Andrei Alexejewitsch (1970): *Kann die Sowjetunion das Jahr 1984 erleben?* (russ. 1969). Zürich.
Apel, Karl-Otto (2017): *Transzendentale Reflexion und Geschichte*, hg. von S. Rapic. Berlin.
Arendt, Hannah (1963): *On Revolution.* New York.
Aristoteles (1995): *Philosophische Schriften in sechs Bänden* (zitiert mit Buchtitel und Standardpaginierung). Hamburg.
Aristoteles (1982): *Poetik.* Griechisch/Deutsch, hg. von M. Fuhrmann. Stuttgart.
Arnim, Hans von (Hg., 1978): *Stoicorum Veterum Fragmenta* (SVF), Bd. II (1903). Stuttgart.
Assmann, Jan (1999): *Das kulturelle Gedächtnis. Schrift, Erinnerung und politische Identität in frühen Hochkulturen.* München.
Augustinus, Aurelius (1989): *Bekenntnisse* (dt. von K. Flasch u. B. Mojsisch). Stuttgart.
Augustinus, Aurelius (2007): *Vom Gottesstaat. De civitate dei* (dt. von C. Andresen, zit. CD). München.
Bacon, Francis (1990): *Novum Organon* (engl. 1620). Hamburg.
Barloewen, Constantin von (2007): *Anthropologie der Globalisierung. Thesen und Antithesen.* Berlin.
Barraclough, Geoffrey (Hg., 1990): *Knaurs neuer historischer Weltatlas.* München.
Bauer, Wolfgang (1974): *China und die Hoffnung auf Glück. Paradiese, Utopien, Idealvorstellungen in der Geistesgeschichte Chinas.* München.
Bauman, Zygmunt (1992): *Dialektik der Ordnung. Die Moderne und der Holocaust* (engl. 1989). Hamburg.
Bauman, Zygmunt (1995): *Moderne und Ambivalenz. Das Ende der Eindeutigkeit* (engl. 1991). Frankfurt am Main.
Bayly, Christopher Alan (2008): *Die Geburt der modernen Welt. Eine Globalgeschichte 1780–1914* (engl. 2004). Frankfurt/New York.
Beck, Ulrich (1998): *Was ist Globalisierung? Irrtümer des Globalismus – Antworten auf Globalisierung.* Frankfurt am Main.
Beck, Ulrich (2008): *Weltrisikogesellschaft. Auf der Suche nach der verlorenen Sicherheit.* Frankfurt am Main.
Bender, Peter (2003): *Weltmacht Amerika. Das Neue Rom.* Stuttgart.
Benjamin, Walter (1922): Goethes Wahlverwandtschaften. In: ders.: *Gesammelte Schriften in 14 Bänden*, Bd. I.1. Frankfurt am Main 1991, 123–201.
Benjamin, Walter (1940): Über den Begriff der Geschichte. In: ders.: *Gesammelte Schriften in 14 Bänden*, Bd. I.2. Frankfurt am Main 1991, 690–708.

Bentham, Jeremy: Eine Einführung in die Prinzipien der Moral und der Gesetzgebung (engl. zuerst 1789). In: Otfried Höffe (Hg.): *Einführung in die utilitaristische Ethik. Klassische und zeitgenössische Texte.* Tübingen ²1992, 55 – 83.
Berlin, Isaiah (1982): *Wider das Geläufige. Aufsätze zur Ideengeschichte* (engl. 1953 – 1979). Frankfurt am Main.
Die Bibel oder die ganze Heilige Schrift des Alten und Neuen Testaments (dt. von M. Luther). Stuttgart 1970 (zit. AT = Altes Testament, NT = Neues Testament, mit Titel des Buches).
Biesinger, Benjamin (2016): *Römische Dekadenzdiskurse. Untersuchungen zur römischen Geschichtsschreibung und ihren Kontexten (2. Jahrhundert v. Chr. bis 2. Jahrhundert n. Chr.).* Wiesbaden.
Binswanger, Mathias (2010): Ein glückliches Leben statt immer mehr materiellen Wohlstand. Konsequenzen der Glücksforschung für die Ökonomie. In: Alfred Bellebaum/Robert Hettlage (Hg.): *Glück hat viele Gesichter. Annäherungen an eine gekonnte Lebensführung.* Wiesbaden, 275 – 292.
Birg, Herwig (1996): *Die Weltbevölkerung. Dynamik und Gefahren.* München.
Birnbacher, Dieter (1988): *Verantwortung für zukünftige Generationen.* Stuttgart.
Birnbacher, Dieter (2003): *Analytische Einführung in die Ethik.* Berlin.
Birnbacher, Dieter (2009): Hoffnung – eine philosophische Annäherung. In: Michal Anděl/ Detlef Brandes/Jiří Pešek (Hg.): *Hoffnung in Wissenschaft, Gesellschaft und Politik in Tschechien und Deutschland.* Essen, 17 – 32.
Birnbacher, Dieter (2016): *Klimaethik. Nach uns die Sintflut?* Stuttgart.
Bloch, Ernst (1935): Erbschaft dieser Zeit. Erweiterte Ausgabe (1962). In: ders.: *Gesamtausgabe, Bd. 4.* Frankfurt am Main 1985.
Bloch, Ernst (1956): Differenzierungen im Begriff Fortschritt. In: ders.: *Gesamtausgabe, Bd. 13.* Frankfurt am Main 1985, 118 – 147.
Bloch, Ernst (1959): Das Prinzip Hoffnung, 3 Bde. In: ders.: *Gesamtausgabe, Bd. 5.* Frankfurt am Main 1985.
Bloch, Marc (2002): *Apologie der Geschichtswissenschaft oder Der Beruf des Historikers* (frz. 1997). Stuttgart.
Bloom, Allan (1988): *Der Niedergang des amerikanischen Geistes. Ein Plädoyer für die Erneuerung der westlichen Kultur* (engl. 1987). Hamburg.
Bock, Michael (1999): Auguste Comte (1798 – 1857). In: Dirk Kaesler (Hg.): *Klassiker der Soziologie, Bd. 1.* München, 39 – 57.
Boer, Pim den/Duchhardt, Heinz/Kreis, Georg/Schmale, Wolfgang (Hg., 2012): *Europäische Erinnerungsorte,* 3 Bde. München.
Bostrom, Nick (2014): *Superintelligenzen. Szenarien einer kommenden Revolution* (engl. 2014). Frankfurt am Main.
Braudel, Fernand (1972): Geschichte und Sozialwissenschaften – Die „longue durée" (frz. 1958). In: Hans-Ulrich Wehler (Hg.): *Geschichte und Soziologie.* Köln, 189 – 215.
Braudel, Fernand (1985): *Sozialgeschichte des 15. bis 18. Jahrhunderts,* 3 Bde. (frz. 1979). München.
Braudel, Fernand (1990): *Das Mittelmeer und die mediterrane Welt in der Epoche Philipps II.* (frz. 1949). Frankfurt am Main.
Brecht, Bertolt (1988 – 2000): *Werke. Große kommentierte Berliner und Frankfurter Ausgabe in 30 Bänden.* Berlin/Weimar und Frankfurt am Main.
Breuer, Stefan (1998): *Der Staat. Entstehung, Typen, Organisationsformen.* Reinbek.

Brumlik, Micha (2016): Globales Gedächtnis und Menschenrechtsbildung. In: *Aus Politik und Zeitgeschichte* (APuZ), 66. Jg., Heft 3–4, 29–37.
Brunkhorst, Hauke (2019): *Rechtsrevolutionen. Der Anteil des Rechts an der Entstehung der Weltgesellschaft.* Berlin.
Burckhardt, Jacob (1978): *Weltgeschichtliche Betrachtungen.* Erläuterte Ausgabe, hg. von R. Marx. Stuttgart.
Castoriadis, Cornelius (1980): *Sozialismus oder Barbarei. Analysen und Aufrufe zur kulturrevolutionären Veränderung* (frz. 1949–1979). Berlin-West.
Chakrabarty, Dipesh (2010): *Europa als Provinz. Perspektiven postkolonialer Geschichtsschreibung.* Frankfurt am Main.
Chalmers, Alan F. (2007): *Wege der Wissenschaft. Einführung in die Wissenschaftstheorie* (engl. ³1999). Berlin u. a.
Christian, David (2018): *Big History. Die Geschichte der Welt – vom Urknall bis zur Zukunft der Menschheit* (engl. 2018). München.
Churchill, Winston (11.11.1947): *Rede im Unterhaus,* zitiert nach https://api.parliament.uk/historic-hansard/commons/1947/nov/11/parliament-bill (letzter Zugriff 13.4.2020).
Cicero, Marcus Tullius (1979): *De re publica/Vom Gemeinwesen,* hg. von K. Büchner. Stuttgart.
Clark, Christopher (2013): *Die Schlafwandler. Wie Europa in den Ersten Weltkrieg zog* (engl. 2012). München.
Clark, Christopher (2018): *Von Zeit und Macht. Herrschaft und Geschichtsbild vom Großen Kurfürsten bis zu den Nationalsozialisten* (engl. 2015). München.
Cohen, Robin/Kennedy, Paul M. (2013): *Global Sociology.* New York.
Collier, Paul (2007): *Die unterste Milliarde. Warum die ärmsten Länder scheitern und was man dagegen tun kann* (engl. 2007). München.
Condorcet, Marie Jean Antoine Nicholas Caritat, Marquis de (1976): *Entwurf einer historischen Darstellung der Fortschritte des menschlichen Geistes* (frz. 1794). Frankfurt am Main.
Conrad, Sebastian (2013): *Globalgeschichte. Eine Einführung.* München.
Dahrendorf, Ralf (1979): *Lebenschancen. Anläufe zur sozialen und politischen Theorie.* Frankfurt am Main.
Dahrendorf, Ralf (1994): *Der moderne soziale Konflikt. Essay zur Politik der Freiheit.* München.
Daly, Herman (1996): *Beyond Growth. The Economics of Sustainable Development.* Boston.
Danto, Arthur C. (1980): *Analytische Philosophie der Geschichte* (engl. 1965). Frankfurt am Main.
Darwin, Charles (1859): *On the Origin of Species by Means of Natural Selection, or the Preservation of Favoured Races in the Struggle for Life.* London.
Darwin, Charles (1871): *The Descent of Man, and Selection in Relation to Sex.* London.
Deaton, Angus (2017): *Der große Ausbruch. Von Armut und Wohlstand der Nationen* (engl. 2013). Stuttgart.
Dehio, Ludwig (1948): *Gleichgewicht oder Hegemonie. Betrachtungen über ein Grundproblem der neueren Staatengeschichte.* Krefeld.
Demandt, Alexander (1978): *Metaphern für Geschichte. Sprachbilder und Gleichnisse im historisch-politischen Denken.* München.
Demandt, Alexander (1984): *Der Fall Roms. Die Auflösung des römischen Reichs im Urteil der Nachwelt.* München.
Demandt, Alexander (1986): *Ungeschehene Geschichte.* Göttingen.
Demandt, Alexander (2000): *Sternstunden der Geschichte.* München.

Demandt, Alexander (2008): *Geschichte der Spätantike. Das Römische Reich von Diocletian bis Justinian 284–565 n. Chr.* München.
Demandt, Alexander (2009): *Kleine Weltgeschichte.* Frankfurt am Main.
Demandt, Alexander (2011): *Philosophie der Geschichte. Von der Antike zur Gegenwart.* Köln u. a.
Dennett, Daniel (1997): *Darwins gefährliches Erbe. Die Evolution und der Sinn des Lebens* (engl. 1995). Hamburg.
Descartes, René (1637): *Discours de la méthode pour bien conduire sa raison, et chercher la verité dans les sciences/Von der Methode des richtigen Vernunftgebrauchs und der wissenschaftlichen Forschung* (dt. von L. Gäbe, 1960). Hamburg.
Diamond, Jared (1999): *Arm und Reich. Die Schicksale menschlicher Gesellschaften* (engl. 1997). Frankfurt am Main.
Diamond, Jared (2006): *Kollaps. Warum Gesellschaften überleben oder untergehen* (engl. 2005). Frankfurt am Main.
Diner, Dan (Hg., 1988): *Zivilisationsbruch. Denken nach Auschwitz.* Frankfurt am Main.
Diogenes Laertius (1998): *Leben und Meinungen berühmter Philosophen* (dt. von O. Apelt). Hamburg.
Diwald, Hellmut (1999): *Geschichte der Deutschen* (1978). Fortgeschrieben von Karlheinz Weißmann. Esslingen/München.
Dodds, E. R. (1972): Der Fortschrittsgedanke in der Antike. In: ders.: *Der Fortschrittsgedanke in der Antike und andere Aufsätze zu Literatur und Glauben der Griechen.* München/Zürich 1977, 7–35.
Droysen, Johann Gustav (1925): *Grundriss der Historik* (zuerst 1868, umgearbeitet für ²1875 und ³1883). Halle.
Droysen, Johann Gustav (1977): *Historik, Bd. 1. Historisch-kritische Ausgabe,* hg. von P. Leyh. Stuttgart-Bad Cannstatt.
Dübgen, Franziska (2017): Fortschritt im Widerstreit – Dekolonisierung als Kritik? In: *Deutsche Zeitschrift für Philosophie* (DZPhil) 65. Jg., Heft 1, 163–173.
Dux, Günter (2017): *Historisch-genetische Theorie der Kultur. Instabile Welten – Zur Prozessualen Logik im kulturellen Wandel* (zuerst 2000). Wiesbaden.
Ehrlich, Paul R. (1971): *Die Bevölkerungsbombe* (engl. 1968). München.
Eisenstadt, Shmuel N. (1987): Allgemeine Einleitung. Die Bedingungen für die Entstehung und Institutionalisierung der Kulturen der Achsenzeit. In: ders. (Hg.): *Kulturen der Achsenzeit. Ihre Ursprünge und ihre Vielfalt, Teil I.* Frankfurt am Main, 10–40.
Eisenstadt, Shmuel N. (2000): Multiple modernities. In: *Daedalus.* Vol. 129, Winter, 1–29.
Eisenstadt, Shmuel N. (2006): *Die großen Revolutionen und die Kulturen der Moderne* (engl. 2006). Wiesbaden.
Eliade, Mircea (1994): *Kosmos und Geschichte* (frz. 1949). Frankfurt am Main.
Engels, David (2014): *Auf dem Weg ins Imperium. Die Krise der Europäischen Union und der Untergang der römischen Republik. Historische Parallelen.* Berlin/München.
Fetscher, Iring (1967): Art. Geschichtsphilosophie. In: Alwin Diemer/Ivo Frenzel (Hg.): *Philosophie.* Frankfurt am Main, 76–95.
Flechtheim, Ossip K. (1970): *Futurologie. Der Kampf um die Zukunft.* Köln.
Foucault, Michel (1971): Nietzsche, die Genealogie, die Historie. In: ders: *Schriften in vier Bänden. Dits et Ecrits,* Bd. 2. Frankfurt am Main 2003, 166–191.
Frank, André Gunder (1998): *ReOrient. Global Economy in the Asian Age.* Berkeley.

Fukuyama, Francis (1989): The End of History? In: *The National Interest.* 16. Jg., Summer, 3–18.
Fukuyama, Francis (1992): *Das Ende der Geschichte. Wo stehen wir?* (engl. 1992). München.
Gaiser, Konrad (1963): *Platons ungeschriebene Lehre. Studien zur systematischen und geschichtlichen Begründung der Wissenschaften in der Platonischen Schule.* Stuttgart.
Gauthier, David P. (1967): Progress and Happiness: a Utilitarian Reconsideration. In: *Ethics* 78. Jg. (1), 77–82.
Gebser, Jean (1949/1953): *Ursprung und Gegenwart,* 2 Bde. Stuttgart.
Gellner, Ernest (1985): *Leben im Islam. Religion als Gesellschaftsordnung* (engl. 1981). Stuttgart.
Georgescu-Roegen, Nicholas (1987): *The Entropy Law and the Economic Process in Retrospect.* Berlin-West.
Gerber, Doris (2012): *Analytische Metaphysik der Geschichte. Handlungen, Geschichten und ihre Erklärung.* Berlin.
Goethe, Johann Wolfgang von (1986 ff.): *Sämtliche Werke. Briefe, Tagebücher und Gespräche* („Frankfurter Ausgabe" = FA), 40 Bde. Frankfurt am Main.
Gombrich, Ernst (2002): *Kunst und Fortschritt. Wirkung und Wandlung einer Idee* (engl. 1971). Köln.
Gould, Stephen Jay (1991): *Zufall Mensch. Das Wunder des Lebens als Spiel der Natur* (engl. 1989). München.
Gould, Stephen Jay (1999): *Illusion Fortschritt. Die vielfältigen Wege der Evolution* (engl. 1996). Frankfurt am Main.
Grillparzer, Franz (1892): *Sämtliche Werke, Bd. 3: Gedichte.* Stuttgart.
Großheim, Michael (1996): ‚Die namenlose Dummheit, die das Resultat des Fortschritts ist' – Lebensphilosophie und dialektische Kritik der Moderne. In: *Logos. Zeitschrift für systematische Philosophie, Neue Folge,* Bd. 3, Heft 2, 97–133.
Grünwald, Michael (Hg., 1991): *Die Anfänge der abendländischen Philosophie. Fragmente der Vorsokratiker.* München.
Guha, Ranajit (1982): Über einige Aspekte der Historiographie des kolonialen Indiens. In: Fritz Stern/Jürgen Osterhammel (Hg.): *Moderne Historiker. Klassische Texte von Voltaire bis in die Gegenwart.* München 2011, 364–372.
Habermas, Jürgen (1976): *Zur Rekonstruktion des Historischen Materialismus.* Frankfurt am Main.
Habermas, Jürgen (1981): *Theorie des kommunikativen Handelns.* 2 Bde. Frankfurt am Main.
Habermas, Jürgen (1982): *Theorie und Praxis. Sozialphilosophische Studien* (1963, 1971). Frankfurt am Main.
Habermas, Jürgen (1990): *Die nachholende Revolution. Kleine politische Schriften VII.* Frankfurt am Main.
Habermas, Jürgen (1992): *Faktizität und Geltung. Beiträge zur Diskurstheorie des Rechts und des demokratischen Rechtsstaats.* Frankfurt am Main.
Habermas, Jürgen (2008): *Ach, Europa. Kleine politische Schriften XI.* Frankfurt am Main.
Habermas, Jürgen (2019): *Auch eine Geschichte der Philosophie.* 2 Bde. Berlin.
Haecker, Theodor (1935): *Der Christ und die Geschichte.* Leipzig.
Haffner, Sebastian (1978): *Anmerkungen zu Hitler.* München.
Haffner, Sebastian (2002): *Der neue Krieg* (zuerst 1966). Berlin.
Haidt, Jonathan (2012): *The Righteous Mind. Why Good People Are Divided by Politics and Religion.* New York.

Halbwachs, Maurice (1991): *Das kollektive Gedächtnis* (frz. 1939). Frankfurt am Main.
Handke, Peter (1979): *Langsame Heimkehr. Erzählung.* Frankfurt am Main.
Harari, Yuval Noah (2012): *Eine kurze Geschichte der Menschheit* (hebräisch 2011). München.
Harari, Yuval Noah (2017): *Homo Deus. Eine Geschichte von Morgen* (engl. 2015). München.
Hegel, Georg Wilhelm Friedrich (1986): *Werke in 20 Bänden* (zitiert mit römischer Bandnummer und arabischer Seitenzahl). Frankfurt am Main.
Heine, Heinrich (2005): *Sämtliche Schriften*, hg. von K. Briegleb. München.
Hempel, Carl Gustav (1942): The Function of General Laws in History. In: ders.: *Aspects of Scientific Explanation and Other Essays in the Philosophy of Science.* New York/London 1965, 231–243.
Hentig, Hartmut von (2003): *Wissenschaft. Eine Kritik.* München/Wien.
Herder, Johann Gottfried (1978): *Sämmtliche Werke, Bd. V*, hg. von B. Suphan (1891). Hildesheim/New York.
Herman, Arthur (1998): *Propheten des Niedergangs. Der Endzeitmythos im westlichen Denken* (engl. 1997). Berlin.
Herodot (1991): *Historien* (dt. von W. Marg). München.
Hesiod (1996): *Werke und Tage.* Griechisch/Deutsch, hg. von O. Schönberger. Stuttgart.
Hesiod (1999): *Theogonie.* Griechisch/Deutsch, hg. von O. Schönberger. Stuttgart.
Heß, Walter (Hg., 1956): *Dokumente zum Verständnis der modernen Malerei.* Reinbek.
Höffe, Otfried (1983): *Immanuel Kant.* München.
Höffe, Otfried (1993): *Moral als Preis der Moderne. Ein Versuch über Wissenschaft, Technik und Umwelt.* Frankfurt am Main.
Höffe, Otfried (2004): *Kants Kritik der reinen Vernunft. Die Grundlegung der modernen Philosophie.* München.
Höffe, Otfried (Hg., 2011): *Immanuel Kant, Schriften zur Geschichtsphilosophie* (= Klassiker Auslegen, Bd. 46). Berlin.
Hölscher, Uvo (1965): Selbstgespräch über Humanismus. In: ders.: *Das nächste Fremde. Von Texten der griechischen Frühzeit und ihrem Reflex in der Moderne.* München 1994, 257–281.
Homer (1990): *Ilias* (dt. von H. Rupé). München.
Honneth, Axel (Hg., 2002): *Befreiung aus der Mündigkeit. Paradoxien des gegenwärtigen Kapitalismus.* Frankfurt/New York.
Honneth, Axel (2004): Die Unhintergehbarkeit des Fortschritts. Kants Bestimmung des Verhältnisses von Moral und Geschichte. In: ders.: *Pathologien der Vernunft. Geschichte und Gegenwart der Kritischen Theorie.* Frankfurt am Main 2007, 9–27.
Honneth, Axel/Sutterlüty, Ferdinand (2011): Normative Paradoxien der Gegenwart – eine Forschungsperspektive. In: *WestEnd. Neue Zeitschrift für Sozialforschung*, 8. Jg., Heft 1, 67–85.
Horkheimer, Max (1985ff.): *Gesammelte Schriften in 19 Bänden.* Frankfurt am Main.
Hösle, Vittorio (1984): *Wahrheit und Geschichte. Studien zur Struktur der Philosophiegeschichte unter paradigmatischer Analyse der Entwicklung von Parmenides bis Platon.* Stuttgart-Bad Cannstatt.
Hösle, Vittorio (1990): Einleitung: Vico und die Idee der Kulturwissenschaft. In: Vico, Giambattista: *Prinzipien einer neuen Wissenschaft über die gemeinsame Natur der Völker*, 2 Bde. Hamburg, XXXI-CCXCIII.

Hösle, Vittorio (1997): *Moral und Politik. Grundlagen einer Politischen Ethik für das 21. Jahrhundert.* München.
Hösle, Vittorio (2015): The Place of Kant's Philosophy of History in the History of the Philosophy of History. In: David Engels (Hg.): *Von Platon bis Fukuyama. Biologistische und zyklische Konzepte in der Geschichtsphilosophie der Antike und des Abendlandes.* Bruxelles 2015, 205 – 221.
Hösle, Vittorio (2019): *Globale Fliehkräfte. Eine geschichtsphilosophische Kartierung der Gegenwart.* Freiburg/München.
Hösle, Vittorio/Illies, Christian (1999): *Darwin.* Freiburg.
Hume, David (1978): *Ein Traktat über die menschliche Natur, 2 Bde.* (engl. 1739/40). Hamburg.
Huntington, Samuel P. (1991): *The Third Wave. Democratization in the Late Twentieth Century.* Norman.
Husserl, Edmund (1928): Phänomenologie des inneren Zeitbewußtseins. In: ders.: *Phänomenologie der Lebenswelt. Ausgewählte Texte II.* Stuttgart 1986, 80 – 165.
Huxley, Julian (1942): *Evolution. The Modern Synthesis.* London.
Iggers, Georg G. (1971): *Deutsche Geschichtswissenschaft. Eine Kritik der traditionellen Geschichtsauffassung von Herder bis zur Gegenwart.* München.
Iorio, Marco (2011): *Karl Marx – Geschichte, Gesellschaft, Politik. Eine Ein- und Weiterführung.* Berlin.
Irmscher, Hans Dietrich (2001): *Johann Gottfried Herder.* Stuttgart.
Jaeger, Friedrich/Rüsen, Jörn (1992): *Geschichte des Historismus. Eine Einführung.* München.
Jaspers, Karl (1949): *Vom Ursprung und Ziel der Geschichte.* München.
Jauß, Hans Robert (1962): Ursprung und Bedeutung der Fortschrittsidee in der ‚Querelle des Anciens et des Modernes'. In: Helmut Kuhn/Franz Wiedmann (Hg.): *Die Philosophie und die Frage nach dem Fortschritt.* München 1964, 51 – 72.
Jauß, Hans Robert (1964): Ästhetische Normen und geschichtliche Reflexion in der ‚Querelle des Anciens et des Modernes'. In: Perrault, Charles : *Parallèle des Anciens et des Modernes en ce qui regarde les arts et les sciences. Par M. Perrault de l'Académie Francaise (1688 – 1697).* München, 8 – 64.
Joachim von Fiore (1977): *Das Zeitalter des Heiligen Geistes*, hg. von Alfons Rosenberg. Bietigheim.
Joas, Hans (2011): *Die Sakralität der Person. Eine neue Genealogie der Menschenrechte.* Berlin.
Jonas, Hans (1979): *Das Prinzip Verantwortung. Versuch einer Ethik für die technologische Zivilisation.* Frankfurt am Main.
Jones, Eric Lionel (1991): *Das Wunder Europa. Umwelt, Wirtschaft und Geopolitik in der Geschichte Europas und Asiens* (engl. 1981/²1987). Tübingen.
Jullien, François (2002): *Der Umweg über China. Ein Ortswechsel des Denkens* (frz. 1996 – 2001). Berlin.
Kant, Immanuel (1977): *Werkausgabe in 12 Bänden*, hg. von W. Weischedel (zitiert mit römischer Bandnummer und arabischer Seitenzahl, KrV = Kritik der reinen Vernunft). Frankfurt am Main.
Kennedy, Paul (1987): *Aufstieg und Fall der großen Mächte. Ökonomischer Wandel und militärischer Konflikt von 1500 bis 2000* (engl. 1987). Frankfurt am Main.
Kennedy, Paul (2007): *Parlament der Menschheit. Die Vereinten Nationen und der Weg zur Weltregierung* (engl. 2006). München.

Khaldūn, Ibn (2011): *Die Muqaddima. Betrachtungen zur Weltgeschichte* (arab. 1381). München.
Khanna, Parag (2019): *Unsere asiatische Zukunft* (engl. 2019). Berlin.
Kierkegaard, Søren (1998): *Entweder-Oder* (dän. 1843), 2 Bde. (= Gesammelte Werke, Bd. 2/3). Gütersloh.
Kinzel, Katherina (2019): Historische Kontinuität und affirmative Genealogie. Johann Gustav Droysens politische Historik. In: *Deutsche Zeitschrift für Philosophie* (DZPhil), 67. Jg., Heft 3, 418–428.
Kittsteiner, Heinz Dieter (1998): *Listen der Vernunft. Motive geschichtsphilosophischen Denkens.* Frankfurt am Main.
Kittsteiner, Heinz Dieter (1999): Kants Theorie des Geschichtszeichens. Vorläufer und Nachfahren. In: ders. (Hg.): *Geschichtszeichen.* Köln u. a., 81–115.
Klages, Ludwig (1913): Mensch und Erde. In: ders.: *Sämtliche Werke, Bd. 3: Philosophie III.* Bonn 1974, 614–630.
Kocka, Jürgen (2013): *Geschichte des Kapitalismus.* München.
Kohlberg, Lawrence (1996): *Die Psychologie der Moralentwicklung* (engl. 1968–1984). Frankfurt am Main.
Kondratjew, Nikolai D. (1926): Die langen Wellen der Konjunktur. In: *Archiv für Sozialwissenschaft und Sozialpolitik.* 56. Bd., 573–609.
Kondylis, Panajotis (1986): *Die Aufklärung im Rahmen des neuzeitlichen Rationalismus* (zuerst 1981). Stuttgart.
Kongzi (Konfuzius, 1998): *Gespräche* (Lun-yu, dt. von R. Moritz). Stuttgart.
Kongzi (Konfuzius, 2005): *Gespräche* (Lun-yü, dt. von R. Wilhelm). München.
Der Koran (dt. von M. Henning, 1960). Stuttgart.
Die Botschaft des Koran. Übersetzung und Kommentar von Muhammad Asad (2009, zuerst engl. 1980). Düsseldorf.
Koselleck, Reinhart/Meier, Christian (1975): Art. Fortschritt. In: Otto Brunner/Werner Conze/Reinhart Koselleck (Hg.): *Geschichtliche Grundbegriffe. Historisches Lexikon zur politisch-sozialen Sprache in Deutschland, Bd. 2: E-G.* Stuttgart, 351–423.
Koselleck, Reinhart (1979): *Vergangene Zukunft. Zur Semantik geschichtlicher Zeiten.* Frankfurt am Main.
Koselleck, Reinhart (2000): *Zeitschichten. Studien zur Historik.* Frankfurt am Main.
Koselleck, Reinhart (2006): *Begriffsgeschichten. Studien zur Semantik und Pragmatik der politischen und sozialen Sprache.* Frankfurt am Main.
Kraus, Hans-Christof (2018): Oswald Spengler. In: Manfred Brocker (Hg.): *Geschichte des politischen Denkens: Das 20. Jahrhundert.* Berlin, 113–128.
Krauss, Werner (Hg., 1969): *Fontenelle und die Aufklärung.* München.
Krohn, Wolfgang (1987): *Francis Bacon.* München.
Kuhn, Thomas S. (1976): *Die Struktur wissenschaftlicher Revolutionen.* Zweite revidierte und um das Postskriptum von 1969 ergänzte Auflage (engl. 1962/²1970). Frankfurt am Main.
Kunczik, Michael (1999): Herbert Spencer (1820–1903). In: Dirk Kaesler (Hg.): *Klassiker der Soziologie, Bd. 1.* München, 74–93.
Kuznets, Simon (1955): *Economic Growth and Income Inequality.* In: *The American Economic Review,* Bd. 45 (1), 1–28.
Landes, David (1999): *Wohlstand und Armut der Nationen. Warum die einen reich und die anderen arm sind* (engl. 1998). Berlin.

Langthaler, Rudolf (2014): *Geschichte, Ethik und Religion im Anschluss an Kant. Philosophische Perspektiven „zwischen skeptischer Hoffnungslosigkeit und dogmatischem Trotz"*, 2 Bde. Berlin.
Laozi (Lao-tse, 1979): *Tao-Tê-King. Das Heilige Buch vom Weg und von der Tugend* (dt. von G. Debon). Stuttgart.
Laozi (Laotse, 2005): *Tao te king. Das Buch vom Sinn und Leben* (dt. von R. Wilhelm). München.
Lemon, M. C. (2003): *Philosophy of History. A Guide for Students.* London/New York.
Lepenies, Wolf (1982): Historisierung der Natur und Entmoralisierung der Wissenschaften seit dem 18. Jahrhundert. In: ders.: *Gefährliche Wahlverwandtschaften. Essays zur Wissenschaftsgeschichte.* Stuttgart 1989, 7–38.
Lessing, Gotthold Ephraim (1780): Die Erziehung des Menschengeschlechts. In: ders.: *Die Erziehung des Menschengeschlechts und andere Schriften*, hg. von H. Thielicke. Stuttgart 1965, 7–31.
Lessing, Theodor (1983): *Geschichte als Sinngebung des Sinnlosen* (zuerst 1919). München.
Lévi-Strauss, Claude (1972): *Rasse und Geschichte* (frz. 1952). Frankfurt am Main.
Lévi-Strauss, Claude (1978): *Traurige Tropen* (frz. 1955). Frankfurt am Main.
Lévi-Strauss, Claude (1968): *Das wilde Denken* (frz. 1962). Frankfurt am Main.
Lilla, Mark (2018): *Der Glanz der Vergangenheit. Über den Geist der Reaktion* (engl. 2016). Zürich.
Löchel, Christin u. a. (2018): *Der neue Fischer Weltalmanach 2019.* Frankfurt am Main.
Loewenstein, Bedrich (2015): *Der Fortschrittsglaube. Europäisches Geschichtsdenken zwischen Utopie und Ideologie* (zuerst 2009). Darmstadt.
Lohmann, Georg (1998): Kritische Gesellschaftstheorie ohne Geschichtsphilosophie? Zu Jürgen Habermas' verabschiedeter und uneingestandener Geschichtsphilosophie. In: Frank Welz/Uwe Weisenbacher (Hg.): *Soziologische Theorie und Geschichte.* Opladen, 197–217.
Loo, Hans van der/Reijen, Willem van (1992): *Modernisierung. Projekt und Paradox* (niederl. 1990). München.
Löwith, Karl (1953): *Weltgeschichte und Heilsgeschehen. Die theologischen Voraussetzungen der Geschichtsphilosophie* (engl. 1949). Stuttgart.
Lübbe, Hermann (1977): *Geschichtsbegriff und Geschichtsinteresse. Analytik und Pragmatik der Historie.* Basel/Stuttgart.
Lübbe, Hermann (1992): *Im Zug der Zeit. Verkürzter Aufenthalt in der Gegenwart.* Berlin/Heidelberg.
Luhmann, Niklas (1984): *Soziale Systeme. Grundriß einer allgemeinen Theorie.* Frankfurt am Main.
Luhmann, Niklas (1997): *Die Gesellschaft der Gesellschaft*, 2 Bde. Frankfurt am Main.
Lukács, John (1978): *Die Entmachtung Europas. Der letzte europäische Krieg 1939–1941* (engl. 1976). Stuttgart.
Lukrez (Titus Lucretius Carus, 2005): *De rerum natura/Welt aus Atomen*, hg. von K. Büchner. Stuttgart.
Lützeler, Paul Michael (1992): *Die Schriftsteller und Europa. Von der Romantik bis zur Gegenwart.* München.
MacIntyre, Alasdair (1995): *Der Verlust der Tugend. Zur moralischen Krise der Gegenwart* (engl. 1981/²1984). Frankfurt am Main.

Maddison, Angus (2007): *Contours of the World Economy, 1–2030 AD. Essays in Macro-Economic History.* Oxford.
Magnus, Bernd (1973): Nietzsches äternalistischer Gegenmythos. In: Jörg Salaquarda (Hg.): *Nietzsche.* Darmstadt 1980, 219–233.
Malthus, Thomas (1798): *An Essay on the Principle of Population.* London.
Mann, Michael (1994): *Geschichte der Macht, 2 Bde.* (engl. 1986). Frankfurt/New York.
Marc Aurel (1995): *Des Kaisers Marcus Aurelius Antoninus Selbstbetrachtungen* (dt. von A. Wittstock). Ditzingen.
Marquard, Odo (1986): *Apologie des Zufälligen. Philosophische Studien.* Stuttgart.
Marshall, Thomas H. (1992): *Bürgerrechte und soziale Klassen. Zur Soziologie des Wohlfahrtsstaates* (engl. 1950). Frankfurt/New York.
Marx, Karl/Engels, Friedrich (1956 ff.): *Werke in 44 Bänden* (zit. MEW mit Bandnummer und Seitenzahl). Berlin-Ost.
Mayr, Ernst (1994): *... und Darwin hat doch recht. Charles Darwin, seine Lehre und die moderne Evolutionsbiologie* (engl. 1991). München/Zürich.
Mazower, Mark (2013): *Die Welt regieren. Eine Idee und ihre Geschichte* (engl. 2012). München.
McCarthy, Thomas (2015): *Rassismus, Imperialismus und die Idee menschlicher Entwicklung* (engl. 2009). Berlin.
McEvedy, Colin/Jones, Richard (1978): *Atlas of World Population History.* Harmondsworth.
McNeill, William H. (1963): *The Rise of the West. A History of the Human Community.* Chicago.
Meadows, Dennis u. a. (1973): *Die Grenzen des Wachstums. Bericht des Club of Rome zur Lage der Menschheit* (engl. 1972). Reinbek.
Meier, Christian (1993): *Athen. Ein Neubeginn der Weltgeschichte.* Berlin.
Menzel, Ulrich (1996): *Lange Wellen und Hegemonie. Ein Literaturbericht.* Braunschweig.
Menzel, Ulrich (2004): *Paradoxien der neuen Weltordnung.* Frankfurt am Main.
Menzel, Ulrich (2015): *Die Ordnung der Welt. Imperium oder Hegemonie in der Hierarchie der Staatenwelt.* Berlin.
Menzel, Ulrich (2020): Der Corona-Schock. Die finale Entzauberung der Globalisierung. In: *Blätter für deutsche und internationale Politik.* 65. Jg., Heft 4, 37–44.
Meran, Josef (1985): *Theorien in der Geschichtswissenschaft. Die Diskussion über die Wissenschaftlichkeit der Geschichte.* Göttingen.
Merkel, Wolfgang (2016): Krise der Demokratie? Anmerkungen zu einem schwierigen Begriff. In: *Aus Politik und Zeitgeschichte* (APuZ), 66. Jg., Heft 40–42, 4–11.
Milanović, Branko (2016): *Die ungleiche Welt. Migration, das Eine Prozent und die Zukunft der Mittelschicht* (engl. 2016). Berlin.
Milanović, Branko (2017): *Haben und Nichthaben. Eine kurze Geschichte der Ungleichheit* (engl. 2010). Darmstadt.
Mill, John Stuart (2006): *Principles of Political Economy with some of Their Applications to Social Philosophy* (= Collected Works, Bd. I u. II). Indianapolis.
Mirow, Jürgen (2009): *Weltgeschichte.* München.
Mitterauer, Michael (2003): *Warum Europa? Mittelalterliche Grundlagen eines Sonderwegs.* München.
Montesquieu, Charles-Louis de Secondat, Baron de la Brède et de M. (1962): *Vom Geist der Gesetze* (frz. 1748). Stuttgart.
Moore, George Edward (1996): *Principia Ethica.* Erweiterte Ausgabe (engl. zuerst 1903). Stuttgart.

Morris, Ian (2020): *Beute, Ernte, Öl. Wie Energiequellen Gesellschaften formen* (engl. 2015). München.
Münch, Richard (1988): *Theorie des Handelns. Zur Rekonstruktion der Beiträge von Talcott Parsons, Emile Durkheim und Max Weber*. Frankfurt am Main.
Münkler, Herfried (2008): *Imperien. Die Logik der Weltherrschaft – vom Alten Rom bis zu den Vereinigten Staaten*. Reinbek.
Nestle, Wilhelm (1940): *Vom Mythos zum Logos. Die Selbstentfaltung des griechischen Denkens von Homer bis auf die Sophistik und Sokrates*. Stuttgart.
Niethammer, Lutz (2000): *Kollektive Identität. Heimliche Quellen einer unheimlichen Konjunktur*. Reinbek.
Nietzsche, Friedrich (1999, KSA): *Sämtliche Werke. Kritische Studienausgabe in 15 Bänden*. München.
Nolte, Hans-Heinrich (2005): *Weltgeschichte. Imperien, Religion, Systeme. 15.–19. Jahrhundert*. Wien u. a.
Nora, Pierre (1990): *Zwischen Geschichte und Gedächtnis* (zuerst frz.). Berlin.
Norberg, Johan (2017): *Progress. Ten Reasons to Look Forward to the Future*. London.
Nussbaum, Martha (1999): *Gerechtigkeit oder Das gute Leben* (engl. 1988–1993). Frankfurt am Main.
Nussbaum, Martha (2010): *Die Grenzen der Gerechtigkeit. Behinderung, Nationalität und Spezieszugehörigkeit* (engl. 2006). Berlin.
Nye, Joseph (2011): *Macht im 21. Jahrhundert. Politische Strategien für ein neues Zeitalter* (engl. 2011). München.
Oesterdiekhoff, Georg W. (2012): *Die geistige Entwicklung der Menschheit*. Weilerswist.
Osterhammel, Jürgen (2009): *Die Verwandlung der Welt. Eine Geschichte des 19. Jahrhunderts*. München.
Oxfam (16.1.2017): *Just 8 men own same wealth as half the world*. https://www.oxfam.org/en/press-releases/just-8-men-own-same-wealth-half-world. (letzter Zugriff 1.4.2020).
Pascal, Blaise (1987): *Gedanken über die Religion und einige andere Themen* (frz. 1670). Stuttgart.
Piketty, Thomas (2014): *Das Kapital im 21. Jahrhundert* (frz. 2013). München.
Pinker, Steven (2011): *Gewalt. Eine neue Geschichte der Menschheit* (engl. 2011). Frankfurt am Main.
Pinker, Steven (2018): *Aufklärung jetzt. Für Vernunft, Wissenschaft, Humanismus und Fortschritt. Eine Verteidigung* (engl. 2018). Frankfurt am Main.
Piper, Adrian M. S. (2018): *Escape to Berlin. A Travel Memoir/Flucht nach Berlin*. Berlin.
Platon (1957): *Sämtliche Werke in 6 Bänden* (zitiert mit Dialogname und Standardpaginierung, dt. von F. Schleiermacher u. a.). Reinbek.
Polybios (1973): *Historien*. Auswahl, hg. von K. F. Eisen. Stuttgart.
Popper, Karl R. (1961): Selbstbefreiung durch das Wissen. In: ders.: *Auf der Suche nach einer besseren Welt. Vorträge und Aufsätze aus dreißig Jahren*. München/Zürich 1987, 149–163.
Popper, Karl R. (1982): Duldsamkeit und intellektuelle Verantwortlichkeit (gestohlen von Xenophanes und von Voltaire). In: ders.: *Auf der Suche nach einer besseren Welt. Vorträge und Aufsätze aus dreißig Jahren*. München/Zürich 1987, 213–230.
Popper, Karl R. (1992): *Die offene Gesellschaft und ihre Feinde*, 2 Bde. (engl. 1945). Tübingen.
Popper, Karl R. (1994): *Logik der Forschung* (1935). Tübingen.

Popper, Karl R. (1998): *Objektive Erkenntnis. Ein evolutionärer Entwurf* (engl. 1972). Hamburg.
Popper, Karl R. (2003): *Das Elend des Historizismus* (engl. 1944/45). Tübingen.
Quante, Michael/Schweikard, David (Hg., 2016): *Marx-Handbuch. Leben – Werk – Wirkung.* Stuttgart.
Ranke, Leopold von (1957): *Historische Meisterwerke in 12 Bänden*, hg. von W. Andreas. Hamburg.
Ranke, Leopold von (1980): *Über die Epochen der neueren Geschichte. Vorträge dem Könige Maximilian II. von Bayern gehalten.* Darmstadt.
Raskin, Paul (2016): *Journey to Earthland. The Great Transition to Planetary Civilization.* Boston.
Raulff, Ulrich (1999): *Der unsichtbare Augenblick. Zeitkonzepte in der Geschichte.* Göttingen.
Rawls, John (1979): *Eine Theorie der Gerechtigkeit* (engl. 1971). Frankfurt am Main.
Rawls, John (2002): *Das Recht der Völker. Enthält: „Nochmals. Die Idee der öffentlichen Vernunft"* (engl. 1999). Berlin/New York.
Rawls, John (2006): *Gerechtigkeit als Fairneß. Ein Neuentwurf* (engl. 2001). Frankfurt am Main.
Reinhard, Wolfgang (2004): *Lebensformen Europas. Eine historische Kulturanthropologie.* München.
Rifkin, Jeremy (2004): *Der Europäische Traum. Die Vision einer leisen Supermacht* (engl. 2004). Frankfurt/New York.
Ritter, Gerhard (1936): *Friedrich der Große.* Leipzig.
Ritter, Gerhard (^{3}1954): *Friedrich der Große.* Heidelberg.
Röd, Wolfgang (1976): *Die Philosophie der Antike 1. Von Thales bis Demokrit* (= Geschichte der Philosophie, Bd. 1). München.
Rohbeck, Johannes (1990): Turgot als Geschichtsphilosoph. In: Turgot: *Über die Fortschritte des menschlichen Geistes.* Frankfurt am Main, 7–87.
Rohbeck, Johannes/Nagl-Docekal, Herta (Hg., 2003): *Geschichtsphilosophie und Kulturkritik. Historische und systematische Studien.* Darmstadt.
Rohbeck, Johannes (2020): *Integrative Geschichtsphilosophie in Zeiten der Globalisierung.* Berlin/Boston.
Roubini, Nouriel/Mihm, Stephen (2010): *Crisis Economics. A Crash Course in the Future of Finance.* New York.
Rousseau, Jean-Jacques (1988): *Schriften, Bd. 1*, hg. von Henning Ritter. Frankfurt am Main.
Rüsen, Jörn (2013): *Historik. Theorie der Geschichtswissenschaft.* Köln u. a.
Sachs, Jeffrey D. (2008): *Wohlstand für viele. Globale Wirtschaftspolitik in Zeiten der ökologischen und sozialen Krise* (engl. 2008). München.
Sartre, Jean-Paul (1993): *Das Sein und das Nichts. Versuch einer phänomenologischen Ontologie* (frz. 1943). Reinbek.
Sartre, Jean-Paul (2000): *Der Existenzialismus ist ein Humanismus und andere philosophische Essays 1943–1948.* Reinbek.
Schäfer, Lothar (1993): *Das Bacon-Projekt. Von der Erkenntnis, Nutzung und Schonung der Natur.* Frankfurt am Main.
Schapp, Wilhelm (2012): *In Geschichten verstrickt. Zum Sein von Mensch und Ding* (zuerst 1953). Frankfurt am Main.
Schiller, Friedrich (1789): Was heißt und zu welchem Ende studiert man Universalgeschichte. In: Kurt Rossmann (Hg.): *Deutsche Geschichtsphilosophie. Ausgewählte Texte von Lessing bis Jaspers.* München 1969, 144–161.

Schlaffer, Heinz (2007): *Eine kurze Geschichte der deutschen Literatur*. München.
Schleichert, Hubert (1990): *Klassische chinesische Philosophie. Eine Einführung*. Frankfurt am Main.
Schlögel, Karl (2008): *Terror und Traum. Moskau 1937*. München/Wien.
Schloßberger, Matthias (2013): *Geschichtsphilosophie*. Berlin.
Schnädelbach, Herbert (1983): *Philosophie in Deutschland 1831–1933*. Frankfurt am Main.
Schnädelbach, Herbert (2004): Geschichte als kulturelle Evolution. In: ders.: *Analytische und postanalytische Philosophie. Vorträge und Abhandlungen 4*. Frankfurt am Main, 282–307.
Scholz, Oliver R. (2001): *Verstehen und Rationalität. Untersuchungen zu den Grundlagen von Hermeneutik und Sprachphilosophie*. Frankfurt am Main.
Schönberger, Otto (1996): Nachwort. In: *Hesiod: Werke und Tage*. Griechisch/Deutsch. Stuttgart, 99–117.
Schopenhauer, Arthur (1977): *Werke in zehn Bänden*. Zürich.
Schulze, Hagen (1998): *Phönix Europa. Die Moderne: Von 1740 bis heute*. Berlin.
Sen, Amartya (2002): *Ökonomie für den Menschen. Wege zu Gerechtigkeit und Solidarität in der Marktwirtschaft* (engl. 1999). München.
Seneca, Lucius Annaeus (1995): *Naturales Quaestiones (N. Q.)/Naturwissenschaftliche Untersuchungen*. Darmstadt.
Sieferle, Rolf Peter (1982): *Der unterirdische Wald. Energiekrise und Industrielle Revolution*. München.
Sieferle, Rolf Peter (1984): *Fortschrittsfeinde? Opposition gegen Technik und Industrie von der Romantik bis zur Gegenwart*. München.
Sieferle, Rolf Peter (2010): *Lehren aus der Vergangenheit*. Expertise für das WBGU-Hauptgutachten „Welt im Wandel: Gesellschaftsvertrag für eine Große Transformation". Berlin.
Simmel, Georg (1989): *Philosophie des Geldes* (1900). Frankfurt am Main.
Singer, Peter (2013): *Praktische Ethik*. Dritte Auflage (engl. 1979, ²1993, ³2011). Stuttgart.
Smith, Adam (1978): *Der Wohlstand der Nationen. Eine Untersuchung seiner Natur und seiner Ursachen* (engl. 1776/1789). München.
Sommer, Andreas Urs (2006): *Sinnstiftung durch Geschichte? Zur Entstehung spekulativ-universalistischer Geschichtsphilosophie zwischen Bayle und Kant*. Basel.
Spaemann, Robert (1980): Unter welchen Umständen kann man noch von Fortschritt sprechen? In: ders.: *Philosophische Essays*. Erweiterte Ausgabe. Stuttgart 1994, 130–150.
Spengler, Oswald (1972): *Der Untergang des Abendlandes. Umrisse einer Morphologie der Weltgeschichte* (zuerst 1918/22). München.
Spohn, Willfried (2005): Neue Historische Soziologie: Charles Tilly, Theda Skocpol, Michael Mann. In: Dirk Kaesler (Hg.): *Aktuelle Theorien der Soziologie*. München, 196–230.
Stahl, Bernhard (2014): *Internationale Politik verstehen. Eine Einführung*. Opladen/Toronto.
Stern, Fritz (1986): *Kulturpessimismus als politische Gefahr. Eine Analyse nationaler Ideologie in Deutschland* (engl. 1961). München.
Stern, Fritz/Osterhammel, Jürgen (Hg., 2011): *Moderne Historiker. Klassische Texte von Voltaire bis in die Gegenwart*. München.
Stiglitz, Joseph (2015): *Reich und arm. Die wachsende Ungleichheit in unserer Gesellschaft* (eng. 2015). München.
Sullivan, Andrew: Democracies end when they are too democratic. In: *New York Magazine*, 1.5.2016.

Süssmuth, Hans (Hg., 1984): *Historische Anthropologie. Der Mensch in der Geschichte.* Göttingen.
Tacitus (1992): *Annalen.* Lateinisch/Deutsch, hg. von E. Heller. München.
Thies, Christian (1997): *Die Krise des Individuums. Zur Kritik der Moderne bei Adorno und Gehlen.* Reinbek.
Thies, Christian (2004): Kältetod und Entropie. In: Moritz Baßler/Ewout van der Knaap (Hg.): *Die (k)alte Sachlichkeit. Herkunft und Wirkungen eines Konzepts.* Würzburg, 189–196.
Thies, Christian (2005): *Tolstoi und Dostojewski,* im Internet frei zugänglich unter https://www.phil.uni-passau.de/professur-fuer-philosophie/texte-und-thesen/
Thies, Christian (2007): Was darf ich hoffen? Kants dritte Frage in seiner dritten Kritik. In: Udo Kern (Hg.): *Was ist und was sein soll. Natur und Freiheit bei Immanuel Kant.* Berlin, 301–320.
Thies, Christian (2008): *Der Sinn der Sinnfrage. Metaphysische Reflexionen auf kantianischer Grundlage.* Freiburg.
Thies, Christian (2009): Europa von außen. Das Bild der anderen von uns. In: Hanna-Barbara Gerl-Falkovitz u. a. (Hg.): *Europäische Menschenbilder.* Dresden, 71–82.
Thies, Christian (2011): Kants Geschichtsphilosophie aus heutiger Sicht. In: Olivier Agard/Françoise Lartillot (Hg.): *Kant: L'anthropologie et l'histoire.* Paris, 35–49.
Thies, Christian (2013a): *Einführung in die philosophische Anthropologie* (zuerst 2004). Darmstadt.
Thies, Christian (2013b): Das Rätsel Europa. Geschichtsphilosophische Betrachtungen. In: Daniela Wawra (Hg.): *European Studies – Interkulturelle Kommunikation und Kulturvergleich.* Frankfurt am Main, 43–60.
Thies, Christian (2016): *Alles Kultur? Eine kritische Bestandsaufnahme.* Stuttgart.
Thies, Christian (2017): Geschichtsphilosophische Katastrophendeutungen. In: Michael Reder/Verena Risse/Mara-Daria Cojocaru (Hg.): *Katastrophen – Perspektiven.* Stuttgart, 101–120.
Thies, Christian (2018): Vier Einstellungen zur Zukunft. In: *Zeitschrift für Didaktik der Philosophie und Ethik* (ZDPE), 40. Jg., Heft 2, 9–13.
Thompson, Edward P. (1980): *Das Elend der Theorie. Zur Produktion geschichtlicher Erfahrung* (engl. 1978). Frankfurt/New York.
Thompson, Edward P. (1987): *Die Entstehung der englischen Arbeiterklasse* (engl. 1963). Frankfurt am Main.
Thukydides (1991): *Geschichte des Peloponnesischen Krieges,* hg. von G. P. Landmann. München.
Tilly, Charles (1993): *Die europäischen Revolutionen* (engl. 1993). München.
Tomasello, Michael (2016): *Eine Naturgeschichte der menschlichen Moral* (engl. 2016). Berlin.
Toynbee, Arnold J. (1970): *Der Gang der Weltgeschichte* (engl. 1949/57), 2 Bde. München.
Treitschke, Heinrich von (1879): *Deutsche Geschichte im 19. Jahrhundert, 1. Teil.* Leipzig.
Treitschke, Heinrich von (1899): *Politik.* Vorlesungen, gehalten an der Universität zu Berlin, 1.Bd., 2. Aufl. Leipzig.
Tuchman, Barbara (1982): *Der ferne Spiegel. Das dramatische 14. Jahrhundert* (engl. 1978). München.
Turgot (1990): *Über die Fortschritte des menschlichen Geistes* (frz. 1748–1752), hg. von J. Rohbeck u. L. Steinbrügge. Frankfurt am Main.

Vico, Giambattista (1990): *Prinzipien einer neuen Wissenschaft über die gemeinsame Natur der Völker, 2 Bde.* (ital. 1725, ²1730, ³1744). Hamburg.
Wallerstein, Immanuel (1986): *Das moderne Weltsystem [Bd. 1]. Kapitalistische Landwirtschaft und die Entstehung der europäischen Weltwirtschaft im 16. Jahrhundert* (engl. 1974). Frankfurt am Main.
Wallerstein, Immanuel (2019): *Welt-System-Analyse* (engl. 2005). Wiesbaden.
Weber, Max (1988): *Gesammelte Aufsätze zur Wissenschaftslehre* (1922), hg. von J. Winckelmann. Tübingen.
Weber, Max (2006): *Religion und Gesellschaft. Gesammelte Aufsätze zur Religionssoziologie* (1920). Frankfurt am Main.
Weisman, Alan (2013): *Countdown. Hat die Erde eine Zukunft?* (engl. 2013). München/Zürich.
Weizsäcker, Ernst Ulrich von/Wijkman, Anders u. a. (2017): *Wir sind dran. Was wir ändern müssen, wenn wir bleiben wollen.* Gütersloh.
White, Hayden (1991): *Metahistory. Die historische Einbildungskraft im 19. Jahrhundert in Europa* (engl. 1973). Frankfurt am Main.
Wikipedia. Die freie Enzyklopädie. https://de.wikipedia.org/wiki/Wikipedia:Hauptseite (letzter Zugriff 12.7.2020).
Williams, Eric (1944): *Capitalism and Slavery.* Chapel Hill u. a.
Wirz, Albert (1984): *Sklaverei und kapitalistisches Weltsystem.* Frankfurt am Main.
Wittgenstein, Ludwig (1984): *Werkausgabe, Bd. 1: Tractatus logico-philosophicus, Tagebücher 1914–1916, Philosophische Untersuchungen.* Frankfurt am Main.
Wulf, Christoph (2004): *Anthropologie. Geschichte, Kultur, Philosophie.* Reinbek.
Zhao Tingyang (2020): *Alles unter einem Himmel. Vergangenheit und Zukunft der Weltordnung* (chin. 2016). Berlin.
Zinn, Karl Georg (2011): Wachstum um jeden Preis? Mills „Stationary State" heute und die Angst vor der vernünftigen Stagnation. In: Frauke Höntzsch (Hg.): *John Stuart Mill und der sozialliberale Staatsbegriff.* Stuttgart, 193–216.
Zweig, Stefan (1964): *Sternstunden der Menschheit* (zuerst 1927). Frankfurt am Main.

Personenregister

Adenauer, Konrad 90
Adorno, Theodor W. 93, 104, 125, 147
Aischylos 95
Albrecht, Michael von 21
Alkibiades 73
Allen, Amy 16, 30
Allen, Woody 42
Allison, Graham 153
Amalrik, Andrei 37
Anaxagoras 107
Anderson, Perry 64
Apel, Karl-Otto 50, 53
Arendt, Hannah 39
Aristoteles 12, 43f., 52, 59, 66, 79, 82, 97, 107f., 117, 138f.
Arnim, Hans von 79
Assmann, Jan 9, 52
Augustinus, Aurelius 7, 80, 108
Augustus 83, 99

Bach, Johann Sebastian 81, 90, 111
Bacon, Francis 97f., 101, 104
Baer, Karl Ernst von 102
Barloewen, Constantin von 52
Barnes, Julian 12
Barraclough, Geoffrey 106
Bauer, Wolfgang 87
Bauman, Zygmunt 148
Bayly, C. A. 15
Beck, Ulrich 33, 148
Beethoven, Ludwig van 81, 90
Bender, Peter 119
Benedikt von Nursia 96
Benjamin, Walter 27, 57f.
Bentham, Jeremy 77, 101, 127, 142
Berlin, Isaiah 90
Berossos 80
Biesinger, Benjamin 88
Binswanger, Mathias 128
Birg, Herwig 91
Birnbacher, Dieter 4, 34, 69, 127, 130, 157
Bismarck, Otto von 137, 153
Bloch, Ernst 34, 124f., 159

Bloch, Marc 15, 32, 75
Bloom, Allan 90
Bock, Michael 52
Boer, Pim den 22
Boileau, Nicolas 99
Bonhoeffer, Dietrich 134
Bossuet, Jacques Bénigne 99
Bostrom, Nick 152
Braudel, Fernand 15, 75f.
Brecht, Bertolt 27, 135
Breuer, Stefan 50, 114
Briand, Aristide 137
Brumlik, Micha 22
Buddha (Gautama) 80, 108
Bunyan, John 123
Burckhardt, Jacob 10, 33, 46

Calvin, Johannes 117
Castoriadis, Cornelius 36
Catilina, Lucius Sergius 88
Cato, Marcus Porcius, der Ältere 88
Cellarius, Christoph 61
Chakrabarty, Dipesh 112
Chalmers, Alan F. 10f.
Christian, David 15, 94
Churchill, Winston 139
Cicero, Marcus Tullius 9, 18, 79, 82
Clark, Christopher 150, 152
Clausewitz, Carl von 137
Clausius, Rudolf 93
Cohen, Robin 33
Collier, Paul 133
Comte, Auguste 52, 101
Condorcet 71, 91, 100f.
Conrad, Sebastian 15
Crutzen, Paul J. 143

Dahrendorf, Ralf 149
Daly, Herman 78
Danto, Arthur C. 42, 45
Darwin, Charles 60, 101f., 142
Davidson, Donald 47
Deaton, Angus 129, 131

Dehio, Ludwig 83
Demandt, Alexander 22, 28, 50, 72, 78f., 88, 96, 106f., 124
Deng Xiaoping 132
Dennett, Daniel 53
Descartes, René 43, 47, 98f., 142
Diamond, Jared 75, 141, 151
Dick, Philipp W. 28
Dilthey, Wilhelm 45
Diner, Dan 151
Diogenes Laertius 79, 123
Diwald, Hellmut 33
Dodds, E. R. 86, 95
Droysen, Johann Gustav 21, 45, 55f.
Dübgen, Franziska 16
Durkheim, Émile 147
Düsterhöft, Ilka 4
Dux, Günter 50

Echnaton (Amenophis IV.) 108
Ehrlich, Paul R. 92
Einstein, Albert 111, 125
Eisenstadt, Shmuel N. 15, 38, 116
Eliade, Mircea 78, 87
Engels, David 139
Engels, Friedrich 36, 38, 60–63
Epikur 107
Eratosthenes von Kyrene 107
Eudemos von Rhodos 79
Euklid von Alexandria 107, 146

Febvre, Lucien 75
Fehlfarben 122
Ferguson, Adam 101
Fetscher, Iring 59
Fichte, Johann Gottlieb 10, 33
Flechtheim, Ossip K. 35
Fontenelle, Bernard le Bovier de 71, 99
Foucault, Michel 27, 30f.
Frank, André Gunder 105
Friedrich II. von Preußen 112
Fukuyama, Francis 36

Gadamer, Hans-Georg 47
Gaiser, Konrad 79
Galilei, Galileo 135
Gauthier, David P. 127

Gebser, Jean 52
Gellner, Ernest 83
Georgescu-Roegen, Nicholas 94
Gerber, Doris 48
Goethe, Johann Wolfgang von 51, 111, 124
Gombrich, Ernst 125
Gorbatschow, Michail 37
Gotthold-Thies, Beatrix 4
Gould, Stephen Jay 102f.
Gramsci, Antonio 27
Grillparzer, Franz 124
Grimm, Jacob und Wilhelm 99
Großheim, Michael 93
Grünwald, Michael 94
Grzimek, Bernhard 92
Guha, Ranajit 27

Habermas, Jürgen 30, 50, 53f., 68f., 100, 111, 116, 138, 145, 150
Hadrian (Kaiser) 119
Haecker, Theodor 57f.
Haffner, Sebastian 112
Haidt, Jonathan 134
Halbwachs, Maurice 8
Hamann, Johann Georg 90
Handke, Peter 71
Harari, Yuval Noah 15, 146
Havel, Václav 134
Hegel, Georg Wilhelm Friedrich 10, 21, 36, 43, 55f., 60, 66, 81, 138, 147, 160
Heidegger, Martin 29, 54, 90, 93
Heine, Heinrich 160f.
Hempel, Carl Gustav 44
Hentig, Hartmut von 21
Herder, Johann Gottfried 55f., 124
Herman, Arthur 90
Herodot von Halikarnassos 9, 24, 73, 82, 105
Heß, Walter 29
Hesiod 71, 86, 158
Hesse, Hermann 110
Hitler, Adolf 27f., 56, 112, 136, 139, 150f.
Hobbes, Thomas 89, 135
Hobsbawm, Eric 64
Höffe, Otfried 65, 67, 98, 158
Hogarth, William 123
Holenstein, Elmar 4

Hölscher, Uvo 26
Homer 86
Honneth, Axel 65, 148
Horkheimer, Max 58, 93, 147
Hösle, Vittorio 44, 53, 65, 79, 102, 139
Huizinga, Johan 46
Humboldt, Alexander und Wilhelm 111
Hume, David 65, 101
Huntington, Samuel 135
Husserl, Edmund 32
Huxley, Julian 102

Iggers, Georg G. 20
Illies, Christian 102
Iorio, Marco 60
Irmscher, Hans Dietrich 56
Isokrates 107

Jackson, Andrew 135
Jaeger, Friedrich 19
Jaspers, Karl 15, 38, 107 f.
Jauß, Hans Robert 99
Jesus von Nazareth 80, 108
Joachim von Fiore 50, 96 f., 158
Joas, Hans 30
Johannes Chrysostomos 108
Jonas, Hans 141
Jones, Eric Lionel 113
Jones, Richard 110
Jullien, François 27
Juvenal 86

Kangxi 109
Kant, Immanuel 2 f., 8, 11, 14, 16, 22, 25, 35 f., 42 f., 57, 60, 64 – 70, 101, 104, 123, 126, 135 – 138, 142, 157 – 159
Karl der Große 108
Karl V. von Habsburg 108
Kellogg, Frank Billings 137
Kennan, George F. 152
Kennedy, Paul 26, 83
Kennedy, Paul M. 33
Kerenski, Alexander 84
Khaldūn, Ibn 82 f., 87
Khanna, Parag 112
Kierkegaard, Søren 57, 146
Kinzel, Katharina 21

Kittsteiner, Heinz Dieter 22, 56
Klages, Ludwig 92 f., 140
Kocka, Jürgen 25
Kohlberg, Lawrence 50 f., 134
Koller, Cornelia 4
Kondratjew, Nikolai D. 84 f., 131, 154
Kondylis, Panajotis 55
Kongzi (Konfuzius) 87, 108, 117
Korczak, Janusz 134
Koselleck, Reinhart 5, 8 f., 18, 20, 39, 123, 128
Kraus, Hans-Christof 81
Krauss, Werner 99
Krohn, Wolfgang 98
Kuhn, Thomas S. 10 f.
Kunczik, Michael 102
Kuznets, Simon 84, 131 f.

Landauer, Gustav 29
Landes, David 91, 110
Langthaler, Rudolf 65
Laozi (Lao-tse) 87, 108
Lefort, Claude 36
Leibniz, Gottfried Wilhelm 54, 81
Lemon, M. C. 1
Lenin, Wladimir Iljitsch 84, 139, 150
Lepenies, Wolf 6
Lessing, Gotthold Ephraim 50, 97
Lessing, Theodor 57
Lévi-Strauss, Claude 76 f.
Lichtenberg, Georg Christoph 123
Liebig, Justus von 91
Lilla, Mark 90
Locke, John 101, 114, 135
Loewenstein, Bedrich 122
Lohmann, Georg 69
Loo, Hans van der 147
Löwith, Karl 33, 54, 96
Lübbe, Hermann 13, 18, 24, 34, 46
Ludwig XIV. von Frankreich 99
Ludwig XVI. von Frankreich 20
Luhmann, Niklas 102
Lukács, John 112
Lukian von Samosata 86, 119
Lukrez (Titus Lucretius Carus) 79
Lukullus, Lucius Licinius 27
Luther, Martin 97

Lützeler, Paul Michael 110
Luxemburg, Rosa 36

Macauley, Thomas Babington 24
Machiavelli, Niccolò 18
MacIntyre, Alasdair 24
Maddison, Angus 131
Magnus, Bernd 80
Mahler, Gustav 90
Malthus, Thomas 91
Mandel, Ernest 85
Mandela, Nelso 134
Mann, Michael 15, 20, 25, 74, 117, 139
Mao Zedong 150
Marc Aurel 73
Marinetti, Filippo Tommaso 29
Marquard, Odo 5, 24
Marshall, Thomas H. 137
Marx, Karl 3, 10, 15f., 27, 30f., 33, 36, 42f., 60–65, 69, 85, 90, 104, 113, 115, 146f., 150, 158
Mayr, Ernst 101
Mazower, Mark 26
McCarthy, Thomas 16
McEvedy, Colin 110
McNeill, William H. 15, 106
Meadows, Dennis 93
Meier, Christian 95, 123
Menzel, Ulrich 83–85, 105, 153f.
Meran, Josef 46
Merkel, Wolfgang 138
Michelangelo Buonarotti 90
Michelet, Jules 24
Mihm, Stephen 151
Milanović, Branko 131f.
Mill, John Stuart 77f., 101
Mirow, Jürgen 106
Mitterauer, Michael 118
Mohammed 80, 83, 108
Montesquieu, Charles de 71, 74, 99, 135
Moore, George Edward 49
Morris, Ian 49, 131
Moses 96
Münch, Richard 114
Münkler, Herfried 83
Mussolini, Benito 139

Nagl-Docekal, Herta 1
Napoleon Bonaparte 161
Nestle, Wilhelm 52
Nestor von Pylos 86
Newton, Isaac 100
Niebuhr, Barthold Georg 9f.
Niethammer, Lutz 25
Nietzsche, Friedrich 18, 21, 23–26, 28–31, 79–81, 90, 93, 112, 124
Noah 80
Nolte, Hans-Heinrich 115
Nora, Pierre 22
Norberg, Johan 153
Nussbaum, Martha 75
Nye, Joseph 120

Oesterdiekhoff, Georg W. 50
Origenes Adamantius 108
Osterhammel, Jürgen 15, 46, 129, 131

Pascal, Blaise 59
Paulus von Tarsus 95, 108
Perikles 73f., 83, 95, 139
Perrault, Charles 71, 99
Philipp II. von Spanien 76
Piaget, Jean 50f.
Piketty, Thomas 131
Pinker, Steven 91, 130
Pinochet, Augusto 29
Piper, Adrian 120
Pirenne, Henri 32
Pitt, William 112
Platon 45, 52, 71, 74, 79f., 82, 84, 87, 95, 97, 107f., 123, 138f.
Plutarch 119
Polybios 82, 138f.
Pompeius, Gnaeus 88
Popper, Karl R. 13f., 20, 44, 63f., 69, 95, 125
Protagoras 107

Quante, Michael 60

Racine, Jean 99
Ranke, Leopold von 10, 15, 19–21, 24f., 49
Raskin, Paul 36
Raulff, Ulrich 76

Personenregister

Rawls, John   35, 70
Reijen, Willem van   147
Reinhard, Wolfgang   75
Ricardo, David   91
Rifkin, Jeremy   120
Ritter, Gerhard   56
Röd, Wolfgang   94
Rohbeck, Johannes   1, 40, 99 f.
Roth, Philipp   28
Roubini, Nouriel   151
Rousseau, Jean-Jacques   10, 71, 88 – 90, 99 f., 135, 145
Rüsen, Jörn   19, 45 f.

Sachs, Jeffrey D.   127
Saint-Simon, Henri de   101
Sallust (Gaius Sallustius Crispus)   88
Salomo   72
Sartre, Jean-Paul   37, 149
Schäfer, Lothar   98
Schapp, Wilhelm   24
Schiller, Friedrich von   15, 18, 33, 55
Schlaffer, Heinz   111
Schleichert, Hubert   87, 135
Schleiermacher, Friedrich   45
Schlögel, Karl   150
Schloßberger, Matthias   1
Schnädelbach, Herbert   46, 48
Scholl, Hans und Sophie   57
Scholz, Oliver R.   10, 47
Schönberger, Otto   86
Schopenhauer, Arthur   73
Schulze, Hagen   108, 112
Schumpeter, Joseph   85
Schweikard, David   60
Sen, Amartya   129
Seneca, Lucius Annaeus   80
Shakespeare, William   90
Sieferle, Rolf Peter   92, 143 f.
Simmel, Georg   124, 147, 149
Singer, Peter   141 f.
Smith, Adam   101, 113 f.
Sokrates   79, 95, 107 f., 138
Sommer, Andreas Urs   55, 99, 123
Sophokles   95
Spaemann, Robert   145
Spencer, Herbert   102

Spengler, Oswald   81 f., 111, 139
Spohn, Willfried   15
Stahl, Bernhard   137
Stalin, Josef   27, 29, 84, 139, 151
Stern, Fritz   15, 90
Stiglitz, Joseph   131
Strauss, Leo   90
Sullivan, Andrew   139
Süssmuth, Hans   75
Sutterlüty, Ferdinand   148
Sybel, Heinrich von   24

Tacitus, Publius Cornelius   19, 88
Taleb, Nassim   151
Theseus   86
Thies, Christian   3, 16, 34, 40, 51, 59, 66, 93, 118, 146, 148 f., 151, 158
Thompson, Edward P.   27, 64
Thukydides   9, 71, 73, 82, 95, 139, 152 f.
Tilly, Charles   15
Tomasello, Michael   51
Toynbee, Arthur   82
Treitschke, Heinrich von   21
Tuchman, Barbara   26
Turgot, Anne Robert Jacques   71, 99 f.

Valerius Maximus   21
Valéry, Paul   110
Vardhamana (Mahavira)   108
Vico, Giambattista   43 f., 49
Voltaire (François-Marie Arouet)   9, 55, 71, 103

Wagner, Richard   90
Wallerstein, Immanuel   16, 85, 115
Weber, Max   3, 15, 35, 45, 48, 113, 116 f., 125 f., 147 f.
Wehler, Hans-Ulrich   24, 46
Weisman, Alan   92
Weizsäcker, Ernst Ulrich von   143 f.
White, Hayden   18, 44
Wijkman, Anders   143 f.
Williams, Eric   115
Winckelmann, Johann Joachim   74
Winkler, Heinrich August   24
Wirz, Albert   115

Wittgenstein, Ludwig 155
Wulf, Christoph 75

Xanthippe 79
Xenophanes von Kolophon 71, 94f., 97

Zarathustra (Zoroaster) 86
Zhao Tingyang 112
Zhuangzi (Dschuang Dsi) 108
Zinn, Karl Georg 77
Zweig, Stefan 22

Begriffsregister

Achsenzeit   15, 38, 52, 106–108
Ambivalenz   104, 123, 140, 147–149
Anthropologie   24, 34, 40, 46, 56, 69, 73–75, 97, 101, 103, 157
Anthropozän   63, 143
Antike   3, 12, 16, 21, 26, 50, 61, 63, 71, 74, 76, 79–82, 86f., 89, 94, 97–100, 106, 108, 117, 138, 142, 152, 158
Aufklärung   2, 6, 9, 15–17, 21, 25, 50, 55, 58, 68, 93, 98, 101, 104f., 108, 122, 126f., 134, 147, 159

Bildung   21, 114, 119, 121, 129f., 132

Christentum   50, 53f., 57, 80, 87, 108f., 114, 117f., 123

Demografie   33, 35, 91, 111
Demokratie   30, 36, 53, 70, 74, 82, 125, 135–139, 142, 144, 155f.
Deontologie   69, 135, 138
Dezentrierung   5, 16f., 51
Dialektik   2f., 12, 93, 96, 100, 104, 147–149

Eschatologie   54, 150
Essentialismus   14, 63, 65, 71, 154
Eurozentrismus   3, 16f., 107f.
Evolution   46, 60, 101–103, 126

Frieden   36, 71, 82, 96, 108, 119, 126, 153

Gedächtnis   8f., 14, 22, 52, 153
Gegenwart   1, 3, 8, 12, 15–18, 21, 25–27, 30, 32–34, 37–40, 43, 48f., 70, 75, 96, 106, 115, 119, 122, 125, 128, 150, 156, 158, 160
Genealogie   28, 30f.
Geografie   7, 11, 74–77, 95, 97, 103, 106–108, 124
Geschichtsbewusstsein   8

Hermeneutik   10f., 32, 45, 47f., 66

Historik   2, 10, 15, 20, 27, 32f., 45, 56, 73, 75, 82, 107, 109
Historismus   19, 21, 27
Historizismus   13, 64

interdisziplinär   2, 39f., 72
Islam   80, 83, 109, 114, 117f.

Judentum   23, 53, 57, 80, 95, 108, 158

Katastrophe   36f., 55, 57, 70, 80, 91, 104, 144, 151–153, 155f., 159
Kollaps   141, 144, 151, 155
Kollektivsingular   5, 123, 154
Krieg   20, 36, 75, 126, 129, 137, 152f.
Krise   1, 34, 36f., 40, 84f., 104, 119f., 136, 138, 140, 144, 151f., 154, 158

lange Welle   84f., 104
Lernen   1, 18, 21, 23, 26, 32, 49, 71, 73, 75, 95, 97–99, 103

Metaphysik   42, 52, 54, 59, 65f., 117, 154, 157
Mittelalter   12, 26, 46, 48, 61, 63, 69, 71, 80, 85, 100, 106, 109, 112, 118, 131
Moderne   11, 15, 17f., 24, 29f., 38, 51f., 54, 66, 71, 75–77, 87, 90, 92f., 95, 99, 103f., 111, 113–116, 122, 128, 135, 138, 143, 146–151, 154

Narrativismus   46
Neuzeit   6, 12, 18, 50, 53, 59, 61, 64, 71, 81, 88, 98, 100, 106f., 115, 124, 131, 136, 153, 158
Niedergang   35, 72, 78, 81, 83f., 87–90, 95, 100, 111, 120, 123, 152

Öffentlichkeit   22, 68, 101, 145
Ökologie   33, 35–37, 69f., 74–76, 91–93, 104, 116, 119f., 133, 140f., 144, 151, 155

Ökonomie 29, 33, 36 f., 47, 62, 76–78, 84, 99 f., 109–111, 113 f., 119, 122, 144 f., 151 f., 154
Optimismus 55, 122

Pandemien 35–37, 92, 141, 153–156
Pessimismus 55, 91, 103
Phänomenologie 32–34, 39 f., 155
Postmoderne 12, 44 f., 122

Quietismus 35

Referenzsubjekt 13, 34, 124 f., 156
Renaissance 46, 52, 71, 80, 97 f., 106, 109, 125
Revolution 14, 38 f., 57, 63, 68, 78, 85, 91, 97, 100, 104, 106, 109, 111, 131, 136, 143, 150, 160 f.
Romantik 28, 54, 69, 90, 119

Sattelzeit 5, 39, 77, 106, 123 f., 128 f., 131, 135, 143

Soziologie 2 f., 11, 15 f., 33, 39, 43, 45, 47, 64, 103, 113, 147 f.

Teleologie 54, 62 f., 67–69, 82, 98, 101, 103

Utilitarismus 69, 101, 127 f., 130
Utopie 35, 97 f., 139

Vergangenheit 1, 3, 7 f., 17, 19, 22 f., 26, 28 f., 32–34, 36–39, 45, 48 f., 71, 77, 82 f., 87, 92, 119, 122, 125, 134, 156
Verzweiflung 58, 146, 159

Zeit 1–4, 7 f., 12–16, 22, 24, 27 f., 32–34, 42–44, 48–50, 52 f., 55–61, 63, 67, 71, 73 f., 76, 78–80, 83, 86–90, 92, 94, 96–98, 104 f., 108–111, 119 f., 122, 125, 129, 137 f., 142, 144 f., 147, 153 f., 160
Zukunft 1, 3, 8, 16, 18 f., 21, 23, 28 f., 32–39, 42, 48 f., 56, 64 f., 73, 81, 95 f., 98, 105, 118, 122, 125, 128, 130, 143, 150–152, 156 f., 160

www.ingramcontent.com/pod-product-compliance
Lightning Source LLC
Chambersburg PA
CBHW051745230426
43670CB00012B/2165